GRAMSCI
E A REVOLUÇÃO RUSSA

COLEÇÃO

CONSELHO EDITORIAL

Eduardo Granja Coutinho
José Paulo Netto
Lia Rocha
Márcia Leite
Mauro Iasi
Virgínia Fontes

CONTRA
A CORRENTE

GRAMSCI
E A REVOLUÇÃO RUSSA

ANA LOLE
VICTOR LEANDRO CHAVES GOMES
MARCOS DEL ROIO
[ORGS.]

mórula
EDITORIAL

Todos os direitos desta edição reservados
à MV Serviços e Editora Ltda.

REVISÃO
Luciana Goiana

CURADORIA DA COLEÇÃO CONTRA A CORRENTE
Eduardo Granja Coutinho

CIP-BRASIL. CATALOGAÇÃO NA PUBLICAÇÃO
SINDICATO NACIONAL DOS EDITORES DE LIVROS, RJ

G773

Gramsci e a revolução russa / organização Ana Lole, Victor Leandro Chaves Gomes, Marcos Del Roio. — 1. ed. — Rio de Janeiro : Mórula, 2017.

272 p. ; 21 cm. (Contra a Corrente ; 3)

Inclui bibliografia
ISBN 978-85-65679-66-4

1. Ciência política. I. Lole, Ana. II. Gomes, Victor Leandro Chaves. III. Roio, Marcos Del.

17-43948   CDD: 320
                  CDU: 32

R. Teotônio Regadas, 26/904 — Lapa — Rio de Janeiro
www.morula.com.br | contato@morula.com.br

SUMÁRIO

PREFÁCIO 7
FABIO FROSINI

APRESENTAÇÃO 17
OS ORGANIZADORES

Gramsci e a Rússia Soviética: o materialismo
histórico e a crítica do populismo 21
DOMENICO LOSURDO

Gramsci e a Revolução Russa:
uma abordagem dos escritos de 1917-1918 43
ANITA HELENA SCHLESENER
MICHELLE FERNANDES DE LIMA

A Revolução Russa vista por Gramsci 59
EDMUNDO FERNANDES DIAS

"*Tutto il mondo è paese*":
Antonio Gramsci intérprete da revolução 91
DANIELA MUSSI

A Revolução Russa como caminho
de Gramsci para o marxismo 109
MARCOS DEL ROIO

Gramsci, herdeiro de Lenin: o problema
da relação entre teoria e paixão 127
EDUARDO GRANJA COUTINHO

Gramsci e a tradução da Revolução de Outubro   141
RODRIGO DUARTE FERNANDES DOS PASSOS

Gramsci e a revolução nacional   157
GIANNI FRESU

A concepção revolucionária da política
em Gramsci:uma análise do Caderno 13   179
GIOVANNI SEMERARO

Questões Táticas   195
LINCOLN SECCO

A violência política no pensamento de Gramsci:
subversão e hegemonia   207
LEANDRO GALASTRI

Revolução Russa e Revolução Passiva:
uma análise gramsciana   229
VICTOR LEANDRO CHAVES GOMES
ANA LOLE

A URSS stalinista na análise
dos Cadernos do cárcere   245
GIUSEPPE VACCA

SOBRE OS AUTORES   267

PREFÁCIO[1]

|

Se lançarmos um rápido olhar no conjunto da história das interpretações do pensamento de Gramsci, tendo a Revolução de 1917 como chave interpretativa, estaremos diante de um aparente paradoxo. Por um lado, sobretudo nos últimos anos quando se multiplicaram os estudos sobre o modo pelo qual o jovem jornalista socialista "encontra" a revolução bolchevique, e como esse encontro mudou radicalmente a sua vida[2]. Também aqui neste livro estão reunidos estudos que enriquecem tal investigação com novos detalhes e perspectivas. Por outro lado, no entanto, se levarmos em consideração as tentativas exaustivas para reconstruir o pensamento de Gramsci, para encontrar uma cifra que englobe a sua complexidade, 1917 quase nunca é levado em conta.

As razões para isto têm sido várias. A primeira delas é que quando se começou a discutir Gramsci concretamente — a partir da publicação dos *Cadernos do cárcere*, entre 1948 e 1951 (Cf. Gramsci, 1948, 1949a, 1949b, 1949c, 1950 e 1951) — havia já transcorrido mais de dez anos de sua morte e os acontecimentos de 1917 estavam muito distantes, além de que e as questões do movimento operário comunista na Itália e na Europa não estavam condicionadas a sua herança. Em particular, o Partido Comunista Italiano (PCI) estava fortemente dividido entre a ortodoxia marxista-leninista e a tentativa, que

---

[1] Traduzido do italiano por Telma Cristiane Sasso de Lima. Revisão técnica de Marcos Del Roio.
[2] Nesse sentido, consultar o importante livro de Leonardo Rapone (2011). Ver também a útil antologia organizada por Guido Liguori (2017).

passava por Gramsci, de abrir com os intelectuais democráticos uma frente de discussão sobre as formas a serem dadas para a recém-formada República italiana. Em nenhum dos dois casos a referência poderia ser 1917. No caso dos "ortodoxos", porque o cenário no qual organizavam os próprios argumentos (me refiro a figuras como Emilio Sereni, Arturo Colombi ou Massimo Aloisi) era preferencialmente aquele da União Soviética (URSS) stalinista, com o *diamat* [materialismo dialético], o realismo socialista, etc. (Cf. Liguori, 2012, p. 92 e p. 105-111); e no caso de Togliatti, Mario Alicata, entre outros, tinham como ponto de partida a tentativa de credenciar Gramsci como parte de uma tradição democrática nacional[3].

Mais tarde, a partir dos anos 1970, a imagem que se impôs de maneira quase unânime foi aquela de Gramsci como teórico da "revolução no Ocidente", com a exclusão implícita daquela revolução que havia sido realizada em um território "oriental" e com a caracterização da hegemonia como o tipo de luta política adequada as condições de complexidade social acentuada, e por isso para regimes tendencialmente democráticos[4]. Estas leituras, que são fortemente limitantes da originalidade da posição de Gramsci, foram adotadas no âmbito da Internacional Comunista e parecem ter se originado a partir de suas próprias afirmações, em particular das correspondências com Togliatti em 1926, que aparentemente consuma uma ruptura entre os dois e entre Gramsci e o mundo do bolchevismo.

Proponho, portanto, iniciar pela leitura de um trecho desta correspondência, a carta de Gramsci a Togliatti de 26 de outubro:

> [...] hoje, passados nove anos do outubro de 1917, não é mais o fato da tomada do poder pelos bolcheviques que pode revolucionar as massas ocidentais, porque já é fato menor e produziu os seus efeitos; hoje é ativa, ideológica e politicamente, a persuasão (se existir) de que o proletariado, uma vez assumindo o poder, consegue construir o socialismo. A autoridade do Partido está associada a esta persuasão, que não pode ser incutida nas grandes massas com métodos de pedagogia escolástica, mas só de pedagogia revolucionária, ou seja, apenas pelo fato político que o Partido russo no seu conjunto é convicto e luta unitariamente (Daniele, 1999, p. 438-439).

---

[3] Consultar, sobretudo: Daniele (2005) e Chiarotto (2011).

[4] Ver especialmente Buci-Glucksmann (1975).

O tema da revolução foi substituído, nove anos depois, por aquele do governo⁵. A ideia da "tomada do poder" e da "destruição do Estado", conceitos centrais nas elaborações de Trotsky e Lenin até 1917⁶, era substituída pela elaboração de um novo direito, de uma nova relação entre "público" e "privado", entre "Estado" e "partido", enfim, de uma nova forma de soberania, que Gramsci enxergava como dinamicamente capaz de enfrentar os Estados burgueses em sua busca por suturar a ferida aberta pela Grande Guerra e pelos efeitos de 1917 no restante da Europa.

É significativo para Gramsci, em outubro de 1926, poucas semanas antes da sua prisão, que esse desafio assumisse as formas de uma "pedagogia revolucionária" irredutível a qualquer forma de doutrinação escolástica, mas assegurada por uma ideia de "persuasão" que poderia ser "penetrada nas grandes massas" somente através de um "fato político". Essa noção de "fato político" — uma expressão que Gramsci destaca — é algo complexo que não pode ser reduzido a uma simples série, nem a uma elaboração estratégica, nem a uma forma de propaganda, tampouco, como se diz, a uma escola de partido. Sem dúvida há um pouco de tudo isso, mas também muito mais porque implica o encontro entre uma massa difusa e um fato histórico importante; um encontro que libera uma energia política que muda radicalmente os equilíbrios precedentes, as relações de forças existentes.

Em um artigo de 1918 ("A política do 'se'"), uma polêmica contra Gaetano Salvemini e a ideologia democrática antigiolittiana e antissocialista, Gramsci havia notado que a fim de que a política dessa proposta "fosse traduzida na realidade, tornando-se um fato político, é necessário que seja feita apoiada por uma energia social organizada. Existe na Itália uma força política capaz de fazer isso? Capaz de assumir a responsabilidade do poder, se for necessário, para por em prática essa solução?" (Gramsci, 1984, p. 152)⁷. O fato político é enfim o momento no qual uma ideia se torna realidade, se faz "mundo". É a essa dinâmica que Gramsci apela, antes e depois de 1926, em todas as ocasiões que fazem depender a vitalidade da "revolução" russa da expansividade/

---

5   Sobre a passagem de fase, enfatiza-se o importante livro de Leonardo Paggi (1984).
6   Sobre Lenin vide: *O Estado e a Revolução* (1967). A respeito de Trotsky consultar as páginas que Curzio Malaparte dedica a Revolução de Outubro (2011, p. 123-175).
7   "*La politica del 'se'*", publicado em *Il Grido del Popolo*, 29 de junho de 1918.

grandeza interna e externa do Estado soviético. Em última análise, era isso o que havia escrito no artigo *"Capo"* de 1924, no qual propunha uma provocativa comparação entre Lenin e Mussolini (Gramsci, 1971, p. 12-16)[8], e sobre este mesmo ponto sempre voltará nos *Cadernos do cárcere*.

||

A relação de Gramsci com o 1917 pode, portanto, ser lida de uma forma que, com base naquilo que ele sustenta, não se reduz ao encontro, em tempo real, com os acontecimentos na Rússia, ou à posterior referência a aquele episódio. No entanto, feito esse esclarecimento, nos deparamos com ulterior dificuldade. Muita gente por muito tempo insistiu (e ainda se insiste) que, nos *Cadernos*, Gramsci teria tomado distância de 1917, relativizando seu significado pelo ponto de vista da sociedade ocidental. Esse argumento refere-se à conhecida dicotomia entre Oriente e Ocidente, caracterizada respectivamente pelo predomínio da guerra manobrada e da guerra de posição. Em um momento, em particular, Gramsci pronunciou-se sobre esse ponto muito claramente:

> Guerra de posição e guerra manobrada ou frontal. [...] Parece-me que Ilitch havia compreendido a necessidade de uma mudança da guerra manobrada, aplicada vitoriosamente no Oriente em 1917, para a guerra de posição que era a única possível no Ocidente, onde, como observa Krasnov, num breve espaço de tempo os exércitos podiam acumular quantidades enormes de munição, onde os quadros sociais eram por si sós ainda capazes de se tornarem trincheiras municiadíssimas. Isto me parece o significado da fórmula da 'frente única', que corresponde à concepção de uma só frente da Entente sob o comando único de Foch. Só que Ilitch não teve tempo para aprofundar sua fórmula, mesmo considerando que ele só poderia aprofundá-la teoricamente, quando a tarefa fundamental era nacional, isto é, exigia um reconhecimento de terreno e uma fixação dos elementos de trincheiras e de fortaleza representados pelos elementos de sociedade civil, etc. No

---

[8] *"Capo"*, publicado em *L'Ordine Nuovo*, março de 1924.

Oriente, o Estado era tudo, a sociedade civil era primitiva e gelatinosa; no Ocidente havia entre o Estado e a sociedade civil uma justa relação e, ao oscilar o Estado, podia-se imediatamente reconhecer uma robusta estrutura da sociedade civil. O Estado era apenas uma trincheira avançada, por trás da qual se situava uma robusta cadeia de fortalezas e casamatas; em medida diversa; mais ou menos, de Estado para Estado, é claro, mas este ponto demandaria um acurado reconhecimento de caráter nacional (Gramsci, 1975, p. 866).

No entanto, devemos observar que essa anotação (que data de dezembro de 1930) representa o prolongamento, no âmbito dos *Cadernos*, de uma abordagem amadurecida vários anos antes, no mínimo em 1923-24, quando Gramsci estava em Viena, expôs aos seus companheiros na Itália, através de uma série de cartas, a ideia de que a diversidade da luta política possível na Rússia e nos países ocidentais dependia da diversidade das suas respectivas "estruturas" sociais (antes disso, a origem dessa abordagem está em um artigo de 1920 intitulado "Duas revoluções") (Gramsci, 1987, p. 569-574)[9]. Mas, aquilo que afirma em outubro de 1926, na citada carta a Togliatti, vai numa direção oposta. Ali, de fato, o tipo de luta não depende mais da estrutura da sociedade, mas da relação, inteiramente política, entre os "acontecimentos" e a maneira pela qual são acolhidos pelas massas, revolucionando, isto é, modificando significativamente a sua mentalidade, o seu modo de enxergar a realidade. Aqui reside um tema que se tornará muito importante nos *Cadernos*: o das classes subalternas e das condições da subalternidade tomados, simultaneamente, como condição material e estrutura cultural, ou seja, algo que não muda com a simples "tomada do poder", necessitando de um trabalho específico (Cf. Liguori, 2015a, 2015b, 2016).

Podemos afirmar que aquele modo de enxergar a Rússia e os acontecimentos de 1917, registrado no §16 do *Caderno 7*, está voltado para o passado (não por acaso, Gramsci retoma os argumentos usados em 1905 por Bernstein contra Rosa Luxemburgo)[10], enquanto a grande novidade anunciada nos *Cadernos* consiste na capacidade de mover a dicotomia Oriente e Ocidente

---

[9] Cf. "*Due rivoluzioni*", publicado em *L'Ordine Nuovo*, 3 de julho de 1920. As cartas de Viena foram publicadas por Togliatti (1962).

[10] Sobre isso vide: Salvadori, 1979, particularmente p. 591-594.

de um plano geopolítico para um morfológico (Cf. Vacca, 1991, p. 9-11 e p. 60): vinculando-a não à áreas, mas à forma da luta política que envolve tanto o Oriente quanto o Ocidente. Isso empurra Gramsci, mais tarde, em agosto de 1931, a modificar completamente a abordagem anterior e a apresentar a guerra de posição não apenas como a forma de luta adequada para as sociedades complexas (democráticas), contra a Rússia autocrática, mas como a fase culminante da luta por hegemonia. A passagem da guerra de manobra para a guerra de posição no campo político — escreve no *Caderno 6*, §138: "indica que entramos em uma fase culminante da situação político-histórica, porque na política a guerra de posição, uma vez vencida, é decidida definitivamente" (Gramsci, 1975, p. 802). O leque de situações na Europa Ocidental, incluindo o fascismo, passa a ser compreendido com a categoria unificadora da guerra de posição. Isso ocorre quando se realiza:

> [...] uma concentração inaudita da hegemonia e, portanto, uma forma de governo mais 'intervencionista', que mais abertamente tome a ofensiva contra os opositores e organize permanentemente a 'impossibilidade' de desagregação interna: controles de todo tipo, políticos, administrativo, etc., reforço das 'posições' hegemônicas do grupo dominante, etc. (Gramsci, 1975, p. 802).

Esta política mobilizante nos confrontos da sociedade indica, e contraria, o nível ao qual a classe adversária elevou a disputa pela direção da sociedade nacional: "o assédio é recíproco, apesar de todas as aparências, e o simples fato do dominante ter de ostentar todos os seus meios/recursos demonstra o cálculo que ele faz do seu adversário" (Gramsci, 1975, p. 802).

Essa situação, que é consequência de 1917, também envolve a URSS, evidentemente que de uma forma diferente e até oposta, já que neste caso o assédio do Estado sobre as massas não nasce da necessidade para neutralizar sua mobilização e tendências de organização, mas sim para exaltá-las, conforme Gramsci aprende dos registros que pode ler acerca do primeiro plano quinquenal da URSS.

III

Com base nas considerações anteriores, parece-me que podemos fazer pelo menos outras duas. Em primeiro lugar, o pouco sucesso atribuído ao contato de Gramsci com a Revolução de 1917 (além dos seus comentários no momento no qual a revolução estourou e logo após) precisa ser amplamente revisto a luz dos fatos que o complexo de significados que se avolumam em torno da Revolução de Outubro expande-se, para ele, até abranger as formas que a luta de classes assume entre o final da década de 1920 e o início da década seguinte. Em segundo lugar, esta forma de confronto — a guerra de posição, o "duplo assédio" que tem lugar no Ocidente — é uma resposta à existência da URSS e, a partir de certo momento, da planificação. Em meados de 1932, Gramsci vai ainda mais longe, ocupando-se de pensar toda a história europeia subsequente à Revolução Francesa, isto é, o primeiro desafio democrático e plebeu, como uma guerra de posição:

> Esta ideologia serviria como elemento de uma 'guerra de posição' no campo econômico (a livre concorrência e a livre troca corresponderiam à guerra de movimento) internacional, assim como a 'revolução passiva' é este elemento no campo político. Na Europa de 1789 a 1870, houve uma guerra de movimento (política) na Revolução Francesa e uma longa guerra de posição de 1815 a 1870; na época atual, a guerra de movimento ocorreu politicamente de março de 1917 a março de 1921, sendo seguida por uma guerra de posição cujo representante, além de prático (para a Itália), ideológico (para a Europa), é o fascismo (Gramsci, 1975, p. 1229).

A ideologia que Gramsci menciona é o corporativismo do fascismo italiano que parece, portanto, determinada essencialmente pelo fato de ser uma resposta ao desafio soviético, como o liberalismo havia sido no século XIX para o jacobinismo. Particularmente, a entrada em uma fase de guerra de posição é determinada pelo fato que essa resposta não é meramente militar, mas se apresenta como uma fórmula ideológica complexa — liberalismo, corporativismo — capaz de combater o adversário incluindo de modo subalterno sua posição. Em outras palavras, o "duplo assédio" tem lugar dentro de cada Estado burguês em particular, mas também entre o conjunto destes e a União Soviética, tentando roubar-lhe a iniciativa hegemônica absorvendo a exigência para a qual esta nasce: a reorganização da economia e do nexo entre economia e Estado em bases não mais individualistas, mas "de plano".

A guerra de posição parece para Gramsci, em 1932, como a forma pela qual será decidido o destino de 1917: se isso terá a força de se converter em um "fato político", ou se reduzir-se-ia gradativamente a uma gestão do poder formalmente similar àquela da sociedade dominada pela burguesia. E essa alternativa depende, por sua vez, de uma outra, mais profunda, que se vincula a questão do "plano". Ou seja, se este último tornar-se-ia um princípio em torno do qual a URSS começaria a organizar uma hegemonia, ou se seria absorvido como um momento tecnicamente útil, mas ideologicamente sem qualquer valor no mundo do capitalismo euro-americano. Neste sentido, devemos ler as anotações que Gramsci desenvolve ao longo de 1933 (sobretudo nos *Cadernos 14 e 15*)[11] sobre a arquitetura como arte coletiva, sobre o individualismo e o conformismo na literatura, sobre a "literatura 'de acordo com um plano', isto é, a literatura 'funcional' segundo uma orientação social preestabelecida" (Gramsci, 1975, p. 17-24), sobre o "jornalismo integral", enfim sobre todos aqueles fenômenos que não apenas atestam um nexo inédito entre a criatividade e a racionalização industrializada, mas também oferecem um entrelaçamento entre espontaneidade e programação que era impensável nas condições do Estado liberal, que apresentam problemas de caráter teórico, ético e político.

FABIO FROSINI
Universidade de Urbino, Itália.

---

[11] Refiro-me ao ensaio inédito de Giuliano Guzzone (2016).

REFERÊNCIAS BIBLIOGRÁFICAS

BERNSTEIN, Eduard. *Der politische Massenstreik und die politische Lage der Sozialdemokratie in Deutschland*. Vortrag gehalten im Sozialdemokratischen Verein Breslau, mit einem Anhang: *Zwölf Leitsätze über den politischen Massenstreik*. Breslau: Verlag der Volkswacht, 1905.

BUCI-GLUCKSMANN, Christinne. *Gramsci et l'État. Pour une théorie matérialiste de la philosophie*. Paris: Fayard, 1975.

CHIAROTTO, Francesca. *Operazione Gramsci. Alla conquista degli intellettuali nell'Italia del dopoguerra*. Milano: Bruno Mondadori, 2011.

DANIELE, Chiara (org.). *Gramsci a Roma, Togliatti a Mosca. Il carteggio del 1926*. Torino: Einaudi, 1999.

DANIELE, Chiara (org.). *Togliatti editore di Gramsci*. Introdução de Giuseppe Vacca. Roma: Carocci, 2005.

GRAMSCI, Antonio. *Gli intellettuali e l'organizzazione della cultura*. Torino: Einaudi, 1949a.

_____. *Il materialismo storico e la filosofia di Benedetto Croce*. Torino: Einaudi, 1948.

_____. *Il nostro Marx. 1918-1919*. (organizado por Sergio Caprioglio). Torino: Einaudi, 1984.

_____. *Il Risorgimento*. Torino: Einaudi, 1949b.

_____. *L'Ordine Nuovo. 1919-1920*. (organizado por Valentino Gerratana e Antonio A. Santucci). Torino: Einaudi, 1987.

_____. *La costruzione del Partito comunista. 1924-1926*. (organizado por Elsa Fubini). Torino: Einaudi, 1971.

_____. *Letteratura e vita nazionale*. Torino: Einaudi, 1950.

_____. *Note sul Machiavelli, sulla politica e sullo Stato moderno*. Torino: Einaudi, 1949c.

_____. *Passato e presente*. Torino: Einaudi, 1951.

_____. *Quaderni del carcere* (a cura di Valentino Gerratana). Torino: Einaudi, 1975.

GUZZONE, Guliano. *Il "piano" come problema teorico: le riflessioni su economia, architettura e giornalismo nei Quaderni 14 e 15 (1933-1935)*. Palestra proferida no seminário sobre *relazione tenuta, "Quaderni del carcere" di Antonio Gramsci: gli ultimi quaderni miscellanei (1933-1935)*. Università di Urbino, 08-09 de abril de 2016.

LENIN, Vladmir Ilitch. *Stato e rivoluzione. La dottrina marxista dello Stato e i compiti del proletariato nella rivoluzione*. Roma: Editori Riuniti, 1967.

LIGUORI, Guido (org.). *Antonio Gramsci. Come alla volontà piace: Scritti sulla Rivoluzione russa*. Roma: Castelvecchi, 2017.

_____. "Classi subalterne" marginali e "classi subalterne" fondamentali in Gramsci. *Critica Marxista* (Roma), n. 4, p. 41-48, 2015a.

_____. Conceptions of Subalternity in Gramsci. In: MCNALLY, Mark (org.). *Antonio Gramsci*. Basingstoke: Palgrave Macmillan, 2015b.

_____. *Gramsci conteso. Interpretazioni, dibattiti e polemiche. 1922-2012*. Nuova edizione riveduta e ampliata. Roma: Editori Riuniti, 2012.

_____. Subalterno e subalterni nei *"Quaderni del carcere"*. *International Gramsci Journal*, v. 2, n. 1, 89-125, 2016. Disponível em: http://ro.uow.edu.au/gramsci/vol2/iss1/24.

MALAPARTE, Curzio. *Tecnica del colpo di Stato*. (a cura di Giorgi Pinotti). Milano: Adelphi, 2011.

PAGGI, Leonardo. *Le strategie del potere in Gramsci. Tra fascismo e socialismo in un solo paese. 1923-1926*. Roma: Editori Riuniti, 1984.

RAPONE, Leonardo. *Cinque anni che paiono secoli. Antonio Gramsci dal socialismo al comunismo (1914-1919)*. Roma: Carocci, 2011.

SALVADORI, Massimo L.. La socialdemocrazia tedesca e la rivoluzione russa del 1905. Il dibattito sullo sciopero di massa e sulle differenze tra Oriente e Occidente. In: HOBSBAWM, Eric J. *et al.* (orgs.). *Storia del marxismo*. vol. II. Torino: Einaudi, 1979.

TOGLIATTI, Palmiro. *La formazione del gruppo dirigente del Partito comunista italiano nel 1923-1924*. Roma: Editori Riuniti, 1962.

VACCA, Giuseppe. *Gramsci e Togliatti*. Roma: Editori Riuniti, 1991.

APRESENTAÇÃO

O ano de 2017 apresenta uma conjunção extraordinária, a qual estimula a reflexão muito mais que necessária sobre a teoria e a experiência do movimento de emancipação do trabalho humano diante da exploração do capital. Nesse centenário da Revolução Russa e de oitenta anos da morte de Antonio Gramsci, além do estudo sobre os acontecimentos que perpassaram as duas décadas transcorridas entre 1917 e 1937, é fundamental que se traga da Revolução Russa, da sua experiência trágica, da sua luta heroica, das suas formulações teóricas e práticas, os ensinamentos para a retomada da luta anticapitalista neste novo século.

O período iniciado em 1917 com grandes lutas e grandes esperanças, vinte anos depois observava a morte precoce de Gramsci, a contínua expansão do nazifascismo (a Guerra Civil Espanhola, a anexação da Áustria pela Alemanha, o ataque japonês à China), a dizimação da maior parte do original grupo dirigente bolchevique, a virtual desarticulação da Internacional Comunista. Dessa época, contudo, herdamos as obras de Lenin e de Gramsci para alimentar a nossa reflexão e a nossa vontade nesses dias difíceis que transcorrem diante de nós, em que nos assombra o fantasma da barbárie e do fascismo em novas vestes e num momento que a perspectiva socialista aparenta estar distante.

É certo que a produção teórica identificada com o marxismo não se limitou a esses dois expoentes, pelo contrário, foram muitos aqueles que na luta pela revolução socialista e contra o fascismo, produziram textos de grande riqueza. Mas é bastante plausível a afirmação de que a obra teórica/prática de Lenin e as reflexões produzidas por Gramsci no cárcere são o ápice da teoria política do socialismo nesse período. Partiu-se de uma vitória muito parcial — na medida em que o poder revolucionário sobreviveu apenas numa Rússia devastada — e chegou-se a uma situação na qual as previsões apontavam para a consolidação do imperialismo fascista e a Internacional Comunista estava já em frangalhos.

Além da ascensão do fascismo na Europa (e também no Japão) esse vintênio observou a definitiva consolidação dos Estados Unidos como potência mundial ainda prenhe de futuro. De fato, a ascensão estadunidense chamou atenção de muitos escritores, assim como das burguesias europeias que admiravam o controle estabelecido sobre a classe operária, sem a necessidade da utilização de tantos instrumentos propiciados pelo Estado, como na Europa. A crise capitalista de 1929, contudo, colocou também os Estados Unidos na rota da intervenção do Estado sobre a vida social e econômica a fim da debelar uma situação que poderia ficar crítica.

A trajetória intelectual e pessoal de Gramsci esteve indelevelmente marcada pela Revolução Russa e por seus desdobramentos históricos. De fato, o jovem sardo que migrou para a cidade de Turim levando na bagagem toda a sua concepção teórica e política meridionalista e neoidealista foi fortemente impactado pela guerra e mais ainda pela Revolução Russa.

O andamento da Revolução Russa e o processo social italiano foram vistos por Gramsci em paralelo pelo menos desde o segundo semestre de 1917. Ambos os casos eram parte de um fenômeno universal que era a revolução socialista internacional em andamento. A revolução socialista eclodida na Rússia apresentou o conselho como a forma organizativa destinada a se espalhar por amplas áreas da Europa, onde a classe operária se projetou como protagonista da história e candidata a erigir uma nova vida social em substituição às relações estabelecidas na ordem burguesa e que ainda traziam sobrevivências nobiliárquicas.

O processo revolucionário que se desenrolava na Rússia estimulou uma verdadeira rebelião universal do trabalho, sendo mais aguda e profunda na Europa centro-oriental. Houve uma efervescência ideológica sem precedentes que envolvia todo o movimento revolucionário, com destaque também para a região dos impérios que decaiam: a Rússia, a Alemanha, a Áustria-Hungria. Pode-se dizer que o Piemonte italiano foi a franja extrema desse movimento no espaço e no tempo. A experiência dos conselhos de fábrica na Itália eclodiu no auge da revolução socialista internacional, na primavera e verão de 1919, quando se estabelecia a República Húngara dos Conselhos e era fundada a Internacional Comunista, mas a derrota veio quando a revolução europeia já agonizava.

Pode-se considerar que a revolução socialista internacional foi derrotada no começo de 1921 e que o poder revolucionário manteve-se apenas na Rússia soviética, mas a duras penas. A partir de então há uma particularização expressiva das diferentes situações nacionais e é o início daquilo que Gramsci chamaria mais tarde, nos *Cadernos do cárcere*, de uma era de revoluções passivas. A frente única passaria, a partir de então, a ser uma fórmula estratégica da luta revolucionária.

O Partido Comunista Italiano (PCI) surgiu já nos estertores da revolução socialista internacional e teve desde o começo que fazer frente ao fascismo, movimento reacionário de massas da pequena burguesia, que foi instrumentalizado pelo grande capital a fim de reorganizar o poder político-econômico burguês. A derrota do movimento operário italiano foi marcada pela cisão política — necessária para se começar a empreitada rumo à revolução socialista — mas agravada pela tendência da direção original do PCI, conduzida por Amadeo Bordiga, de se confrontar com a orientação política da Internacional Comunista.

Uma virtude inquestionável de Gramsci apareceu na capacidade de organizar um novo grupo dirigente no PCI e de formular uma política mais adequada ao enfrentamento com o fascismo (ainda que tenha resultado numa nova derrota). Essa política, contudo, mostrava a intersecção entre a universalidade do pensamento de Lenin, no presente, com a particularidade da realidade italiana analisada por Maquiavel, a qual permanecia de grande atualidade. Em ambos estava presente o problema essencial da fundação de um novo Estado.

A questão da tradução da experiência russa para a Itália já estava presente quando da organização dos conselhos de fábrica, mas a prospectiva histórica para identificação do nacional-popular precisou do resgate de Maquiavel. Pode-se dizer, não sem algum risco de simplificação, que o pensamento de Gramsci foi muito marcado pela dialética entre a Revolução Russa (e seus desdobramentos) e a contrarrevolução na Itália fascista. A análise da Revolução Francesa, bem como do jacobinismo, foi indispensável para a compreensão do *Risorgimento* e do fascismo, como revoluções passivas, as quais, por definição, implicaram a derrota do movimento popular. Mesmo o americanismo e o fordismo foram analisados por conta das suas incidências na Itália e na União Soviética (URSS).

Para Gramsci, a essa altura, hegemonia propriamente dita só havia nos Estados Unidos, nascida do processo produtivo. Na Itália e mesmo na URSS não havia hegemonia definida, de onde derivava a necessidade da força do Estado para o controle das massas e para o desenvolvimento das forças produtivas. Contudo todos esses casos seriam de revoluções passivas. Gramsci então notava que as condições para a revolução socialista continuavam a se desenvolver, mas a capacidade da classe operária propor a sua hegemonia era ainda bastante incipiente por estar num estágio econômico corporativo de organização de interesses e de consciência.

Gramsci destacou a necessidade de uma condução consciente da classe operária rumo a sua hegemonia, ou seja, chamava atenção para que se desenvolvesse um movimento orgânico no qual a massa se faz classe, que se faz partido. A reflexão sobre esse problema é de grande atualidade, porquanto a situação da massa trabalhadora hoje é muito pior do que há cem anos, ou há oitenta anos. A massa proletária é hoje muito maior, porém encontra-se, quase que em todo lugar, em estado de anomia, com organizações de resistência relativamente frágeis. As lições de Lenin e de Gramsci certamente contribuem para que se possa enfrentar o drama histórico que perpassa o nosso tempo.

O livro que aqui se apresenta trata dessas e de outras questões que dizem respeito à relação entre Gramsci e Lenin, entre a Itália e a Rússia. Como foi dito inicialmente, recorda os oitenta anos da morte de Gramsci, bem como o centenário da Revolução Russa reunindo artigos produzidos por estudiosos brasileiros e italianos, que refletem acerca do evento revolucionário russo pelo prisma do pensamento político do filósofo sardo.

Ao longo desta obra coletiva encontrar-se-á um amplo e fecundo registro das ideias gramscianas de modo a realçar seu "espírito inventivo", o que já demarca a singularidade e a riqueza desta coletânea.

Desejamos a todos uma agradável leitura!

OS ORGANIZADORES

GRAMSCI E A RÚSSIA SOVIÉTICA: O MATERIALISMO HISTÓRICO E A CRÍTICA DO POPULISMO[1]

DOMENICO LOSURDO

"COLETIVISMO DA MISÉRIA, DO SOFRIMENTO"

Como se sabe, a revolução que batiza a Rússia soviética e, contra qualquer expectativa, ocorreu em um país não incluído dentre aqueles de capitalismo mais avançado, é saudada por Gramsci como "A Revolução contra *O Capital*". Na paródia do mecanicismo evolucionista da Segunda Internacional Comunista, o texto publicado no *Avanti!* de 24 de dezembro de 1917 não teme em se distanciar das "incrustrações positivistas e naturalistas" presentes também "em Marx". Sim, "os fatos ultrapassaram as ideologias", por isso, não é a Revolução de Outubro que deve se apresentar frente aos guardiões do "marxismo" a fim de obter legitimidade; é a teoria de Marx que deve ser repensada e aprofundada sob a luz da virada histórica que se verificou na Rússia (Gramsci, 1982, p. 513-514). Sem dúvida, é memorável o início desse artigo, mas não é motivo para perder de vista o seguinte: quais são as consequências da vitória dos bolcheviques em um país relativamente atrasado e exaurido pela guerra? Esse questionamento não é insignificante.

---

[1] Artigo originalmente publicado na revista *Materialismo Storico. Rivista di Filosofia, Storia, Scienze Umane*, Urbino, n. 1-2, v. I, p. 18-41, dez. 2016. Traduzido do italiano por Telma Cristiane Sasso de Lima. Revisão técnica de Marcos Del Roio.

> Será no início o coletivismo da miséria, do sofrimento. Mas, as mesmas condições de miséria e de sofrimento seriam herdadas de um regime burguês. O capitalismo não faria, imediatamente, na Rússia mais do que poderá fazer o coletivismo. Faria, hoje, muito menos porque teria a oposição imediata de um proletariado descontente, descontrolado, incapaz portanto de suportar por outros as dores e as amarguras que as dificuldades econômicas trariam [...]. O sofrimento que conduzirá à paz só poderá ser suportado enquanto os proletários sentirem que nele está sua vontade, seu esforço em trabalhar para suprimi-lo no menor tempo possível.

Nesse texto, o comunismo de guerra que vai se estabelecer na Rússia soviética é, ao mesmo tempo, legitimado taticamente e deslegitimado no plano estratégico, legitimado para o imediato e deslegitimado perante o futuro. O "coletivismo da miséria, do sofrimento" é justificado pelas condições concretas em que se encontra a Rússia no tempo em que o capitalismo não seria capaz de fazer algo melhor. Mas, o "coletivismo da miséria, do sofrimento" deve ser superado "no menor tempo possível".

De modo algum, é uma afirmação banal. Vejamos a maneira como o francês Pierre Pascal interpreta e saúda a revolução bolchevique da qual foi testemunha direta:

> Espetáculo único e inebriante: a demolição de uma sociedade. Estamos executando o quarto salmo das vésperas dominicais e o *Magnificat*: os poderosos tirados do trono e o pobre resgatado da miséria [...]. Os ricos não existem mais: apenas pobres e paupérrimos. O saber não atribui nem privilégio e nem respeito. O ex-operário é promovido diretor e dá ordens aos engenheiros. Aproximam-se os altos e os baixos salários. O direito à propriedade é reduzido a objetos pessoais (Pascal *apud* Furet, 1995, p. 129).

Longe de ter de ser superada "no menor tempo possível", a condição para a qual existem "só os pobres e os paupérrimos", ou, na linguagem de Gramsci, "o coletivismo da miséria, do sofrimento" é sinônimo de plenitude espiritual e de rigor moral. É certo que Pascal era um católico fervoroso, mas isso não significa que os bolcheviques estivessem imunes a essa visão típica do populismo e do pauperismo. Na verdade, pode-se perguntar se não há um traço de populismo e de pauperismo na definição que transfigura como "comunismo" e até mesmo como "comunismo de guerra" um regime caracterizado pelo colapso da economia (às vezes, com o retorno à permuta direta) e, em certos momentos, pela apreensão forçada dos alimentos necessários à sobrevivência da população urbana; isto é, um regime que Gramsci definiu corretamente como "coletivismo da miséria, do sofrimento". Em 1936-1937 é Trotsky (1988, p. 854 e p. 838) que lembra criticamente "às tendências ascéticas no período da guerra civil", difundidas entre os comunistas, cujo ideal parecia ser "a pobreza socializada". É uma fórmula que sugere a definição proposta por Gramsci, mas que lhe é posterior cerca de quase vinte anos.

O ambiente espiritual dominante no período de rescaldo da Revolução de Outubro é melhor descrito, na década de 1940, por um militante de base do Partido Comunista da União Soviética: "Nós, jovens comunistas, crescemos todos cultivando a crença de que o dinheiro havia sido eliminado de uma vez por todas [...]. Se reaparece o dinheiro, não reapareceriam também os ricos? Não estaríamos em um terreno escorregadio que nos levaria para o capitalismo?" (Figes, 2000, p. 926).

A causa da catástrofe da guerra tinha sido a corrida pela conquista de colônias, mercados e matérias-primas, a caça ao lucro, em última análise, a *auri sacra fames*, e, assim, o "comunismo de guerra" não era apenas um sinônimo de justiça social, mas também era uma garantia de que não iriam ocorrer mais tragédias como essa. Era um clima que, certamente, não se limitava à Rússia. Em 1918, na esteira da Revolução de Outubro, o jovem Ernst Bloch (1971, p. 298) esperava pelo advento de um mundo liberto — de uma vez por todas — de "toda economia privada", de toda "economia monetária" e, com ela, a "moralidade mercantil que consagra tudo o que há de pior no homem".

De acordo com o *Manifesto do Partido Comunista*, os "primeiros movimentos do proletariado", frequentemente, são caracterizados pelas reivindicações em torno de um "ascetismo universal" e de um "igualitarismo tosco"; por outro lado, não há "nada mais fácil do que dar um verniz socialista ao ascetismo cristão" (Marx e Engels, 1955-89, p. 489 e p. 484). É exatamente isto que se verifica na Rússia revolucionária. Mas, é preciso acrescentar aqui que o fenômeno tão vividamente descrito por Marx e Engels tem uma extensão temporal e espacial muito superior aquela por eles sugerida. Mesmo no século XX, e também no âmbito dos movimentos que professam o materialismo histórico e o ateísmo, encontramos a confirmação da regra pela qual as grandes revoluções populares, as convulsões de massa das classes subalternas tendem a estimular um populismo espontâneo e ingênuo, que — ignorando totalmente o problema do desenvolvimento das forças produtivas — aguarda ou celebra o resgate dos que ocupam o último degrau da hierarquia social, o resgate dos pobres e dos "pobres de espírito".

Esta tendência é estranha a Gramsci desde suas primeiras intervenções.

A DISSOLUÇÃO DA ASSEMBLEIA CONSTITUINTE COMO "EPISÓDIO DE LIBERDADE"

Poucas semanas após ter comemorado "A Revolução contra O *Capital*", em um artigo publicado no *Il Grido del Popolo*, em 26 de janeiro de 1918, Gramsci justifica a dissolução da Assembleia Constituinte decidida pelos bolcheviques e pelos socialistas revolucionários. Tratava-se de uma medida que institui "um episódio de liberdade, apesar das formas exteriores que, inevitavelmente, teve que assumir", apesar da "aparência violenta" (Gramsci, 1982, p. 602-603).

Como é conhecido, distinta e oposta é a posição assumida em tal ocasião por Rosa Luxemburgo (1968, p. 134) que, contrária aos avanços considerados autoritários ou ditatoriais da Revolução Russa, celebra a liberdade como "liberdade de quem pensa diferente". Apesar da eloquência que a caracteriza e que a tornou famosa, esta tomada de posição é tudo, menos convincente. Geralmente, as grandes revoluções provocam um conflito entre cidade e campo. As massas urbanas — protagonistas na derrubada do Antigo regime e que havia suportado o peso e os sacrifícios da luta — estavam pouco inclinadas a entregar o poder às massas rurais que continuavam sentindo a influência do regime deposto e que havia desempenhado um papel secundário no processo revolucionário.

É uma dialética manifestada na primeira Revolução Inglesa e em todo o ciclo revolucionário francês. Em relação a este último, a vitória dos Jacobinos é claramente a da cidade de Paris, não só contra o interior católico e conservador do país — a região de Vendeia — mas, também, contra as instâncias da província representadas pelos Girondinos. Em 1848, no entanto, é o campo que consegue a vitória, provocando a reação que resulta no estabelecimento da ditadura bonapartista. Em 1871, a derrota da Comuna de Paris também parecia pavimentar o caminho para a restauração bourbonica, ou seja, para des-emancipação política das massas populares a ser alcançada através do retorno da discriminação censitária aberta ou graças à introdução do voto plural a favor das elites (Losurdo, 1993, cap. I, § 9).

Ao levar em conta estes precedentes e tendo em mente o clamor da guerra, a nitidez do confronto entre aqueles que estavam decididos a continuá-la ou a reacendê-la e aqueles que de algum modo queriam acabar com ela, além do papel internacional da Entente, determinada a impedir por todos os meios a "deserção" da Rússia, fica para ser demonstrado que a vitória da Assembleia Constituinte significaria a consolidação da democracia, em vez do retorno ao poder czarista ou, o que seria mais provável, o advento de uma ditadura militar (apoiada pelos "aliados" da Entente).

Estes são os anos em que, em todos os lugares, a mobilização total tornou precário o respeito à legalidade, também no que se refere às instâncias representativas. Ainda antes de saudar a Revolução de Outubro e de apoiar a dissolução da Assembleia Constituinte, Gramsci polemizou duramente contra Leonida Bissolati, que havia ascendido ao Parlamento e às bancadas do governo graças ao seu intervencionismo fervoroso, e não havia hesitado em ameaçar os deputados considerados derrotistas ou insuficientemente belicosos: "Em defesa do país, eu estarei pronto para abrir fogo sobre todos vocês!" (Gramsci, 1982, p. 408-409). Nesses anos — mesmo os Estados Unidos estando em uma distância segura do epicentro do conflito e mesmo após o fim da guerra (ainda que com o olhar atento ao "perigo" representado pela Rússia revolucionária) — a Assembleia Legislativa do estado de Nova Iorque expulsa os representantes socialistas eleitos, apesar do Partido Socialista ser uma organização perfeitamente legal (Losurdo, 1993, cap. V, § 4).

Não sei por que ao partido bolchevique (que viveu a experiência da deportação para a Sibéria dos seus deputados contrários à guerra) deve ser negado o "direito" de recorrer, a fim de salvar a revolução e bloquear definitivamente a guerra, a medidas análogas projetadas ou postas em prática, em condições bem menos dramáticas, pelos próprios países liberais em função da continuação a todo custo da mobilização total e da guerra, na verdade, do perigo do contágio revolucionário. Tanto que, se no Ocidente são os órgãos que encarnam de modo exclusivo o princípio da legitimidade a serem golpeados, na Rússia soviética a dissolução da Assembleia Constituinte é apenas um momento do confronto entre dois princípios de legitimidade que, na prática, se enfrentam desde as jornadas de fevereiro de 1917. Gramsci (1982, p. 602) enfatiza este último fato, destacando o contraste entre a "Constituinte" e os "Sovietes" (conforme indica o título do seu artigo): a revolução está buscando incansavelmente "as formas de representação através das quais será exercida a soberania do proletariado".

OS BOLCHEVIQUES COMO UMA "ARISTOCRACIA DE ESTADISTAS"

A estranheza de Gramsci ao doutrinarismo se confirma no clamoroso editorial que publicou no *L'Ordine Nuovo* em 7 de junho de 1919. Um dos temas centrais ou, talvez, o tema central desse artigo é a construção do Estado na Rússia Soviética. Vejam bem, estou falando da construção do Estado, não da extinção do Estado, como gostaria certo marxismo-leninismo mais ou menos ortodoxo. Nas palavras de Gramsci: "A revolução existe e não é uma retórica vazia quando se encarna em um tipo de Estado, quando resulta em um sistema organizado de poder" (Gramsci, 1987, p. 57).

Exatamente a esse propósito se comprova a grandeza dos bolcheviques. Primeiro, realizando e, depois, defendendo a Revolução de Outubro, dedicando-se a proteger a nação e o Estado russo da desagregação e da balcanização que apareciam como consequências da derrota militar e do esfacelamento do Antigo regime. Gramsci qualifica Lenin como o "maior estadista da Europa contemporânea" e aos bolcheviques como uma "aristocracia de estadistas que nenhuma outra nação possui". Eles tiveram o mérito de pôr fim ao "abismo sombrio de miséria, de barbárie, de anarquia, de desagregação" aberto "por uma longa e desastrosa guerra", salvando a nação, "o imenso povo russo" e, assim, conseguiram "soldar a doutrina comunista com a consciência coletiva do povo russo". Colocando-se numa relação de descontinuidade, mas também de continuidade com a história do seu país, os bolcheviques expressavam, sim, uma "consciência de classe" ao mesmo tempo em que desempenhavam uma função nacional: conseguiram "obter para o novo Estado a lealdade da maioria do povo russo", para construir "o Estado para todo o povo russo". Nem por isso se resignaram ao imperialismo, que continuou em sua política ofensiva. Senão mais, "o povo russo se levantou todo em pé [...] Se armou todo pela sua Valmy". O Partido Comunista inspirado pela "consciência de classe" é, em verdade, chamado a dirigir a luta pela independência nacional, imitando assim os jacobinos (Gramsci, 1987, p. 56-58 e p. 60).

O editorial do *L'Ordine Nuovo* é um texto extraordinário por muitas razões. Vemos aqui os protagonistas da luta pela construção, sobre as ruínas da sociedade burguesa, de um sistema dedicado a dissipar o Estado e a identidade nacional, tornarem-se os arquitetos da salvação do Estado e da nação, contra o ataque desencadeado pelas classes exploradoras da Rússia e do mundo inteiro! O balanço realizado por Gramsci em 1919 é confirmado, após mais de oitenta anos, pela historiografia recente. Damos a palavra a Nicolas Werth (que na época era um dos organizadores do *Livro negro do comunismo*): "sem dúvida o sucesso dos bolcheviques foi devido, em última análise, a sua extraordinária capacidade de 'construir o Estado', uma capacidade que faltava a seus adversários" (Werth, 2007, p. 26).

Nesse sentido, os bolcheviques são de fato uma "aristocracia de estadistas", animados por uma teoria em nítida contradição com sua práxis; é a práxis que se revela mais lúcida, mas para encontrar uma teoria a altura de tal práxis, é necessário fazer referência a Gramsci em primeiro lugar. O argumento de Gramsci, conforme vimos, ocorre no mesmo período em que Bloch (1971, p. 298), — quando da guinada iniciada com a Revolução de Outubro –, esperava que ocorresse a dissolução de "toda economia privada", de "toda economia monetária" e da "moral mercantil que consagra tudo o que há de pior no homem", mas também a "transformação do poder em amor".

Desde suas primeiras intervenções, Gramsci revela uma visão mais realista da sociedade pós-capitalista a ser construída e uma tendência a "des-messianização" do marxismo. Isto é confirmado pelo apoio imediato que fornece a Nova Política Econômica (NEP), contrastando nitidamente com as leituras, bastante difundidas tanto pela "esquerda" quanto pela "direita", ainda que com juízo de valor oposto, que interpretavam como um retorno ao capitalismo a guinada ocorrida na Rússia soviética.

UM FENÔMENO "NUNCA VISTO NA HISTÓRIA"

A formulação teórica mais madura do pensamento gramsciano sobre a NEP encontra-se na célebre e controversa carta ao Partido Comunista da União Soviética de 14 de outubro de 1926: a realidade da Rússia coloca-nos diante de um fenômeno "nunca visto na história"; uma classe politicamente "dominante" encontra-se "no seu conjunto" em "condições de vida inferiores a determinados elementos ou camadas da classe dominada e sujeitada". As massas populares, que continuavam a sofrer uma vida de dificuldades, estão desorientadas com o espetáculo do *nepman* coberto de peles e que tem à sua disposição todos os bens da terra"; e, no entanto, isso não deve constituir motivo para um escândalo ou repulsa, enquanto o proletariado não pode tomar o poder, não pode também mantê-lo, se não for capaz de sacrificar os interesses particulares e imediatos aos "interesses gerais e permanentes da classe" (Gramsci, 1971, p. 129-130). Aqueles que leem a NEP como sinônimo de retorno ao capitalismo erram ao identificar a camada economicamente privilegiada e como classe politicamente dominante.

É valida essa diferenciação formulada aqui? Ao retornar de uma viagem a Moscou em 1927, Walter Benjamin (2007, p. 40-41) resumiu assim suas impressões:

> Na sociedade capitalista, poder e dinheiro têm magnitudes comensuráveis. Cada quantidade de dinheiro converte-se em uma porção de poder bem definida e o valor de troca de cada poder é uma entidade calculável [...] O Estado soviético interrompeu esta osmose entre dinheiro e poder. Obviamente, o partido reserva para si o poder, mas deixa o dinheiro para o homem da NEP.

Este último, contudo, é exposto a um "terrível isolamento social". Também para Benjamin não há coincidência entre riqueza econômica e poder político.

Algumas semanas depois, Gramsci cai nas garras da polícia fascista. Apesar dessa difícil situação, não poupou esforços para obter o maior número possível de livros e revistas que lhe permitisse continuar acompanhando as performances do país que emergiu da Revolução de Outubro. Isto era uma questão de vital importância: "se não conseguem o material que pedi sobre a URSS

— escreve em uma carta a Tania em 16 de novembro de 1931 — "todos os meus hábitos intelectuais serão bruscamente interrompidos e minhas condições serão gravemente afetadas pela interrupção" (Gramsci, 1996, p. 494).

O primeiro plano quinquenal soviético atrai imediatamente a atenção de Gramsci. O processo de reconstrução e de desenvolvimento programado da economia soviética demonstra que um novo ordenamento social é possível! Pode-se finalmente superar o estágio do "coletivismo da miséria, do sofrimento" imposto pela catástrofe da guerra. Mas, o lançamento do plano quinquenal tem grande importância também em âmbito filosófico: como "A Revolução contra O Capital", assim como o desenvolvimento econômico e industrial da Rússia soviética provam que — longe de estimular o "fatalismo" e a "passividade" –, na realidade, "a concepção do materialismo histórico [...] dá início a um florescimento de iniciativas e de empreendimentos que surpreende muitos observadores" (Gramsci, 1975, p. 893 e p. 2763-2764).

A URSS AMEAÇADA POR UMA "GUERRA DE EXTERMÍNIO"

A superação do "coletivismo da miséria, do sofrimento" deve ser considerada em modo muito positivo também por razões de política internacional: está longe de ser dissipada a ameaça que pesa sobre a Rússia soviética. O seu persistente isolamento diplomático a tornava vulnerável: se renovaria o movimento contrarrevolucionário do Ocidente capitalista? De novo, Gramsci busca nos jornais e nas revistas confirmação ou desmentidos às suas preocupações e angustias. *La Nuova Antologia* publica uma série de artigos sobre o papel internacional do "Império inglês" que "tem o escopo de predicar o isolamento moral da Rússia (ruptura das relações diplomáticas) e criação de uma frente antirrussa como preparação para a guerra". Sim, este artigo, infelizmente talvez inspirado em importantes personalidades e ambientes políticos britânicos, procura "difundir a certeza de que uma guerra de extermínio seja inevitável entre a Inglaterra e a Rússia, guerra na qual a Rússia não pode mais do que sucumbir" (Gramsci, 1975, p. 90 e p. 2547).

Estamos entre o final dos anos 1920 e no início dos anos 1930. Com o advento do Terceiro Reich, o principal perigo é claramente identificado na Alemanha: "após as manifestações de brutalidade e de ignomínia inéditas na 'cultura' alemã dominada pelo hitlerismo" estava na hora de compreender como é "frágil a cultura moderna". O anticomunismo furibundo do "partido hitleriano" não tardaria a se manifestar também em âmbito internacional. Sim, "é sempre a política interna que dita as decisões, entende-se como a política de um país determinado. De fato, é claro que a iniciativa devido à razões internas, de um país, se fará 'externa' para o país que sofre a iniciativa" (Gramsci, 1975, p. 2326 e p. 1657).

Não é difícil compreender contra quem recai a mira agressiva da Alemanha nazista. Não só os *Cadernos*, mas também as *Cartas do cárcere* testemunham até o fim um interesse solidário ao país que emergiu da Revolução de Outubro. Nem mesmo os aspectos menores são negligenciados, conforme demonstram as referências positivas (nas cartas do verão e de novembro de 1936, escritas ao filho Delio) ao *giornale dei pionieri* e à "jovem e valorosa filologia soviética", até a "literatura fresca" e "criticamente elaborada" por Púchkin e Gógol. Ainda em 1936, em mês não preciso, em uma carta a Giulia, na qual o ponto central é a educação do filho Delio, é sublinhado como ele, diferentemente do sobrinho, viveu "não uma vida mesquinha e angusta de uma pequena cidade da Sardenha", mas a vida de "uma cidade mundial onde confluem enormes correntes de cultura e de interesses e de sentimentos que alcançam até os vendedores de cigarros das ruas" (Gramsci, 1996, p. 779, p. 786 e p. 794).

Faltam poucos meses para o fim. Depois de haver recusado até o último momento a assinar a petição de graça, em 25 de março de 1937, apenas um mês antes da morte que sentia se aproximar, Gramsci comunica a Sraffa, para que transmita aos companheiros de partido, suas ideias a propósito de como melhor conduzir a luta política, ao mesmo tempo em que o encarrega de preparar uma requisição para ser expatriado (Vacca, 2012, p. 320-321): ele esperava alcançar a União Soviética (URSS) e Moscou, a cidade descrita de maneira elogiosa na carta a Giulia no ano anterior. Assim, não apenas os textos escritos, mas também os testemunhos e seu comportamento prático, tudo corrobora para recusar a tese hoje difundida sobre a ruptura de Gramsci com a URSS e com o movimento comunista.

Certo que a clara tomada de posição de Gramsci em favor da Rússia soviética nunca resvala para a apologética vulgar e o autoengano. Estamos diante de uma atitude crítica no sentido mais elevado do termo que, bem longe de ser sinônimo de frieza e de distância, é expressão de participação esperançosa e profundamente solidária com a qual acompanhou a história aberta pelo Outubro bolchevique. Um exemplo pode lançar luz sobre o tipo de abordagem cara a Gramsci. Na década de 1930, o tema dos dois totalitarismos se difunde ao ponto de ser ecoado por Trotsky e por Bukharin, os quais, com a categoria de "regime totalitário" (ou seja, "ditadura totalitária") e "Estado total onipotente" colocam lado a lado a URSS stalinista e a Alemanha hitleriana (Losurdo, 2008, p. 17-20, p. 88-92 e p. 76-81). Não é assim nos *Cadernos do cárcere*, que recusam a autoproclamação da URSS como "ditadura do proletariado" ou como "democracia autêntica" e falam, em vez disso, de "cesarismo", preocupando-se, porém, em distinguir o "cesarismo progressivo" daquele que é "regressivo, no século XX encarnado por Mussolini e Hitler" (Gramsci, 1975, p. 1194).

Em outras palavras, a crítica de Gramsci não desemboca no "puro derrotismo" que os *Cadernos do cárcere* reprovam em Boris Souvarine, o qual havia sido uma liderança proeminente no Partido Comunista Francês e da Terceira Internacional e, posteriormente, crítico cada vez mais virulento do bolchevismo e da Rússia soviética e que a partir de 1930 começou a publicar a sua requisitória em *La Critique sociale*. Gramsci segue a revista com atenção, a qual critica a incapacidade de compreender a trágica dificuldade do processo de construção de uma nova ordem social. Aos olhos complacentes de Furet (1995, p. 133), Souvarine "pertence àquela categoria de intelectuais que sentem a alegria sarcástica de ter razão contra a maioria das pessoas". Precisamente, esta presunção é o alvo de crítica nos *Cadernos do cárcere*:

> Lugares-comuns a cada passo, dito com a soberba de quem está bem satisfeito consigo mesmo [...]. Trata-se, é verdade, de trabalhar para a elaboração de uma elite, mas esse trabalho não pode ser separado do trabalho de educação das grandes massas; as duas atividades, aliás, são na verdade uma só atividade, e é precisamente isso o que torna o problema difícil [...] trata-se, em suma, de ter contemporaneamente uma Reforma e um Renascimento ao mesmo tempo.

E conclui: "É evidente que não se compreende o processo molecular de afirmação de uma nova civilização, que se desenvolve no mundo contemporâneo, sem ter compreendido o nexo histórico Reforma-Renascimento" (Gramsci, 1975, p. 891-892 e p. 2763).

Chegamos a um ponto crucial. Aos olhos de Gramsci, apenas um filisteu pode se surpreender que, no seu fatigante processo de nascer e tomar forma, a nova ordem não pode assumir a configuração polida do mundo que pretende superar e que se embasa em séculos de experiências pregressas na gestão do poder. Basta comparar Humanismo-Renascimento de um lado e a Reforma de outro, ou seja, no sentido ideal-típico, Erasmo e Lutero. Apesar da rusticidade camponesa pela qual inicialmente se apresentam, a Reforma e Lutero são as bases de aniquilação do Antigo Regime e o advento de uma civilização nova, mais avançada e com uma base social muito mais ampla.

É de modo semelhante que precisamos representar os contrastes dos eventos históricos iniciados em outubro de 1917: "Se se tivesse de fazer um estudo sobre a União [Soviética], o primeiro capítulo, ou mesmo a primeira seção do livro, deveria precisamente desenvolver o material recolhido nesta rubrica sobre 'Reforma e Renascimento'" (Gramsci, 1975, p. 893). Longe de ser um corte em relação aos escritos anteriores, os *Cadernos do cárcere* são, em primeiro lugar, um balanço histórico e teórico do laborioso e contraditório processo de construção da "nova ordem".

Um abismo separa o *Diamat* [materialismo dialético] da União Soviética do tempo do pensamento crítico de Gramsci que, de um modo ou de outro, soube assimilar os ensinamentos da dialética, devido a virtude própria da superioridade refinada e da maturidade de seu pensamento que foi capaz de compreender a dificuldade e as razões da sociedade e da história que expressaram o *Diamat*. Para a Rússia de Stalin é necessário proceder do mesmo modo que para a Alemanha de Lutero.

"LINGUAGEM ESÓPICA" E ANÁLISE DO "AMERICANISMO"

Mas, se é assim, como explicar a intensa e prolongada atenção que ele [Gramsci] dedica ao "americanismo" e ao "fordismo" (Gramsci, 1996, p. 248) a partir 1929, conforme demonstra uma carta enviada a Tania em 25 de março desse ano? A avaliação equilibrada e os traços positivos empregados neste propósito nos *Cadernos do cárcere* não são a confirmação do crescente afastamento do movimento comunista por parte do revolucionário encarcerado? Para além do desejo evidente de acomodamento ao clima ideológico hoje dominante e que inspira tal interpretação, aqui há um vício de fundo. De imediato deve ser salientado que as páginas sobre "Americanismo e Fordismo" não falam apenas dos Estados Unidos, mas também da Rússia soviética, e talvez tratem mais da Rússia soviética do que dos Estados Unidos. Esta afirmação pode soar paradoxal e até mesmo arbitrária; não falta então mais do que examinar os textos e o contexto histórico.

Iniciemos pelo contexto. Vimos Pierre Pascal saudar a Revolução de Outubro como o advento de uma sociedade onde há apenas "os pobres e os paupérrimos", cuja nobreza moral reside na distribuição mais ou menos igualitária da pobreza. Essa visão, o desinteresse pelo desenvolvimento das forças produtivas e da riqueza social, é um sentimento comum. Após sua viagem a Moscou, Benjamin relata:

> Nem mesmo na capital da Rússia existe, malgrado toda a 'racionalização', sentido de um valor do tempo. O 'Trud', o instituto sindical do trabalho — em meio aos cartazes na parede –, incluiu [...] uma campanha pela pontualidade [...]. 'Tempo é dinheiro'; para usar uma palavra de ordem tão estranha utilizou-se, nos cartazes, até mesmo a autoridade de Lenin. Tal mentalidade é estranha aos russos. Sobretudo prevalece o seu instinto alegre [...] se, por exemplo, pela rua deparam-se com uma filmagem, esquecem-se do porquê e de para aonde vão, enfileiram-se com a trupe por horas e chegam ao trabalho atordoados. Na gestão do tempo, o russo permanecerá 'asiático' até o fim (Benjamin, 2007, p. 34-35).

O apelo à racionalização da produção e à compreensão de que "tempo é dinheiro" seguia na contramão, pelo fato de que a visão "asiática", isto é, aquela que podemos chamar de "asiática", fascinou os populistas propensos a se embalarem no sonho de uma sociedade na qual ninguém tem pressa ou está preocupado em desenvolver de forma organizada seu trabalho e sua tarefa produtiva.

O "asiatismo" certamente não é compartilhado por Lenin que, entre março e abril de 1918, advertiu: "em comparação aos trabalhadores das nações mais desenvolvidas, o russo é um mau trabalhador [...] aprender a trabalhar: eis a tarefa que o poder dos sovietes deve colocar diante do povo em toda sua plenitude" (Gramsci, 1987, p. 27 e p. 231).

Aprender a trabalhar significava não apenas acabar, de uma vez por todas, com o absenteísmo e com o anarquismo nos postos de trabalho, mas também saber lidar com "o sistema Taylor". Embora destinado à exploração no mundo capitalista, contém "uma série riquíssima de conquistas científicas no que diz respeito a estudos sobre os movimentos mecânicos durante o trabalho, a eliminação de movimentos desnecessários e inábeis, a elaboração de métodos de trabalho mais racionais, a introdução dos melhores sistemas de catalogação e de controle, etc.". Era preciso ir à escola dos países mais avançados do Ocidente capitalista:

> A república soviética deve a todo custo assimilar tudo aquilo que há de precioso dentre as conquistas da ciência e da tecnologia nesta área. A capacidade em realizar o socialismo será determinada precisamente pelos sucessos que obtivermos ao combinar o poder soviético e a organização administrativa soviética com os mais recentes progressos do capitalismo (Gramsci, 1987, p. 27 e p. 231).

É uma tese reafirmada por Lenin em outubro de 1920: "queremos transformar a Rússia de país miserável e pobre para um país rico"; para alcançar esse resultado deve ocorrer "trabalho organizado", "um trabalho consciente e disciplinado", a fim de assimilar e por em prática "as últimas conquistas da técnica", incluindo evidentemente o taylorismo americano (Gramsci, 1987, p. 31; p. 283-284). Contra o "asiatismo", o "americanismo" poderia desempenhar um papel positivo.

Pascal não concorda. Na segunda metade da década de 1920, ele se lamenta que: "do ponto de vista material marcha-se em direção a americanização" (entendida como idolatria pelo desenvolvimento econômico e tecnológico); é verdade que se realizaram alguns progressos econômicos, mas "ao custo de uma formidável exploração da classe operária" (Pascal, 1982, p. 33-34). Nessa mesma linha de pensamento, mas com uma atitude ainda mais radical, se coloca Simone Weil, na França, que em 1932, conclui que a Rússia assumiu a América como modelo, eficiente, produtivista, "taylorista", exploradora do trabalhador na produção: "O fato que Stalin, acerca desta questão que está no centro do conflito entre capital e trabalho, tenha abandonado o ponto de vista de Marx e se tenha deixado seduzir pelo sistema capitalista em sua forma mais perfeita, demonstra que a URSS está ainda bem longe de possuir uma cultura operária" (Weil, 1989-1991, vol. 1, p. 106-107).

São anos nos quais as críticas ao "americanismo" são expressas por diversos autores e em círculos de orientações muito diferentes. Ao visitar o país dos Sovietes entre setembro de 1926 e janeiro de 1927, o importante escritor austríaco Joseph Roth, observa a "americanização" em curso: "despreza-se a América, isto é, o grande capitalismo sem alma, o país no qual o ouro é deus. Mas, admira-se a América, aquela que é o progresso, o ferro de passar elétrico, a higiene, os aquedutos". Em resumo: "Esta é uma Rússia moderna, tecnicamente avançada e com ambições americanas. Esta não é mais a Rússia". Em seguida, fala do "vazio espiritual" existente mesmo em um país que, inicialmente, tinha despertado muitas esperanças (Cf. Losurdo, 2013, cap. VII, § 3). Enfim, convém lembrar Martin Heidegger que, em 1935, reprova os Estados Unidos e a União Soviética (e o movimento comunista), para — a partir de um ponto de vista metafísico — demonstrar o mesmo princípio que consistiria na "ira insana suscitada pela tecnologia" e na "massificação do homem". Alguns anos depois, em 1942 afirma: "o bolchevismo é somente uma variante do americanismo" (Heidegger, 1975, vol. 40, p. 40-41 e vol. 53, p. 86).

É um debate que conta também com a participação dos dirigentes soviéticos, os quais embarcaram em um caminho que despertou a decepção ou o escândalo dos populistas. Em 1923, Bukharin anunciava: "precisamos acrescentar o americanismo ao marxismo". Um ano mais tarde, no país em que também havia participado da intervenção armada contra a Rússia soviética, Stalin parecia olhar com simpatia tal a fazer um significativo apelo aos quadros bolcheviques: se quisermos realmente estar à altura dos "princípios do leninismo", devemos ser capazes de interligar "o ímpeto revolucionário russo" com "o espírito prático americano". Como esclarece Stalin em 1932: os Estados Unidos certamente são um país capitalista; todavia, "as tradições na indústria e nas práticas de produção têm algo de democratismo, o que não pode ser dito sobre os antigos países capitalistas da Europa, onde segue vivo o espírito senhorial da aristocracia feudal" (Stalin *apud* Losurdo, 2007, cap. III, § 2).

Na verdade, a visão aqui expressa é unilateral: se em comparação com a Europa, a república norte-americana parece mais democrática quando se observa a relação entre as classes sociais, o resultado se inverte se levarmos em consideração as relações entre brancos e negros (principalmente aqueles confinados nos setores mais baixos do mercado de trabalho e, mesmo nos Estados Unidos de Franklin Delano Roosevelt, privados não apenas dos direitos políticos, mas também e, frequentemente, dos direitos civis). Dois pontos a serem retidos: para Bukharin e Stalin, "americanismo" e "espírito prático americano" significam desenvolvimento em larga escala das forças produtivas e da grande indústria, tornado possível pela ausência da riqueza parasitária herdada do Antigo Regime; mas desse "americanismo" e do "espírito prático americano" também a Rússia soviética deve saber aprender, empenhada que está em sair do atraso e em construir o socialismo.

Uma vez reconstruído o contexto histórico, podemos proceder à leitura dos textos. Ao apreciar o "americanismo" (ou alguns de seus aspectos), Gramsci é plenamente coerente na sua recusa, exposta desde o momento em que celebra a Revolução de Outubro, em associar o socialismo ao "coletivismo da miséria, do sofrimento". São os próprios *Cadernos do cárcere* a sublinhar a continuidade com suas análises iniciais, quando lembra que já o "*L'Ordine Nuovo* sustentava um 'americanismo' próprio" (Gramsci, 1975, p. 72). Vamos reler, então, essa publicação, nos dedicando a alguns artigos de julho/agosto de 1920: tarefas essenciais dos conselhos de fábrica, do qual "o operário faz parte como produtor", são "o controle da produção" e "a elaboração dos planos de trabalho" (Gramsci, 1987, p. 622 e p. 607-608). Mas, como absorver tais tarefas?

"Em uma fábrica, os operários são produtores enquanto colaboram, organizados em um modo determinado exatamente pela técnica industrial que (em certo sentido) independe das formas de apropriação dos valores produzidos, na preparação do objeto fabricado" (Gramsci, 1987, p. 624). Enquanto organizações revolucionárias, os conselhos de fábrica superam o *trade*-unionismo economicista [sindicalismo economicista], capaz de ver o operário apenas como vendedor de sua força de trabalho, empenhado em elevar seu preço mediante a organização e a luta sindical, nunca como um "produtor"; e recusam o anarquismo tradicionalmente propenso ao ludismo. Entendido em maneira correta o "americanismo" é parte integrante do projeto revolucionário, ou pelo menos de um projeto revolucionário que se recusa a reduzir-se ao "coletivismo da miséria, do sofrimento", ao qual continuam a ligarem-se populistas e pauperistas como Pascal e Weil. Não por acaso, entre outubro e novembro de 1919, *L'Ordine Nuovo* dedica uma série de artigos ao taylorismo, analisado em última instância a partir da diferenciação entre as "valiosas conquistas científicas" (das quais falava Lenin) e seu uso capitalista.

Agora, podemos compreender melhor o *Caderno "especial"* 22, dedicado ao "Americanismo e fordismo". Examinemos o §1: "Série de problemas que devem ser examinados nesta rubrica geral e um pouco convencional, 'Americanismo e fordismo'". Estamos diante de um tema "geral" que reenvia a uma multiplicidade de problemáticas e também de países e que são tratadas com uma linguagem "convencional", devido à necessidade de se estar em guarda contra uma possível intervenção da censura fascista. O *Caderno 22* esclarece aquilo que está em discussão da seguinte forma:

> Pode-se dizer genericamente que o americanismo e o fordismo resultam da necessidade imanente de se alcançar a organização de uma economia programática e que os vários problemas examinados deveriam ser os elos da cadeia que marcam precisamente a passagem do velho individualismo econômico para a economia programática (Gramsci, 1975, p. 2139).

Faz-se aqui referência aos Estados Unidos ou a Rússia soviética? É difícil em se tratando do primeiro falar de "passagem" para a "economia programada". O *Caderno* que analisamos termina com a afirmação de que nos Estados Unidos, contrariamente aos mitos, não apenas a luta de classes está muito presente, mas se configura como a "mais desenfreada e feroz luta de uma parte contra a outra" (Gramsci, 1975, p. 2181). Continuemos a ler o parágrafo inicial:

> Que uma tentativa progressiva seja iniciada por outra força social não é algo sem consequências fundamentais: as forças subalternas, que deveriam ser 'manipuladas' ou racionalizadas segundo os novos fins, resistem necessariamente. Mas, resistem também alguns setores das forças dominantes, ou pelo menos aliadas das forças dominantes (Gramsci, 1975, p. 2139).

Portanto, fordismo e americanismo são combatidos a partir de perspectivas e de forças sociais diversas e contrapostas. De um lado temos os "lugares comuns", como aquele caro a Guglielmo Ferrero, que celebra a Europa como a guardiã da "qualidade", reservando seu desprezo aos Estados Unidos como vulgares campeões da "quantidade". Na realidade, observada com suspeita e hostilidade (por uma Europa que ainda hoje sente a presença das classes herdadas do Antigo regime e que são beneficiárias de uma riqueza exclusivamente parasitária) é "a substituição da atual camada plutocrática por um novo mecanismo de acumulação e distribuição do capital financeiro, baseado imediatamente na produção industrial" (Gramsci, 1975, p. 2139-2140 e p. 2180). Nítida é então a condenação de Gramsci do "antiamericanismo", que é "cômico antes mesmo de ser estúpido". Comicidade que aparece com particular nitidez em um filósofo como Gentile, incansável em sua celebração retórica da ação e da práxis, mas igualmente ávido em condenar como "mecanicismo" a real transformação do mundo de que é protagonista o desenvolvimento industrial promovido pelo "americanismo" e pelo taylorismo (Gramsci, 1975, p. 635, p. 2152-2153).

MARXISMO OU POPULISMO?

Até aqui tudo é muito claro. Mas, quais são as "forças subalternas" que se contrapõem a uma "tentativa progressiva" ou fundamentalmente progressiva e que ao fazer isso, por um lado, "resistem" a uma iniciativa da burguesia e, por outro lado, se arriscam a fazer disso causa comum ou, então, a se confundir com a elite europeia reacionária? Tendemos a pensar novamente em personalidades como a de Pascal e a de Weil ou aos "anarquistas", críticos da orientação dos conselhos de fábrica inspirados por Gramsci (1987, p. 609).

O *Caderno* dedicado ao "Americanismo e fordismo" termina com uma dura contestação contra Ferrero, "pai espiritual de toda a tola ideologia sobre o retorno ao artesanato". Porém, não era apenas Ferrero que alimentava essa nostalgia; e, não apenas lhe fazia companhia André Siegfried que "contrapõe o operário americano taylorizado ao artesão da indústria de luxo parisiense" (Gramsci, 1975, p. 2180 e p. 634). Não, de particular importância é a tomada de posição de Weil. Portadora de uma formação marxista pregressa e estimulada por um enorme interesse e simpatia pela condição operária, foi colaboradora de jornais de inspiração socialista ou comunista (*La Révolution prolétarienne*), tendo-se empenhado no sindicato e feito uma experiência de trabalho em fábrica. Nos anos em que Gramsci insiste no potencial emancipatório da grande indústria e daí a necessidade do movimento operário e comunista de acertar as contas com o taylorismo e o fordismo, a filósofa francesa chega a uma conclusão oposta: é "o próprio regime de produção moderna, isto é, a grande indústria" que deve ser posto em discussão; "com aquelas penitenciárias industriais que são as grandes fábricas capazes apenas de fabricar escravos, nunca trabalhadores livres" (Weil, 1989-1991, p. 32 e p. 104). Para sustentar o seu empenho de "valorizar a fábrica" e a grande indústria, Gramsci (1975, p. 1137-1138) remete ao *O Capital*; com a mesma lógica — depois de ter liquidado com a "produção moderna" e a "grande indústria", por serem intrinsecamente liberticidas –, Weil (1989-1991, p. 36) condena Marx como o profeta de uma "religião das forças produtivas", não diferente daquela burguesa. Pode-se dizer que aos olhos da filósofa francesa o autor de *O Capital* era afetado por um "americanismo" *ante litteram*.

Retornemos a Gramsci. Vimo-lo criticar o "antiamericanismo" atribuído, na Europa, aos nostálgicos senão do Antigo Regime, então da sociedade pré-industrial. Mas este é apenas um lado da polêmica. O outro lado captura o ponto de vista que pinta o capitalismo estadunidense como um sistema caracterizado pela "homogeneidade social" (Gramsci, 1975, p. 2181). Na realidade, é justamente nos Estados Unidos — como sabemos — que a luta de classe se manifesta com uma particular aspereza.

A contradição entre operários e capital se entrelaça (em cada caso, na Europa) à contradição entre a burguesia industrial de tipo taylorista e fordista, por um lado, e a riqueza parasitária herdada do Antigo Regime, por outro lado. É aqui que emerge a:

> Questão de saber se o americanismo pode constituir uma 'época' histórica, ou seja, se pode determinar um desenvolvimento gradual do tipo (examinado em outros locais) das 'revoluções passivas' próprias do século passado, ou se, ao contrário, representa apenas a acumulação molecular de elementos destinados a produzir uma 'explosão', ou seja, uma revolução do tipo francês (Gramsci, 1975, p. 2140).

O espectro da revolução ressurge no Ocidente. E, portanto, as páginas sobre o americanismo e o fordismo não oferecem um Gramsci prestes a se separar da tradição comunista, mas um Gramsci que clamava ao movimento comunista pela rejeição, de uma vez por todas, da nostalgia pré-industrial de cunho populista e assentada no pauperismo e a se pronunciar por um marxismo depurado de qualquer reminiscência messiânica.

Por isso também que os *Cadernos do cárcere* têm ainda hoje uma vitalidade extraordinária. Alguns processos ideológicos merecem ser destacados com atenção: 1) o extraordinário sucesso que gozou e que goza na esquerda Ocidental um filósofo como Heidegger, campeão em anti-industrialismo e antiamericanismo (ao mesmo tempo em que é antissoviético) considerado por Gramsci como "cômico" e "estúpido"; 2) sobretudo na temporada de 1968, foi bastante difundida à esquerda a tendência que liquidava a reflexão de Gramsci como sinônimo de subalternidade ao produtivismo capitalista, da mesma forma que Simone Weil havia taxado Marx, três décadas antes, como profeta de uma "religião das forças produtivas" fundamentalmente burguesa; 3) nos dias que correm, enquanto que a partir da França, apesar da crise e da recessão, difunde-se o culto do "decrescimento", caro a Serge Latouche, em um país como a Itália, a chamada esquerda radical parece contestar, por vezes, a alta velocidade como tal. Indagar às vezes sobre o impacto ecológico e o custo econômico de uma linha ferroviária é legítimo e de dever; mas é sinônimo de ludismo rejeitar a alta velocidade enquanto tal; 4) enquanto se transforma o Tibete lamaísta, a esquerda ocidental olha com grande desconfiança ou com franca hostilidade para um país como a República Popular da China, originada a partir de uma grande revolução anticolonial e protagonista de um prodigioso desenvolvimento econômico, que não apenas libertou centena de milhões da fome e da degradação, mas que, finalmente, começa a questionar o monopólio ocidental na tecnologia (e, portanto, base material da arrogância imperialista). Assim como os populistas dos anos 1920 e 1930 condenavam o desenvolvimento industrial da Rússia soviética como expressão de "americanismo", também hoje não são poucos aqueles que na esquerda estigmatizam a China atual como uma cópia feia do capitalismo estadunidense.

Não há dúvida: o populismo está longe de morrer. Mas, é precisamente por isso que, mais que nunca, a esquerda necessita das lições de Antonio Gramsci.

REFERÊNCIAS BIBLIOGRÁFICAS

BENJAMIN, Walter. Moskau (1927). *Immagini di città*. Tr. it., di Marisa Bertolini. Nuova ed. Torino: Einaudi, 2007.

BLOCH, Ernst. *Geist der Utopie (1918: erste Fassung)*. Frankfurt a. M.: Suhrkamp, 1971.

FIGES, Orlando. *La tragegia di un popolo. La Rivoluzione russa 1891-1924*. Tr. it., di Raffaele Petrillo. Milano: Tea, 2000.

FURET, François. *Il passato di un'illusione. L'idea comunista nel XX secolo*. Tr. it., a cura di M. Valensise. Milano: Mondadori, 1995.

GRAMSCI, Antonio. *La costruzione del partito comunista 1923-1926*. Torino: Einaudi, 1971.

_____. *Quaderni del cárcere* (ed. critica a cura di Valentino Gerratana). Torino: Einaudi, 1975.

_____. *La città futura 1917-1918* (a cura di Sergio Caprioglio). Torino: Einaudi, 1982.

_____. *L'Ordine Nuovo 1919-1920* (a cura di Valentino Gerratana e Antonio A. Santucci). Torino: Einaudi, 1987.

_____. *Lettere dal carcere 1926-1937* (a cura di Antonio A. Santucci). Palermo: Sellerio, 1996.

HEIDEGGER, Martin. *Gesamtausgabe*. Frankfurt a. M.: Klostermann, 1975.

LENIN, Vladmir Ilitch. *Opere complete*. Roma: Editori Riuniti, 1955-1970.

LOSURDO, Domenico. *Democrazia o bonapartismo. Trionfo e decadenza del suffragio universale*. Torino: Bollati Boringhieri, 1993.

_____. *Il linguaggio dell'Impero. Lessico dell'ideologia americana*. Roma-Bari: Laterza, 2007.

_____. *Stalin. Storia e critica di una leggendanera*. Roma: Carocci, 2008.

_____. *La lotta di classe. Una storia politica e filosofica*. Roma-Bari: Laterza, 2013.

LUXEMBURGO, Rosa. Die Russische Revolution (1918). *Politische Schriften* (a cura di Ossip K. Flechtheim). Frankfurt a. M.: EuropäischeVerlagsanstalt, vol. 3, 1968.

MARX, Karl; ENGELS, Friedrich. *Werke*. Berlin: Dietz, 1955-1989.

PASCAL, Pierre. Russie 1927. *Mon Journal de Russie*, tome quatrième, L'age de l'homme, Lausanne, 1982.

TROTSKY, Leon. *Schriften. Sowjetgesellschaft und stalinistische Diktatur* (a cura di Helmut Dahmer *et al*.). Hamburg: Raschund Röhring, 1988.

VACCA, Giuseppe. *Vita e pensieri di Antonio Gramsci 1926-1937*. Torino: Einaudi, 2012.

WEIL, Simone. *Oeuvres completes* (a cura di A.A. Devaux e F. de Lussy). Tome II: Écrits historiques et politiques. Paris: Gallimard, 3 vol., 1989-1991.

WERTH, Nicolas. *La terreur et ledésarroi. Staline et sonsystème*. Paris: Perrin, 2007.

GRAMSCI E A REVOLUÇÃO RUSSA: UMA ABORDAGEM DOS ESCRITOS DE 1917-1918

ANITA HELENA SCHLESENER
MICHELLE FERNANDES DE LIMA

INTRODUÇÃO

> *As modificações das estruturas sociais, com as suas consequências culturais, etc., são a linguagem com a qual se expressam os revolucionários. Lenin, de certo modo, deixou escrito um grande poema de ação.*
>
> [PIER-PAOLO PASOLINI]

Cem anos da Revolução Russa. Cem anos de um sonho que a classe proletária russa conseguiu realizar e que serviu como impulso para outros movimentos de emancipação política das massas populares no Ocidente capitalista. Um movimento que inicialmente reivindicava pão para a massa faminta - que se mobilizou pela paz, ante uma dolorosa guerra que ceifava seus filhos - e terra, numa sociedade empobrecida e entravada pelo latifúndio. O movimento floresceu e se transformou, fato que se deve muito a uma ação clandestina de formação política, mas também à determinação e coragem de seus líderes, destacando-se Lenin e Trotsky, que mostraram a sua dimensão internacional e anti-imperialista.

O século XX, portanto, deveria ser comemorado como o século da Revolução de Outubro. Mas não é assim: o que se lembra é que foi um século marcado por grandes guerras que redefiniram limites geopolíticos a partir de interesses econômicos imperialistas. Tanto que, com o fim da experiência soviética, outras guerras se desenham acirrando as disputas pela hegemonia mundial. Mas é preciso assinalar que foi um século de muitas conquistas para as classes trabalhadoras, um período no qual muito se avançou e muito se perdeu em termos de conquistas sociais.

Na comemoração destes cem anos, temos que lembrar que foi um século de grandes conquistas sociais alavancadas a partir da Revolução Russa, o maior acontecimento da história contemporânea; pela primeira vez uma experiência inovadora mostrou que a emancipação das classes trabalhadoras em geral não precisava esperar a realização do capitalismo e a sua consolidação, como pensavam os deterministas, que postergavam a revolução a um futuro indefinido; podia-se dar um salto, podia-se construir uma nova ordem social e política com as condições dadas na Rússia, que saía de um longo tempo de dominação czarista.

A partir desse contexto, o presente artigo apresenta um breve esboço das condições históricas nas quais se efetivou a Revolução Russa. Em seguida, abordamos os escritos de Gramsci, publicados entre 1917 e 1919, a fim de explicitar a leitura gramsciana do movimento russo e sua preocupação em articular esta leitura com a situação do movimento operário italiano.

A RÚSSIA E AS CONDIÇÕES HISTÓRICAS DA REVOLUÇÃO OPERÁRIA

> *E a revolução continua. Toda a vida se torna verdadeiramente revolucionária.*
> [ANTONIO GRAMSCI]

Duas questões orientam esta reflexão inicial: quais as condições que deram êxito ao movimento insurrecional de 1917? E, passados cem anos da Revolução Russa, que lições podemos tirar para a luta atual pela superação da ordem capitalista?

Os recortes históricos são determinados pela abordagem política: as raízes do movimento de fevereiro/outubro de 1917 podem ser buscadas na longa história da dominação absoluta da dinastia dos Romanov desde 1613, nas consequências da Primeira Guerra Mundial e do imperialismo capitalista ou na organização clandestina dos movimentos de resistência que eclodiram na Manifestação de 1905 e no violento massacre que lhe respondeu.

No contexto da estrutura administrativa e burocrática do Estado absolutista, prevalecia o poder da aristocracia agrária e a entrada do capital estrangeiro dificultava a ascensão de uma burguesia industrial nacional, o que colocava a Rússia em uma situação de debilidade econômica em relação ao capitalismo ocidental. As derrotas da Rússia na guerra contra o Japão (1904-1905) enfraqueceram ainda mais a estrutura econômica e política arcaica que oprimia tanto o camponês quanto o trabalhador fabril; a derrota aprofundou a situação de miséria e de fome que grassava entre os trabalhadores, acentuando o descontentamento popular que eclodiu na insurreição de 1905. Os desdobramentos do massacre, que foi denominado "domingo sangrento", forçaram algumas medidas paliativas por parte do czar, como a convocação da Duma, um poder representativo nos moldes parlamentares ocidentais, sem, entretanto, alterar substancialmente a estrutura do Estado, cujo controle e poder repressivo continuou nas mãos do governo absolutista.

Em termos da estrutura econômica, a política do czar continua a mesma, abrindo espaço para o capital estrangeiro e defendendo os interesses da aristocracia fundiária, sem fortalecer a burguesia nacional cujos objetivos, nesta correlação de forças, não se resolviam apenas com a instauração da Duma.

Para Lenin, a insurreição de 1905 evidenciou as características da luta de classes, com o confronto entre as forças reacionárias caracterizadas pelo latifúndio, a burguesia nascente que, embora frágil, mantinha-se reticente a transformações democráticas efetivas e, ante o movimento popular, tendia a fazer alianças conservadoras; por fim, as classes operária e campesina como forças que emergiam e se organizavam a fim de mudar a estrutura daquela sociedade. Os desdobramentos desta correlação de forças se estendem até a Primeira Guerra Mundial, na qual, a participação russa e o agravamento das condições internas tendem a esclarecer para trabalhadores e soldados o caráter imperialista da guerra e a evidente fraqueza da Rússia czarista nesse conflito. Novas greves e insurreições levam o czar a abdicar em fevereiro de

1917, abrindo-se o caminho para a grande revolução. Um processo que teve dois momentos articulados: o primeiro, com a abdicação do czar e a instauração de um novo governo; o segundo, com a insurreição armada de outubro que funda o governo revolucionário.

Entre fevereiro e outubro de 1917 seguem-se os governos provisórios nascidos de alianças entre mencheviques e socialistas revolucionários, com o objetivo de dar forma a um novo poder representativo das forças em luta. A burguesia tentou controlar os acontecimentos na gestão da Duma, mas algo havia mudado e uma nova força, que não aceitava pactos ou acordos, emergia constituindo-se, aos poucos, num poder paralelo: os trabalhadores, unidos aos soldados, organizavam os sovietes.

Neste período de cerca de nove meses, o movimento de organização revolucionária teve como ponto de referência central a figura de Lenin que, no exílio, empenhou-se em aprofundar o marxismo como uma teoria que permite compreender o real em suas contradições e determinações históricas. Aliando a teoria com análises conjunturais precisas, Lenin consegue romper com a visão estreita dos principais líderes da Segunda Internacional, que viam apenas o caminho de conquistas legais e graduais no interior da estrutura política burguesa, e mostrar as imensas possibilidades revolucionárias que emergiam no cenário da Rússia, apesar dos limites econômicos e sociais impostos por séculos de dominação absolutista.

De oposição minoritária Lenin e seu grupo conseguiram, em pouco tempo, assumir a liderança do movimento incentivando de todos os modos a ação revolucionária a organizar-se nos sovietes, conselhos de operários e soldados, principais responsáveis pela insurreição que derrubou o governo provisório e instaurou a nova ordem social e política. Os objetivos revolucionários descritos em *Duas Táticas da Social-Democracia na Revolução Democrática*, resumem-se em vencer os resquícios do czarismo na estrutura econômica e social, implantar uma "ditadura democrática" a partir de um governo de coalizão entre os socialistas revolucionários das classes operária e camponesa, a fim de realizar as mudanças estruturais necessárias para a implementação do socialismo, extirpar a servidão e "levar o incêndio revolucionário à Europa" (Lenin, 1982, p. 411).

Gramsci acompanhou da Itália esse processo revolucionário tendo em vista a explicitação de seus desdobramentos na organização do proletariado italiano. Seus escritos de 1917-1919 saúdam a revolução como um movimento que visa instaurar uma nova ordem enquanto mudança estrutural econômica, social e política que implica uma transformação dos costumes e a concretização da liberdade.

Conforme Rapone (2011, p. 374), por motivos de sua própria formação teórica, a imagem que Gramsci fazia da experiência russa vinha no sentido de "confirmar a sua convicção de que o socialismo colocava a possibilidade de dar vida a um regime" de verdadeira liberdade, fruto de uma educação e de uma cultura de participação coletiva. Elevar o nível cultural das massas significa para Gramsci (1984) torná-la capaz de controlar os dirigentes e participar efetivamente do aparelho de governo.

A Revolução Russa se apresentava como a verdadeira emancipação das massas, como a experiência concreta e inovadora do coletivo que participa efetivamente, com autonomia, da experiência de governo. Dessa perspectiva, Gramsci se empenha a construir, com sua atuação jornalística, as bases de um governo operário nascido no chão da fábrica para toda a sociedade.

Notas sobre *La Città Futura*: "para a burguesia italiana... a humanidade é composta só por aqueles que pensam como eles, isto é, por quem não pensa absolutamente [...]" (Gramsci, 1982, p. 408-409).

O ano de 1917 foi de intensa mobilização política das classes trabalhadoras e Antonio Gramsci, a partir de sua militância e trabalho jornalístico, propõe publicar *La Città Futura*[1], que se produziu em um único número, especialmente dedicado aos jovens, como "um convite e um incitamento" a participar e organizar-se. A justificativa nos é dada pelo autor: "o futuro é dos jovens, a história é dos jovens". Dos jovens "que se preocupam em criar aquele ambiente no qual as suas energias, a sua inteligência e a sua atividade encontrem o máximo desenvolvimento" (Gramsci, 1982, p. 3).

Desta revista selecionamos os artigos referentes à Revolução Russa, tentando explicitar o caminho teórico de Gramsci, cuja experiência militante o faz rever sua concepção da vida e sua formação acadêmica inicial para empenhar-se com o coração e a inteligência na organização do movimento

---

[1] O nome da revista foi atribuído ao volume II dos escritos jornalísticos organizados por Sergio Caprioglio publicados entre 1917-1918, do qual retomamos as 870 páginas iniciais para selecionar os artigos que abordam diretamente ou trazem observações sobre a Revolução Russa.

operário. Embora acompanhando de longe e sem informações precisas, as observações sobre a Revolução Russa servem, para Gramsci, como reflexão sobre os múltiplos problemas enfrentados pela classe trabalhadora italiana no seu processo de organização revolucionária.

Iniciamos com dois artigos de abril de 1917, que abordam o movimento recém-iniciado na Rússia: o primeiro publicado no *Avanti!* em 20/04/1917 e o segundo de 29/04/1917, publicado primeiramente em *Il Grido del Popolo*, ou seja, quando o movimento revolucionário na Rússia encontrava-se em pleno curso. O primeiro salienta que o proletariado italiano não se encontra mais sozinho e que o proletariado russo conquista uma "força" e uma autoridade importantes "no campo das competições internacionais", que "se reflete sobre outros proletariados", com "a substância de uma vida nova, de uma nova autoridade" (Gramsci, 1982, p. 131).

No segundo artigo Gramsci saúda a Revolução Russa como um movimento de massas cujas características fundamentais são o caráter proletário da revolução e o seu antijacobinismo. E inicia perguntando: "Por que a Revolução Russa é revolução proletária? Pela leitura dos jornais e das notícias que a censura permite publicar isso não se entende muito bem". Sabe-se que o movimento foi realizado por operários e soldados organizados em comitês de delegados, mas isto não basta para caracterizar uma revolução como proletária. Além da mobilização dos operários, é necessário que o movimento proponha um outro modo de vida, um outro costume, ou seja, "se demonstre como um fato moral" que desemboque em um regime socialista (Gramsci, 1982, p. 138).

O segundo ponto importante é que a "Revolução Russa ignorou o jacobinismo", ou seja, apresentou uma nova estratégia política de organização e encaminhamento do processo revolucionário: a Revolução Russa "teve que abater a autocracia, mas não teve que conquistar a maioria com a violência". A violência é uma característica do jacobinismo[2], que "é um

---

[2] Na leitura de Rapone, "afirmar a natureza não jacobina da Revolução Russa significa, para Gramsci, esclarecer a antítese entre o espírito da revolução e a ideia da ditadura de uma minoria"; esta diferenciação tem como pressuposto "o quadro crítico da Grande revolução delineado por Sorel em um capítulo central de *Reflexões sobre a violência*, a denúncia das práticas despóticas, brutais e terrorista colocadas em ação sobretudo pelos homens de 1793" (Rapone, 2011, p. 366).

fenômeno puramente burguês: ele caracteriza a revolução burguesa na França" (Gramsci, 1982, p. 138-139). E Gramsci continua o texto explicitando as diferenças de estratégia dos dois movimentos revolucionários, diferença que se produz como um novo conteúdo que implica uma nova forma de luta:

> A burguesia, quando fez a revolução, não tinha um programa universal: servia a interesses particulares, a interesses da sua classe, e servia com a mentalidade fechada e mesquinha de todos os que tendem para fins particularistas. O fato violento das revoluções burguesas é duplamente violento: destrói a velha ordem, impõe a nova ordem. A burguesia impõe a sua força e as suas ideias, não apenas à casta antes dominante, mas também ao povo que ela se prepara para dominar. É um regime autoritário que substitui outro regime autoritário (Gramsci, 1982, p. 139).

Essa diferença é fundamental tanto para entender o processo revolucionário russo quanto para pensar a questão da hegemonia como nova estratégia de luta política a partir de um projeto social que envolveu as massas. Enquanto a Revolução Francesa centralizou-se principalmente no processo jurídico de instauração da nova ordem, que foi apoiada pelo movimento popular cuja força e empenho acabaram não sendo contemplados, a Revolução Russa organizou-se a partir de novas forças sociais emergentes na massa de trabalhadores e soldados, os quais assumiram o comando do movimento insurrecional e político.

> A Revolução Russa substituiu o autoritarismo pela liberdade, substituiu a constituição pela voz livre da consciência universal. Por que os revolucionários russos não são jacobinos, ou seja, não substituíram a ditadura de apenas um por uma ditadura de uma minoria audaz e decidida a tudo para fazer triunfar o seu programa? Porque perseguem um ideal que nãopode ser somente de poucos [...] (Gramsci, 1982, p. 139).

Existem alguns elementos implícitos que acentuam a diferença fundamental da Revolução Russa em relação ao processo revolucionário francês: o caráter universal do movimento russo, que eleva e unifica as massas em torno de uma nova concepção de mundo e um novo modo de vida; a posição de Gramsci é contrária a um grupo dirigente que se destaque das massas, posição que percorre também os seus escritos carcerários. "O proletariado industrial já está preparado culturalmente para a transição: o proletariado agrícola, que conhece as formas tradicionais do comunismo comunal, também está preparado para a passagem a uma nova forma de sociedade". Os revolucionários russos têm apenas "a tarefa de controlar que os organismos burgueses (a Duma)" não transformem o movimento em um processo violento na forma do jacobinismo (Gramsci, 1982, p. 139).

A Revolução Russa instaurou "um novo costume, uma nova atmosfera moral": abriu os cárceres não apenas aos presos políticos, mas também a alguns condenados por crimes comuns. Os "revolucionários não tiveram medo de colocar em circulação homens que a justiça burguesa carimbou com a marca infame de criminosos", fato que pode acontecer somente em uma atmosfera de paixão social, quando os costumes e a mentalidade se transformaram tanto, que diziam os jornais que muitos se recusaram a sair da prisão. "Este é o fenômeno mais grandioso que obra humana jamais produziu", a liberdade espiritual, a "instauração de uma nova consciência moral [...] o advento de uma nova ordem" (Gramsci, 1982, p. 140-141).

Gramsci acentua características originais em relação aos movimentos revolucionários anteriores, principalmente na atuação das massas, que se organizam e fortalecem no movimento insurrecional. Conforme Rapone (2011, p. 368), a "identificação de Gramsci com a Revolução Russa", neste momento, ocorre porque se trata de um movimento que não se identifica com a "ditadura de uma 'minoria audaz' nem é somente um 'fenômeno de potência'". Essa primeira posição de Gramsci se apresenta "não tanto como interpretação dos fatos quanto como revelação do conteúdo, a um estagio de maturação intelectual da sua ideia de revolução".

Novo artigo sobre a Revolução Russa é publicado em 28/07/1917 em *Il Grido del Popolo* e, no mês seguinte, no *L'Avanguardia* com o titulo "*I massimalisti russi*". Desta vez Gramsci tenta explicitar as relações de força que se desdobram entre o governo provisório e os bolcheviques. Reforça-se aqui a característica antijacobina do movimento, que precisa "impedir que o problema imediato a resolver, de hoje, se dilate até ocupar toda a consciência e se torne a única preocupação", erguendo "barreiras intransponíveis a ulteriores possibilidades de realização". O maior desafio está em enfrentar o perigo de "formar-se a convicção de que um determinado momento da nova vida seja definitivo" de parar e olhar para trás. Ou seja, a revolução precisa continuar, ser permanente, voltar-se para o futuro, entendendo que o objetivo a alcançar "está mais além, está ainda distante". E reconhece um grupo, os bolcheviques, que "quer sempre andar avante e trabalha na massa para suscitar sempre novas energias proletárias", organizando "novas forças sociais" que procuram superar todos os entraves (Gramsci, 1982, p. 265-266).

> Lenin, na revolução socialista, não teve o destino de Babeuf. Conseguiu converter o seu pensamento em força operante na história. Suscitou energias que não morrerão. Ele e seus companheiros bolcheviques estão persuadidos que seja possível realizar o socialismo a qualquer momento. São nutridos pelo pensamento marxista. São revolucionários, não evolucionistas. E o pensamento revolucionário nega o tempo como fator de progresso (Gramsci, 1982, p. 266).

Acentua-se aqui a posição antievolucionista e o entendimento de que a revolução é um processo contínuo, um movimento em direção a um objetivo inovador e original. Afirma ainda o poder de persuasão de Lenin não é apenas audácia de pensamento, mas que se torna ação frutífera. "E a revolução continua. Toda a vida se torna verdadeiramente revolucionária". A revolução, como a vida, é "uma atividade sempre atual, é uma troca contínua, uma contínua escavação no bloco amorfo do povo. [...] Assim, os homens são finalmente os artífices do seu destino, todos os homens", não apenas uma minoria. "O incêndio revolucionário se propaga, queima os novos corações e cérebros, os faz tochas ardentes de nova luz, de novas chamas, devoradoras da preguiça e do cansaço. Está ainda distante um tempo no qual será possível um relativo repouso. A vida é sempre revolução" (Gramsci, 1982, p. 267).

Este entusiasmo de Gramsci deriva, como acentua Rapone (2011, p. 368), "não tanto de uma análise das forças reais, que se movem na cena, ou das condições histórico-sociais da Rússia, mas de um procedimento dedutivo de natureza intelectual", que se expressa tanto no antijacobinismo quanto na dimensão moral dada ao movimento.

As observações se tornam mais precisas na medida em que Gramsci começa a ter maiores notícias do movimento revolucionário russo: "*Il compito della Rivoluzione Russa*", publicado em 15/08/1917 no *Avanti!*, a partir de um comício aos operários de Turim feito por Goldenberg e Smirnov, representantes do soviete russo, em missão política na Itália. "As forças revolucionárias russas trazem-nos maior vigor para continuar na tarefa que (os operários) se impuseram". Nessa tarefa se inclui "terminar com a guerra e restaurar a paz. Mas não uma paz qualquer". Não uma paz "como resultado de um entendimento diplomático", mas a partir do entendimento dos povos, a fim de poder continuar a tarefa revolucionária. "A paz deve ter uma plataforma internacional, deve ser uma etapa definitiva em direção a uma organização internacional definitiva do mundo". A paz que propõe o soviete é uma paz "sem anexações violentas e com o direito a todos os povos de decidir dos próprios destinos" (Gramsci, 1982, p. 274).

Na sequência Gramsci escreve, em setembro de 1917, duas pequenas notas sobre a reação ao movimento revolucionário: *"La Russia è socialista"* e *"I Bolscevichi e la 'disorganizzazione' dell'esercito"*. O primeiro se refere a um artigo de Angelo Treves que, por sua vez, polemiza com Nikolai Bukharin sobre o caráter do movimento e faz menção à tentativa de revolta militar da direita comandada pelo General Kornilov na marcha contra Petrogrado. O segundo se refere brevemente a um artigo do *Pravda* e acentua a liderança do grupo de Lenin, que "se torna uma das maiores forças políticas organizadas, imprimindo à revolução o seu selo indelével" depois de vencer Kornilov (Gramsci, 1982, p. 353).

Em 29/09/1917 Gramsci publica em *Il Grido del Popolo* o artigo: "Kerenski-Tchernov", acentuando que a Revolução Russa está entrando em sua fase mais importante e que Kerenski, que foi um elemento de equilíbrio enquanto a classe proletária se encontrava ainda frágil, esgotou sua função no governo provisório, sendo superado pelos acontecimentos, visto que o proletariado se encontrava, agora, preparado para assumir o poder. Esse escrito, de uma clareza impressionante sobre o processo revolucionário em curso, explica aos trabalhadores italianos o estágio em que se encontra a revolução:

> Sete meses de liberdade, de discussões, de propaganda, permitiram ao proletariado russo de reconhecer-se, de organizar-se, de fixar uma outra etapa imediata a alcançar. Sete meses de liberdade absoluta, nos quais se viveu, se produziu e se continuou a vida cotidiana de trabalho e de emergências. Para que fosse possível viver, trabalhar, produzir sem convulsões diárias, sem estar acampados nas praças, tinha-se que chegar a um compromisso e Kerenski foi o penhor deste compromisso (Gramsci, 1982, p. 358-359).

Reconhecida a importância de Kerenski no equilíbrio das forças em presença, Gramsci acentua a atuação fundamental dos bolcheviques na obra de propaganda e organização do movimento revolucionário, transformando o "caos em cosmos", em disciplina e "consciência coletiva consciente das próprias forças e da própria missão". Os bolcheviques "estão se tornando a maioria em toda a Rússia. A obra revolucionária se esclarece e adquire concretude". O movimento, assim, adquire maior consistência e exige responder a novas necessidades: "Não basta mais a pura e simples liberdade jurídica, liberdade de discutir e de fazer propaganda. É necessária uma outra liberdade", a de ação, a "liberdade de iniciar concretamente a transformação do mundo econômico e social da velha Rússia czarista". Para essa missão o "bolchevismo russo encontrou o seu chefe: Lenin". Torna-se necessário que a revolução se encaminhe com a ação de um proletariado agora forte, disciplinado e consciente de sua função histórica. "Uma coletividade sobe ao trono de todas as Rússias" (Gramsci, 1982, p. 359).

Conforme Rapone (2011, p. 370), "estas primeiras declarações de solidariedade com o bolchevismo [...] nos mostram um Gramsci que, no processo revolucionário russo, até aquele momento, buscou e encontrou confirmações de sua própria disposição espiritual", ou seja, o bolchevismo correspondia à sua "concepção da vida como tensão perene" e contínuo movimento criativo.

Um artigo polêmico, que gerou muitas controvérsias entre os socialistas, foi publicado em 24/12/1917 no *Avanti!* com o título "*La rivoluzione contro 'Il Capitale'*". Aborda os últimos desdobramentos da Revolução Russa a partir da liderança bolchevique e acentua que se trata de uma revolução contra "*O Capital* de Marx que era, na Rússia, o livro dos burgueses mais do que dos proletários". A crítica à obra *O Capital* se explicita na possibilidade, que o texto apresenta, de uma leitura fatalista e determinista do processo histórico, na necessidade de formar uma burguesia e iniciar as bases de produção capitalista antes da ascensão do proletariado e da revolução socialista (Gramsci, 1982, p. 513).

Para Dias (2000, p. 83), "*O Capital* era uma 'demonstração' 'científica' da impossibilidade de queimar etapas. Os problemas que resultariam da queda do czarismo deveriam ser resolvidos pela burguesia" que deveria criar as "condições de desenvolvimento das forças produtivas". Ao levantar esta questão Gramsci se contrapõe aos socialistas italianos, ao determinismo e ao evolucionismo que postergavam a revolução proletária para um futuro indefinido. Os escritos de Marx não funcionam como uma bíblia ou um dogma que explique a realidade fora do tempo e das transformações sociais.

Para Gramsci (1982, p. 514), os bolcheviques reinterpretam e atualizam Marx, ou seja, conseguem identificar as novas circunstâncias históricas geradas principalmente pela guerra mundial: "Marx não podia prever que esta guerra, em três anos de sofrimentos e misérias indescritíveis suscitaria, na Rússia, a vontade coletiva popular que suscitou". E os "bolcheviques foram aqueles que, entendendo o marxismo e a sociedade russa, realizaram uma vontade social, a do proletariado". E reconheceram o momento da revolução, porque "souberam compreender e articular vontade e realidade". Deste modo, "liberaram o legítimo pensamento marxista das deformações positivistas em que se encontrava preso nas mãos dos reformistas (russos e italianos)" (Dias, 2000, p. 83).

Seguindo o curso dos escritos, a concordância entre as concepções gramscianas e o movimento revolucionário russo se explicita no artigo *"Il privilegio dell'ignoranza"*, publicado em *Il Grido del Popolo* em 13/10/1917, a partir das diferenças em relação ao princípio de autoridade: no Estado burguês, a autoridade se impõe e não pode ser questionada ou colocada em discussão. Na base dessa concepção encontra-se a separação entre dirigentes e dirigidos como uma das características das democracias burguesas.

> A crise em que se debatem as democracias é produzida em grande parte pela contraposição entre o princípio de autoridade, entre o jacobinismo necessário a todo Estado burguês e as tendências das massas populares, socialistas e democráticas, a ampliar sempre mais sua própria ação de controle (Gramsci, 1982, p. 393).

O princípio de autoridade sedimentado no regime de tutela permite aos burgueses "serem ignorantes na sua grande maioria", porque uma minoria de intelectuais, cientistas, estudiosos, mantém a ordem e faz com que os negócios se desenvolvam. Este tema já havia sido abordado em artigo anterior, *"La scimmia giacobina"*, de 22/10/1917, em que Gramsci critica a apropriação do jacobinismo na Itália, ou seja, de modo esquemático, uma forma sem conteúdo porque sem referência efetiva com a realidade histórica. Para a burguesia italiana, "a humanidade é composta só por aqueles que pensam como eles, isto é, por quem não pensa absolutamente" (Gramsci, 1982, p. 408-409).

Para o proletariado, porém, é um dever conhecer e entender o conjunto de relações pelas quais uma nova sociedade sem privilégios de casta ou de categoria exige que "todos os cidadãos saibam controlar aquilo que vez ou outra os seus representantes decidem e fazem". Este "é um problema de educação dos proletários e um problema de liberdade" (Gramsci, 1982, p. 394).

Conforme Rapone (2011, p. 371), as categorias interpretativas de Gramsci, centradas na ideia de liberdade e de formação de uma nova vida moral, começam a se alterar a partir de janeiro de 1918, com o fechamento, por parte dos bolcheviques, da Assembleia Constituinte. Esse fato retoma a questão do jacobinismo reafirmando que se trata de um fenômeno exclusivamente burguês e, ao mesmo tempo, inicia uma reflexão sobre a necessidade da formação do novo Estado.

Para Gramsci, trata-se de garantir a soberania do proletariado criando novas formas representativas "que não são reconhecidas pela Constituinte, que é um parlamento de tipo ocidental, eleito conforme os sistemas das democracias ocidentais". O proletariado russo, a partir das necessidades de uma nova organização política, precisa criar uma nova forma de "representação direta dos produtores: os sovietes" (Gramsci, 1982, p. 602).

Em março de 1918 um artigo intitulado *"Wilson e i massimalisti russi"*, publicado em *Il Grido del Popolo*, em meio a reflexões sobre os acordos de paz e o fim da guerra, retoma a questão do jacobinismo, agora acentuando que talvez fosse necessário: "muitos burgueses ainda maldizem o jacobinismo francês da grande revolução, ainda não convencidos que, sem aquela violência, sem aquelas injustiças monstruosas [...] seriam ainda servos e suas mulheres seriam ainda prostitutas dos senhores feudais antes de serem suas mulheres". Ironia ou não, acentua que as "opiniões se transformam sob o bastão da necessidade". As interpretações da história se modificam ao longo do tempo e o "reconhecimento da utilidade histórica dos bolcheviques" virá no futuro. Para os bolcheviques "a história reserva um lugar de primeira ordem, superior ao dos jacobinos franceses, tanto quanto o socialismo é superior às ideologias burguesas" (Gramsci, 1982, p. 691-692).

Ainda em março de 1918 Gramsci publica o artigo *"Un anno di storia"*, em que acentua a força da reação contra o movimento proletário: a "Revolução, nascida da dor e da desesperação continua, na dor e nos sofrimentos, presa em um anel de potências inimigas, imersa em um mundo econômico irredutível à sua identidade, a seus fins" (1982, p. 735). Trata-se de uma nova organização, um novo ordenamento social que se encontra frente a um passado que subsiste, que quer vingança. Mas é preciso lembrar que:

> A vida é um esforço doloroso, luta tenaz contra os hábitos, contra a animalidade e o instinto natural que grita continuamente. Não se cria uma sociedade humana em seis meses, quando três anos de guerra exauriram um país e o privaram dos meios mecânicos para a vida civil. Não se reorganiza milhões e milhões de homens em liberdade assim, simplesmente, quando tudo é adverso e se conta apenas com o espírito indomável. A história da Revolução Russa não terminou e não terminará com o aniversário do seu iniciar-se (Gramsci, 1982, p. 736).

Com força e grande convicção, Gramsci salienta os esforços e rebate as críticas, compara o movimento russo com o francês e acentua que um ano de história não pode servir para julgar uma revolução que veio para transformar o mundo. No curso de 1918 e 1919 Gramsci retoma a sua leitura da Revolução Russa em artigos que foram publicados em *L'Ordine Nuovo* e que preparam o movimento operário italiano para a formação dos conselhos de fábrica.

A sua compreensão do movimento revolucionário se aprofunda e redefine sua concepção da vida moral, da liberdade, do autogoverno operário, cuja importância se traduz na revolução como "uma imensa obra educativa" que torna cultos os cidadãos "que trabalham para a realização daquela república de sábios e corresponsáveis, que é a finalidade da revolução socialista" (Gramsci, 1984, p. 135-136).

CONSIDERAÇÕES FINAIS

O breve trajeto que construímos para explicitar o entendimento que Gramsci fazia da Revolução Russa, desde fevereiro de 1917 a 1919, procurou acentuar que a sua leitura, feita a distância, visava esclarecer as classes trabalhadoras italianas tanto das características inovadoras do processo revolucionário, quanto da necessidade de construir as bases da revolução italiana a partir de uma formação política e cultural capaz de transformar a concepção de mundo das massas a fim de torná-las autônomas na gestão política do novo Estado operário.

Pensamos que esta leitura da Revolução Russa efetuada no curso dos acontecimentos alimentou também os *Cadernos do cárcere*, passando pelas *Cartas* de 1926, que sinalizaram o que Paggi (1984, p. 366-375) denominou "o primeiro grito de alarme" sobre os riscos autoritários a partir dos desdobramentos da polêmica entre Trotsky e Stalin. Gramsci se manteve um revolucionário autônomo também no cárcere, no sentido de mostrar a necessidade de preservar as diferenças de opinião, mesmo e principalmente quando a opinião é contrária. Seu empenho no processo formativo dos trabalhadores, acentuado nos escritos jornalísticos como condição para uma consciência de classe e uma autonomia política, é retomado nos *Cadernos do cárcere* no questionamento quanto à divisão entre dirigentes e dirigidos, bem como a necessidade de sua superação.

A necessidade de autoeducação das massas ou educação recíproca, uma questão recorrente nos escritos jornalísticos, aparece nas reflexões sobre a educação integral, tanto na formação dos novos intelectuais quanto no sistema escolar; a educação recíproca, como uma nova prática educativa, é fundamental para romper os laços de dominação e construir uma nova ordem política. Esse foi o exemplo da Revolução Russa que Gramsci não se cansou de salientar para os trabalhadores na organização política do movimento italiano. "Na Rússia tende-se a realizar assim o governo com o consentimento dos governados, com a autodecisão de fato dos governados", por meio de uma "coparticipação dos governados nos poderes". Esses produzem "uma imensa obra educativa, trabalham para tornar cultos os cidadãos", para a "realização daquela república de sábios e de corresponsáveis", que é condição e fim necessário da revolução socialista (Gramsci, 1984, p. 137).

Os cem anos da Revolução Russa precisam ser rememorados para que o sonho possa ser retomado e a revolução reinventada, caso contrário permaneceremos neste processo de barbárie que se aprofunda a cada ano que passa. Rememorar a Revolução Russa como o maior acontecimento do século XX, para dar nova vida ao século XXI, é o que precisamos buscar tanto em Lenin quanto em Gramsci.

REFERÊNCIAS BIBLIOGRÁFICAS

BARATTA, Giorgio. *Le rose e i quaderni — Saggio sul pensiero di Antonio Gramsci*. Roma: Gamberetti, 2000.

DIAS, Edmundo Fernandes. *Gramsci em Turim — a construção do conceito de hegemonia*. São Paulo: Xamã, 2000.

FROSINI, Fabio. *Da Gramsci a Marx: ideologia, verità e politica*. Roma: Derive Approdi, 2009.

GRAMSCI, Antonio. *Il nostro Marx (1918-1919)*. Torino: Einaudi, 1984.

_____. *La città futura (1917-1918)*. Torino: Einaudi, 1982.

_____. *Quaderni del carcere*. Torino: Einaudi, 1978.

LENIN, Vladmir Ilitch. Duas táticas da socialdemocracia na revolução democrática. *Obras Escolhidas*. São Paulo: Alfa-Ômega, 1982, v. 1.

PAGGI, Leonardo. *Le strategie del potere in Gramsci*. Roma: Riuniti, 1984.

PASOLINI, Pier-Paolo. *Empirismo eretico*. Milano: Garzanti, 1995.

RAPONE, Leonardo. *Cinque anni che paiono secoli*. Roma: Carocci, 2011.

SCHLESENER, Anita Helena. *Revolução e Cultura em Gramsci*. Curitiba: Ed. UFPR, 2001.

A REVOLUÇÃO RUSSA VISTA POR GRAMSCI[1]

EDMUNDO FERNANDES DIAS

> *Toda revolução [...] se realiza e pode realizar-se apenas como um movimento das mais profundas e vastas massas populares; não pode senão despedaçar e destruir todo o sistema existente de organização social: quem pode imaginar e prever as consequências imediatas que provocará a aparição no campo da destruição e da criação históricas das multidões imensas que hoje não tem vontade e poder? Elas porque nunca tinham 'querido ou podido', pretenderão ver materializados em cada ato público e privado a vontade e o poder conquistados; elas encontrarão misteriosamente hostil todo o existente e quererão destruí-lo desde os fundamentos; mas precisamente por esta imensidade da revolução, por este seu caráter de imprevisibilidade e de liberdade sem limites, quem pode arriscar sequer uma hipótese definitiva sobre os sentimentos, as paixões, as iniciativas, as virtudes que se forjaram em uma tal fábrica incandescente? O que hoje existe, o que hoje vemos, de fora da nossa vontade e de nossa força de caráter, que mudanças poderá sofrer? Cada dia de uma vida tão intensa não será uma revolução? Cada modificação nas consciências individuais, enquanto obtida simultaneamente por toda a amplitude da massa popular, não terá resultados criadores inimagináveis?*
>
> [ANTONIO GRAMSCI]

---

[1] Artigo originalmente publicado em: Coggiola, Osvaldo (org.). *A Revolução de Outubro sob o olhar da história*. São Paulo: Scritta, 1997. p. 97-133.

Gramsci analisou, em dois momentos específicos, o processo da Revolução Russa. Existem diferenças claras, mas não rupturas, entre elas. Na primeira parte analisaremos a produção gramsciana antes da fundação do Partido Comunista Italiano (PCI), caracterizada pela atualidade da revolução, pelo avanço do processo revolucionário na Itália. No segundo momento examinaremos a questão da formação da classe operária soviética em que nos defrontaremos com a estagnação do processo de construção da nova sociedade soviética.

A QUESTÃO DA CULTURA E SEU ALCANCE REVOLUCIONÁRIO

Na análise da Revolução Russa, durante o período 1917-1921, Gramsci trabalha alguns elementos teóricos que estarão presentes em toda a sua obra e que serão vitais na compreensão do(s) processo(s) revolucionário(s). Desse modo a questão da cultura ganha sentido na perspectiva de construção do processo revolucionário. Aqui o combate a um doutrinarismo cego, produzido por uma cultura determinista, segundo a qual o "mundo caminha para o socialismo" é absolutamente fundamental. O conjunto daqueles que se proclamavam marxistas trabalhava, em uma perspectiva mais positivista que dialética, possuindo a verdade pronta, caracterizando-se pela desnecessidade do estudo, dispensando-se, assim, da tarefa da elaboração política, das necessárias "traduções" (como mais tarde Gramsci irá chamar o permanente trabalho de compreensão e transformação das conjunturas).

> Uma das mais graves lacunas de nossa atividade é esta: esperamos a atualidade para discutir os problemas e para fixar as diretrizes da nossa ação. Coagidos pela urgência, damos aos problemas soluções apressadas, no sentido de que nem todos os que participariam do movimento dominam os termos exatos das questões. E, portanto, se seguem a diretiva fixada, fazem-no por espírito de disciplina e pela fé que nutrem nos dirigentes, mais do que uma convicção íntima, por uma espontaneidade racional (Gramsci, 1982b, p. 498).[2]

---

[2] O problema continuará preocupando Gramsci. Na prisão, afirmava ser necessário "fazer algo [...] de um ponto de vista 'desinteressado', *'für ewig'*", Carta a Tatiana Schucht, 19/03/1927 (Gramsci, 1975, p. 58).

Tratava-se, para Gramsci, pelo contrário, de organizar a cultura, criar o gosto pelo livre debate, subtrair-se ao inexplicado pelo uso da razão e da inteligência. Para construir isso, é preciso superar as formas ditadas pelo pensamento burguês, subtrair-se a elas, diferenciar-se. A visão determinista levava a uma postura fechada entre os militantes, privilegiando o pretenso domínio da teoria por alguns e o necessário desconhecimento da maioria. Na prática isso conduzia a um processo degradante de uma militância cega, condutor de grandes derrotas. O militante e a militância têm que ser construídos democraticamente.

Gramsci trabalha, nesse sentido, com dois pares conceituais: intransigência/tolerância, intolerância/transigência. Postulado vital da ação humana, a intransigência de princípios significa que um grupo possui finalidades objetivas que busca realizar e, para tanto, tem que adequar meios e fins. Convencido de que uma finalidade é correta, o grupo com sua natural diversidade na captação da realidade tem que discutir para chegar a firmar sua ação. O debate é necessário, e tem que ser levado tolerantemente: cada membro do grupo deve ser convencido da justeza das proposições. Uma vez convencidos eles podem atuar intransigentemente.

> Pode-se ser intransigente na ação se se foi tolerante nas discussões, e os mais preparados ajudaram os menos preparados a acolher a verdade, e se as experiências individuais foram tornadas comuns, e todos os aspectos do problema foram examinados, e nenhuma ilusão foi criada (Gramsci, 1982b, p. 479).

Tolerância significa capacidade de entender as dificuldades dos outros, e agir sobre elas. Desde que esteja dentro de um grupo, cada indivíduo deve submeter-se à sua disciplina. Assim, a afirmação de ter o direito de pensar como lhe aprouver não pode ser aceita. Isso não é liberdade de pensamento, é tornar impossível a vida do grupo. Oposta à intransigência de princípios/tolerância na discussão (forma democrática) se coloca a intolerância/transigência (forma dissolvente): "porque impede os acordos duráveis, porque impede que se fixem regras de ação obrigatórias moralmente [...]. Porque essa forma de intolerância leva necessariamente à transigência, à incerteza, à dissolução dos organismos sociais" (Gramsci, 1982b, p. 480).

Para que tudo fique mais claro, basta ler radicalidade onde se lê intransigência, e sectarismo no lugar de intolerância. A radicalidade no terreno dos princípios é o oposto do sectarismo. Em uma postura radical, se se está convencido de que o princípio e/ou a ação são justos, pode-se discutir tolerantemente. E, por isso mesmo, pode-se fazer com que os outros percebam a justeza do proposto e, no debate, todos cresçam politicamente. Mas, se desde o início, já se usa uma postura sectária, intolerante, não há nenhuma margem para a discussão e na hora do enfrentamento, sem preparo para a ação, acaba-se por transigir. O debate amplo e pleno é, pois, uma necessidade democrática para o movimento operário.

Vemos então que a cultura e a discussão livre se fundem na realização dos fins colocados intransigentemente. Na ausência de uma prática cotidiana de debate, a disciplina pode mal e mal substituir a existência de uma convicção que permita aos elementos do grupo uma ação eficaz. A disciplina só limitadamente permite levar adiante a ação. É nessa perspectiva que Gramsci enxerga a ação bolchevique, como veremos abaixo.

A cultura é plenamente política. E deve ser democrática porque permite a todos discutir; e deve ser intransigente para que todos possam colocar radicalmente as questões pertinentes e pensar os meios adequados a elas. A cultura deve ser então organizada. Organizada "desinteressadamente", isto é, "sem esperar o estímulo da atualidade, [...] deveria discutir-se tudo aquilo que interessa ou possa interessar um dia ao movimento proletário" (Gramsci, 1982b, p. 499).

Esta última consideração é fundamental para quem quer "acelerar o futuro", tarefa fundamental e da maior atualidade para o movimento operário e socialista. Em outras palavras, preparar a sua cidadania, a sua hegemonia.

A REVOLUÇÃO RUSSA E O PROCESSO DE HEGEMONIA

Gramsci vê a Revolução Russa, desde logo, como proletária e não burguesa, como imagina a maioria dos socialistas e dos articulistas. E essa caracterização é feita contrariamente ao noticiado pela imprensa italiana censurada pelas autoridades militares, que censurava os jornais dos países aliados, eles próprios já censurados.

Para Gramsci existe uma questão prévia: se se pode caracterizar ou não a revolução como proletária, por ter sido feita por essa força social. Nessa caracterização um dos pontos fundamentais está centrado no papel da dialética destruição/construção, ou seja, do papel da violência. Há aqui uma profunda diferença entre a Revolução Francesa (burguesa) e a russa (socialista):

> A burguesia, quando fez a revolução, não tinha um programa universal: servia a interesses particulares, a interesses da sua classe, e servia com a mentalidade fechada e mesquinha de todos os que tendem para fins particularistas. O fato violento das revoluções burguesas é duplamente violento: destrói a velha ordem, impõe a nova ordem. A burguesia impõe a sua força e as suas ideias, não apenas à casta antes dominante, mas também ao povo que ela trata de dominar. É um regime autoritário que substitui um outro regime autoritário (Gramsci, 1982b, 138-139).

Aqui está exatamente a diferença. A nova ordem está baseada em um programa universal, capaz de mobilizar todas as consciências, e não na dominação da sociedade por outra minoria, dotada de programas particularistas.

> A Revolução Russa destruiu o autoritarismo [...] Substituiu o autoritarismo pela liberdade, a constituição pela voz livre da consciência universal. Porque os revolucionários russos não são jacobinos, isto é, não substituíram a ditadura de apenas um pela ditadura de uma minoria audaz e decidida a tudo fazer para triunfar o seu programa? (Gramsci, 1982b, p. 140).

O programa proletário, diz Gramsci, é universal, a nova ordem não é restrita, e seu principal personagem deseja uma transformação radical que mobilize todas as consciências: na Rússia a negação do jacobinismo tornou-se possível por uma propaganda ativa de diferentes grupos políticos que, na sua luta, levavam adiante a revolução. Os bolcheviques colocavam-se como tarefa "impedir que o problema imediato, de hoje, a resolver, se dilate até ocupar toda a consciência, e se torne a única preocupação; se torne frenesi espasmódico que erga barreiras intransponíveis a ulteriores possibilidades de realização" (Gramsci, 1982b, p. 265).

Levar avante a revolução pela presença ativa dos revolucionários na massa proletária é a característica fundamental desse antijacobinismo. Trata-se, com toda clareza, do embate ideológico ou, como Gramsci o caracterizará mais tarde, como embate de projetos de hegemonia. É pela construção de uma cultura, de uma subjetividade revolucionária; em síntese: é pela construção do "homem socialista" que é possível fazer triunfar a revolução.

Negando o evolucionismo, negando que o futuro realizaria o socialismo por decreto, os bolcheviques querem impedir qualquer compromisso que detenha a revolução. A Revolução Russa marca o encontro do antijacobinismo com a permanência da revolução. Encontro esse soldado pela contínua luta ideológica. A necessidade de organizar as amplas massas e a impossibilidade de eternizar o momento atual da revolução são, na realidade, para Gramsci, os elementos originais da revolução. Nesse enfrentamento, enquanto ele durar, não pode haver jacobinismo. As ideias se materializando na ação bolchevique, na ação dos demais grupos, tendem a um enfrentamento contínuo, tornam impossível a ditadura de uma minoria audaz, isto é, torna impossível o jacobinismo.

> E a revolução continua. Toda a vida se tornou verdadeiramente revolucionária; é uma atividade sempre atual, é uma troca contínua, uma escavação no bloco amorfo do povo.

A partir de 1918 fica cada vez mais claro o sentido da Revolução Russa. Gramsci vai fortalecer, ainda mais, a crítica do socialismo italiano da velha geração. Em tal crítica, o alvo principal será o determinismo positivista professado pelos velhos socialistas: Turati, Treves, etc.

Em "*La rivoluzione contro il Capitale*", Gramsci vai fazer a crítica dos reformistas italianos procedendo à análise dos reformistas russos:

> O *Capital* de Marx era, na Rússia, o livro dos burgueses, mais do que dos proletários. Era a demonstração crítica da fatal necessidade de que na Rússia se formasse uma burguesia, se iniciasse uma era capitalista, se instaurasse uma civilização de tipo ocidental, antes que o proletariado pudesse sequer pensar na reconquista dos seus direitos, nas suas reinvindicações de classe, na sua revolução. Os fatos superaram as ideologias (Gramsci, 1982b, p. 514).

Por que o livro dos burgueses? Tomado ao pé da letra, em uma leitura que o transformava em uma história natural de todos os países, O Capital era uma "demonstração" "científica" da impossibilidade de queimar etapas. Os problemas que resultariam da queda do czarismo deveriam ser resolvidos pela burguesia, e esta criaria as condições de desenvolvimento das forças produtivas. Com essas, tornar-se-ia então possível, no futuro, a civilização operária. Os socialistas reformistas russos davam o caráter de "marxista" a um colaboracionismo que postergava a revolução em nome de uma... evolução! De uma evolução prevista pelas "leis científicas"...

Gramsci contrariamente às velhas gerações socialistas italianas chama a atenção para os bolcheviques, que longe de serem "frios" cientistas como os outros "marxistas" russos (e italianos), se apresentavam como realizadores:

> se os bolcheviques renegam algumas afirmações de O Capital, não renegam seu pensamento imanente, vivificador. Não são 'marxistas', eis tudo; não compilaram sobre as obras do Mestre uma doutrina exterior, de afirmações dogmáticas e indiscutíveis. Vivem o pensamento marxista [...]. E este pensamento põe sempre como fator máximo da história não os fatos econômicos, brutos, mas os homens, a sociedade dos homens que se aproximam uns dos outros, entendem-se mutuamente, desenvolvem por esses contatos (civilização) uma vontade social, coletiva, e compreendem os fatos econômicos, e os julgam, os adequam à sua vontade, até que esta se torne a força motriz da economia, a plasmadora da realidade objetiva que vive e se move, [...] que pode ser canalizada para onde a vontade quiser (Gramsci, 1982b, p. 513-514).

Os bolcheviques foram aqueles que, entendendo o marxismo e a sociedade russa, realizaram uma vontade social, a do proletariado. E puderam fazê-lo porque souberam compreender e articular vontade e realidade, porque captaram o sentido básico da obra de Marx, que não era o de dar um modelo "objetivo" da sociedade, mas de tornar possível sua compreensão e transformação. Com isso eles liberam o legítimo pensamento marxista das deformações positivistas em que se encontrava preso na mão dos reformistas (russos ou italianos). Deformação essa que corria o risco de, em nome de uma ortodoxia, acabar por matar a vertente fundamental do pensamento de Marx. Gramsci critica Treves. Este 'no lugar do homem realmente existente' põe 'o determinismo' ou a 'força transformadora', assim como Bruno Bauer colocava a 'autoconsciência'. Porque Treves, na sua alta cultura, reduziu a doutrina de Marx a um esquema exterior, a uma lei natural, ocorrendo fatalmente de fora da vontade dos homens, da sua atividade associativa, das forças sociais que essa atividade desenvolve, tornando-se ela própria determinante do progresso, motivo necessário de novas formas de produção (Gramsci, 1982b, p. 554-555).[3]

Mais precisamente, Treves fez do marxismo uma teoria da inércia do proletariado, a partir da qual cessa toda a atividade de proselitismo e de organização por parte dos velhos socialistas. Isso é exatamente o contrário daquilo que fazem os bolcheviques. O reformismo é portador/produtor de uma postura quietista (donde, antidialética).

A luta ideológica travada pelos bolcheviques permitiu ultrapassar a experiência puramente nacional:

> A prédica socialista colocou o povo russo em contato com as experiências dos outros proletariados. A prédica socialista faz viver dramaticamente em um instante a história do proletariado, de suas lutas contra o capitalismo, a longa série de esforços que ele deve fazer para emancipar-se idealmente dos vínculos com o servilismo que o tornavam objeto, para tornar-se consciência nova, testemunho atual de um mundo futuro. A prédica socialista criou a vontade social do povo russo. Porque o povo russo deveria esperar que a história da Inglaterra se repetisse na Rússia, que na Rússia se formasse uma burguesia, que a luta de classes fosse suscitada para que nascesse a consequência de classe e, finalmente, ocorresse a catástrofe do mundo capitalista? O povo russo passou por essas experiências no pensamento, ainda que no pensamento de uma minoria (Gramsci, 1982b, p. 515).

---

[3] Referência clara à obra de Marx, *A Sagrada Família ou A crítica da Crítica crítica contra Bruno Bauer e consortes*. Aqui uma ironia está claramente colocada. Gramsci trabalha no período com textos do chamado jovem Marx. E os que aceitam como natural a relação de Hegel-Marx têm muitas "considerações" quanto à relação entre Gramsci e o pensamento idealista italiano. O uso dos textos do jovem Marx parece indicar muito mais do que submissão gramsciana ao idealismo crociano.

Afirmar que o povo russo passou por essas experiências no pensamento é afirmar que toda a experiência internacional do proletariado é pensada e vivida por essa minoria que a transmite, sob a forma da luta político-ideológica,[4] na qual e pela qual a experiência internacional, pensada como ciência experimental que pode dar corpo a uma vontade social, ganha materialidade. O marxismo dos bolcheviques, teoria corporificada pela vontade social do povo russo, é capaz de dar vida a um novo projeto estatal independente no inevitável acontecer histórico... tão ao gosto dos reformistas[5] e não por um mero esquema ideológico de explicação do "inevitável" ocorrer da história.

Aqui está presente, em estado prático, uma das mais conhecidas preocupações gramscianas: a da tradutibilidade das linguagens científicas e das práticas sociais. Tradução que, obviamente, nunca é automática.

Partindo do momento mais avançado da produção ocidental, o proletariado russo, formado pelo socialismo, caminhará para o coletivismo. Gramsci responde ao ceticismo dos reformistas: "Será no início o coletivismo da miséria e do sofrimento. Mas as mesmas condições de miséria e sofrimento seriam herdadas por um regime burguês. O capitalismo não pode, *de imediato*, fazer na Rússia mais do que poderá fazer o coletivismo" (Gramsci, 1982b, p. 516).

Essa ideia de que o socialismo partirá do ponto mais avançado da técnica capitalista é um elemento fundamental para a construção da nova ordem econômica, no novo quadro político. Gramsci chama atenção para o fato de que a utilização da técnica capitalista sob uma forma política coletivista gera necessariamente uma nova economia:

> Mas pelo fato da economia e da política estarem estreitamente ligadas, a Revolução Russa cria um novo ambiente para a produção, e esta se desenvolve com finalidade diversa. Em um ambiente jurídico burguês, a produção tem fins burgueses; em um ambiente jurídico

---

[4] Os bolcheviques "são uma conjunto de milhares de homens que dedicaram toda a vida ao estudo (experimental) das ciências políticas e econômicas, que durante dezenas de anos de exílio analisaram e esmiuçaram todos os problemas da revolução". (Gramsci, 1982a, p. 6).

[5] Tal é o impacto dessa análise que Claudio Treves, um dos mais importantes reformistas, retrucou: "Recentemente um colaborador do '*Avanti!*' expunha a doutrina segundo a qual os decretos de Lenin superam a história, isto é, ultrapassam os períodos de evolução da propriedade. Com decretos de salta de pés juntos a era burguesa industrial, se passa da economia patriarcal ao coletivismo!". (Treves *apud* Cortesi, 1999, p. 399).

> socialista, a produção tem fins socialistas; mesmo que ainda se deva servir por muito tempo da técnica capitalista, e não se possa dar a todos os homens aquele bem estar que se imagina que em um regime coletivista todos os homens devam e possam ter (Gramsci, 1982b, p. 3).[6]

Valeria a pena mencionar que esta é uma visão que se generalizará no seio da Terceira Internacional. E que, no fundamental, gerará uma série de equívocos, e de problemas, graves: a questão da neutralidade da técnica capitalista. A não resolução dessa questão é, a nosso ver, um dos elementos vitais para a compreensão dos "acontecimentos do Leste Europeu".

O socialismo gera, a um só tempo, novas formas de estruturação econômica e, absolutamente conectado a isso, novas formas de soberania: o soviete como forma de representação direta dos produtores. Por isso, Gramsci não manifesta nenhuma surpresa, nenhum escândalo com o fechamento da Constituinte. Mostra que há uma especificidade no evento:

> Vemos o fechamento da Constituinte apenas o golpe de força. Jacobinismo? O jacobinismo é um fenômeno absolutamente burguês [...]. Uma minoria que está segura de tornar-se maioria absoluta, quando não diretamente a totalidade dos cidadãos, não pode ser jacobina, não pode ter como programa a ditadura perpétua. Ela exerce provisoriamente a ditadura para permitir à maioria efetiva organizar-se, tornar-se consciente das suas necessidades intrínsecas, e instaurar a sua ordem, fora de qualquer apriorismo, segundo as leis espontâneas desta necessidade (Gramsci, 1982b, p. 602-603).

Soberania dos produtores e ditadura revolucionária dos bolcheviques. A minoria que quer ser maioria realiza a ditadura como momento transitório para a real democracia socialista. Democracia que se baseia em um novo tipo de cidadania: a dos produtores. A partir dessa concepção, o fechamento da Constituinte não causa escândalo. E isso por que:

---

[6] Essa solução similar a de Lenin, em *O Estado e a Revolução*, foi elaborada sem o conhecimento do texto leninista. Só em 1919, Gramsci passa a ter acesso aos textos do russo.

> na Rússia tende assim a realizar-se o governo como o consenso dos governados, com a autodecisão de fato dos governados, para que vínculos de sujeição não liguem os cidadãos aos poderes, mas se tenha uma coparticipação dos governados nos poderes. Os poderes realizam assim uma imensa obra educativa, trabalham para tornar cultos os cidadãos, trabalham na realização daquela república de sábios e de corresponsáveis que é o fim necessário da revolução socialista, porque é a condição necessária às realizações integrais do programa socialista (Gramsci, 1984, p. 137).

Uma última observação gramsciana, feita ao final de 1918, merece ser apreciada:

> A salvação da Revolução Russa está baseada essencialmente na energia do proletariado internacional, no ritmo sempre crescente da retomada da luta de classes nos países da Entente. A República dos Sovietes não poderá avançar na via do comunismo integral a não ser que o mundo inteiro ou, pelo menos, as nações cujo papel é decisivo para a produção e as trocas instaurem o regime dos sovietes (Gramsci, 1984, p. 470).

A temática da revolução permanente se casa com a da salvação da primeira pátria operária. O tema do internacionalismo aparece aqui claramente.

A ATUALIDADE DA REVOLUÇÃO

A atualidade da revolução não é deduzida mecanicamente do imperialismo, ela é uma possibilidade inscrita na ordem capitalista. Gramsci insiste muito na afirmação de que "a luta de classes não é proposta pelo proletariado mas imposta pela burguesia", e isso é básico. Na etapa imperialista, a concentração é tão brutal que só pode gerar o incremento máximo da riqueza e da miséria. A revolução está colocada, pois "decapitar o aparelho da exploração da nação é impossível no regime da propriedade privada, do sufrágio universal, da democracia burguesa" (Gramsci, 1984, p. 530), principalmente na época em que se desagregava e falia todo o sistema capitalista mundial. A revolução, como imperialismo, se apresenta como universal.

A Revolução Russa é um marco na história exatamente pela sua diferença radical em relação aos outros experimentos revolucionários que:

> tendiam apenas a corrigir a forma da propriedade privada e nacional dos meios de produção e de troca; atingiam uma parte limitada dos agregados humanos. A revolução proletária é a revolução máxima: porque quer abolir a propriedade privada e nacional e abolir as classes, ela arrasta todos os homens e não uma parte deles. Obriga todos os homens a moverem-se, a intervirem na luta, a participarem explicitamente. Transforma fundamentalmente a sociedade: de organismo unicelular (indivíduo-cidadão) transforma-a em organismo pluricelular; coloca na base da sociedade. Obriga a sociedade a identificar-se com o Estado, quer que todos os homens tenham consciência espiritual e histórica (Gramsci, 1982a, p. 54-55).

Isso foi possível porque os bolcheviques souberam "soldar a doutrina comunista com a consciência coletiva do povo russo, [lançar] os sólidos fundamentos sobre os quais a sociedade comunista iniciou seu processo histórico" e traduzir "historicamente na realidade experimental a fórmula marxista da ditadura do proletariado" (Gramsci, 1982a, p. 57).

Este é um tema grato a Gramsci: o "saber" e o "querer" materializando-se no "poder". Processo duplo: de um lado, a experiência histórica da civilização capitalista permite pensar o processo da luta; de outro, a luta concreta contra o czarismo permite pensar a realidade russa e atuar sobre ela: a concentração de todas essas experiências.

> Os bolcheviques deram forma estatal às experiências históricas e sociais do povo russo, que são as experiências da classe operária e camponesa internacionais; sistematizaram em organismo complexo e agilmente articulado a sua vida mais íntima, a sua tradição e a sua história espiritual mais profunda e amada. Romperam com o passado, mas continuaram o passado: romperam com o passado da história dominado pela classe possuidora, continuaram, desenvolveram, enriqueceram as tradições vitais da classe proletária operária e camponesa (Gramsci, 1982a, p. 57-58).

O "querer" fazer a revolução, criação de uma nova forma social, o comunismo, levou os bolcheviques à luta e ao estudo experimental. A ditadura do proletariado é, ao mesmo tempo, resultado da intervenção desse "saber/querer" e concreção ao nível do real da teoria marxista da luta de classes.

A Revolução Russa encontrou precisamente sua força e sua salvação no fato de que na Rússia operários e camponeses, partindo de pontos opostos, movidos por sentimentos diversos, encontraram-se reunidos por uma meta comum, em uma única luta, porque ambos se convenceram, na luta, que não poderiam libertar-se da opressão dos patrões, a não ser dando à própria organização de conquista uma forma que permitisse eliminar diretamente o explorador do campo da produção. Essa forma foi o Conselho, foi o Soviete (Gramsci, 1982a, p. 356).[7]

A ditadura do proletariado necessita, mais do que qualquer outro Estado, do consentimento ativo da população. Para ela não basta a passividade social. É necessário que o povo russo veja no Estado dos conselhos o seu Estado. E se identifique com a nova cidadania e com a sua forma estatal. A partir da realidade das classes russas e da sua experiência, os bolcheviques, apesar de serem minoria, transformam a situação. Minoria consciente dos interesses vitais da população e, em especial, da classe operária. O consentimento e a participação ativos da população só poderão ser obtidos pela "assídua e incessante obra da propaganda, de esclarecimento, de educação dos homens excepcionais do comunismo russo" (Gramsci, 1982a, p. 58).

O Estado daí resultante:

> não é a falsa democracia burguesa, forma hipócrita da dominação oligárquica financeira, mas *a democracia proletária que realizará a liberdade das massas trabalhadoras;* não *o parlamentarismo, mas o autogoverno das massas através dos próprios órgãos eletivos;* não a burocracia de carreira, mas os órgãos administrativos criados pelas próprias massas, com a participação real das massas na administração do país (Gramsci, 1982a, p. 34, grifo nosso).

---

[7] "O fato essencial da revolução russa é a instauração de um tipo novo de Estado: o Estado dos Conselhos. [...] Todo o resto é contingência". (Gramsci, 1982a, p. 374). Ver também: Gramsci, 1982a, p. 344-347.

Essa nova estruturação do poder "é a alavanca da expropriação imediata do capital e da supressão da propriedade privada sobre os meios de produção, que devem ser transformados em propriedade de toda a nação" (Gramsci, 1982a, p. 34).

Essa confusão entre socialização e nacionalização percorrerá o pensamento de Gramsci — e de toda a Terceira Internacional — e será responsável por uma série de problemas na avaliação das conjunturas. Um desses problemas se refere ao caráter de classe do Estado socialista.

Voltemos à atualidade da revolução como processo universal.

> O período da história que atravessamos é revolucionário porque as instituições tradicionais de governo das massas humanas que estavam ligadas aos velhos modos de produção e de troca perderam todo o significado e toda função útil. O centro de gravitação de toda a sociedade mudou para um novo campo: *as instituições tornaram-se mera exterioridade, pura forma, sem substância histórica, sem espírito animador* (Gramsci, 1982a, p. 439-440, grifo nosso).

Ela não é apenas uma crise entre outras. Ela é uma crise da totalidade da civilização capitalista não podendo, portanto, ser meramente uma revolução "política". Ela ou será uma alternativa civilizatória ou não será solução para a crise:

> A sociedade comunista só pode ser concebida como uma função 'natural' aderente ao instrumento de produção e de troca; e a revolução só pode ser concebida como o ato de reconhecimento histórico na 'natureza' dessa formação. O processo revolucionário se identifica então somente com um movimento espontâneo das massas trabalhadoras, determinado pelos golpes das contradições inerentes à convivência humana no regime da propriedade capitalista. Presas entre as tenazes dos conflitos capitalistas, ameaçadas por uma condenação inapelável à perda dos direitos civis e espirituais, as massas se separam das formas de democracia burguesa (Gramsci, 1982a, p. 368).

O subtrair-se às formas de dominação política e econômica da burguesia se articula com uma nova "substância histórica": para além das transformações necessárias no quadro institucional é absolutamente vital a transformação da organização econômica do proletariado, a eliminação direta do capitalista, a supressão do proletário fundiário, a eliminação do "explorador do campo da produção",

> a autonomia do produtor [...] no campo econômico e no campo político. A ação política da classe proletária [...] só adquire valor histórico real quando é função do desenvolvimento das condições econômicas novas, ricas de possibilidades, ávidas por expandir-se e consolidar-se definitivamente (Gramsci, 1982a, p. 413).

A revolução não pode ser pensada como exterioridade: ela é uma nova imanência. A revolução cria uma nova sociedade, liquida a figura do indivíduo-cidadão e, acima de tudo, transforma a ideia de Estado. Esse não é mais uma entidade à parte e contra a sociedade. Pelo contrário. O Estado é criação da sociedade e a realiza:

> Não existe sociedade a não ser em um Estado, que é a fonte e o fim de todo direito, de todo viver, que é a garantia de permanência e de sucesso de toda atividade social. A revolução proletária é tal, quando dá vida e se encarna em um Estado tipicamente proletário, que desenvolva suas funções essenciais como emanação da vida e da potência proletária (Gramsci, 1982a, p. 57).

Esse Estado deve servir-se da:

> potência armada para dominar a classe burguesa e determinar as condições em que a classe exploradora seja suprimida e não possa renascer. [...] e romper com os direitos e as relações antigas inerentes ao princípio da propriedade privada.
>
> Toda forma de poder político não pode ser historicamente concebida e justificada a não ser como aparelho jurídico de um poder econômico real, não pode ser concebida e justificada a não ser como a organização de defesa e a condição de desenvolvimento de uma determinada ordem nas relações de produção e de distribuição de riqueza (Gramsci, 1982a, p. 259 e p. 569).

Após da Revolução Russa a relação destruição/construção não pode mais sofrer um lapso temporal. Todas as revoluções posteriores à russa que viveram duas etapas diferentes foram vencidas (a alemã e a húngara). Para Gramsci, faltaram nessas revoluções:

> *forças produtivas tendentes ao desenvolvimento e à expansão, movimento consciente das massas proletárias dirigido a substanciar o poder político com o poder econômico, vontade das massas proletárias de induzir na fábrica ordem proletária, de fazer da fábrica a célula do novo Estado, de construir o novo Estado como reflexo das relações industriais do sistema de fábrica* (Gramsci, 1982a, p. 571, grifo nosso).

Vontade de fazer com que a nova ordem consubstancie uma outra cidadania: a dos produtores. Na ausência disso, as próprias forças operárias tradicionais ajudam na derrota das revoluções.

A revolução comunista não pode esgotar-se em um único país. Ela tem que buscar, como condição de desenvolvimento, a mais ampla criação possível de Estados operários. Sua plena realização, em seu livre desenvolvimento, está condicionada:

> pela existência mundial de uma grande organização proletária, e pelo desenvolvimento dela contra a organização capitalista. A Comuna Russa com a realização do socialismo no mundo [...] entrará no processo de socialização definitivo, quando no resto do mundo o proletariado tiver realizad

Para Gramsci a revolução comunista só se efetiva pela realização das ditaduras proletárias em todo mundo. Realiza-se pela Internacional Comunista. Por isso o:

> comunismo existirá apenas quando, e enquanto, for internacional. Nesse sentido, o movimento socialista e operário é contra o Estado, porque é contra as economias nacionais capitalistas, porque é contra as economias nacionais, que tem sua fonte de vida no Estado nacional e trazem a sua forma (Gramsci, 1982a, p. 115).

Analisando as experiências revolucionárias, russa, húngara e alemã, Gramsci pensa a natureza diferencial dos estados capitalistas e socialista.

Esse é uma criação fundamentalmente nova. Não basta mudar a burocracia governamental se se mantêm as instituições burguesas, contrariamente ao que pensavam Kautsky, Turati e outros, pois elas foram criadas para construir uma outra ordem, o Estado socialista:

> é uma criação nova [...]. As instituições do Estado capitalista foram organizadas para os fins da livre concorrência [...]. O Estado socialista ainda não é o comunismo [...] mas é o Estado de transição que tem a tarefa de suprimir a concorrência com a supressão da propriedade privada, das classes, das economias nacionais: esta tarefa não pode ser realizada pela democracia parlamentar. A fórmula 'conquista do Estado' deve ser entendida neste sentido: criação de um tipo de Estado gerado pela experiência associativa da classe proletária (Gramsci, 1982a, p. 130-131).

A caracterização gramsciana do processo revolucionário é clara:

> A revolução proletária não é um ato arbitrário de uma organização que se afirme revolucionária, ou de um sistema de organizações que se afirmem revolucionárias. A revolução proletária é um longuíssimo processo histórico que se verifica no surgimento e no desenvolvimento de determinadas forças produtivas (que sistematizamos na expressão: 'proletariado'), em um determinado ambiente histórico (que sintetizamos nas expressões 'modo de produção individual', 'modo de organização da sociedade no Estado democrático-parlamentar'). Em uma determinada fase desse processo, as novas forças produtivas não podem mais desenvolver-se e sistematizar-se de modo autônomo nos esquemas oficiais em que se desenvolve a convivência humana. Nesta fase determinada ocorre o ato revolucionário que consiste em um esforço dirigido a romper as máquinas do Estado burguês e a constituir um tipo de Estado, em cujos esquemas das forças produtivas liberadas encontrem a forma adequada ao seu desenvolvimento ulterior, à sua expansão ulterior, em cujas organizações encontrem direção e as armas necessárias e suficientes para suprimir os seus adversários (Gramsci, 1982a, p. 532).

No mesmo sentido, analisando a conjuntura italiana, Gramsci afirma que a classe operária italiana torna-se revolucionária:

não mais no sentido em que ela se recusa genericamente a colaborar com as instituições de governos da classe burguesa, não mais no sentido em que ela representa uma oposição no campo da democracia, mas no sentido de que toda a classe operária, que se encontra na fábrica, inicia uma ação que deve necessariamente desembocar na função de um Estado operário, que deve necessariamente conduzir a configurar a sociedade humana em uma forma universal que abarca toda a Internacional operária, toda humanidade (Gramsci, 1982a, p. 534).

Gramsci salienta que, ao subtrair-se ao poder do capitalista na fábrica, o operariado realiza a primeira, e mais fundamental, de todas as expropriações: a do instrumento de produção que é ele próprio.

> A classe operária afirma assim que o poder industrial deve retornar à fábrica, põe novamente a fábrica, do ponto de vista operário, como forma em que a classe operária se constitui no campo orgânico determinado, como célula de um novo Estado, o Estado operário, como base de um novo sistema representativo, o Sistema dos Conselhos. O Estado operário cria desde já, dado que nasce segundo uma configuração produtiva, as condições do seu desenvolvimento, do seu dissolver-se como Estado, do seu incorporar-se orgânico em um sistema mundial, a Internacional comunista (Gramsci, 1982a, p. 536).

Gramsci insiste sobre a necessidade da revolução depender da:

> existência de forças produtivas tendentes ao desenvolvimento e a expansão, movimento consciente nas massas proletárias dirigido a substanciar com o poder econômico o poder político, vontade nas massas proletárias de introduzir na fábrica a ordem proletária, de fazer da fábrica a célula do Estado, de construir o novo Estado como reflexo das novas relações industriais no sistema de fábrica (Gramsci, 1982a, p. 571).

Ausentes essas condições, a presença de fortes organizações sindicais, de um partido comunista, proletariado armado e outras condições, não bastam para a realização da revolução comunista: muitas vezes redundam em uma assembleia constituinte que dá tempo e local político para a rearticulação do antigo poder, levando ao esmagamento das forças comunistas. É exemplar a situação alemã, onde a socialdemocracia acaba por assinar a revolução e os revolucionários. Lembremo-nos de Rosa Luxemburgo e Karl Liebknecht.

> Pode de fato existir um partido comunista [...], se não existe no meio da massa o espírito de iniciativa histórica e a aspiração à autonomia industrial, que devem encontrar o seu reflexo e a sua síntese no partido comunista? E dado que a formação dos partidos é um reflexo, não ocorre subitamente, não vem do nada, mas ocorre segundo um processo dialético, a tarefa maior das forças comunistas não é precisamente a de dar consciência e organização às forças produtivas, essencialmente comunistas, que deverão desenvolver-se e expandindo-se, criar a base econômica segura e permanente do poder proletário em mãos do proletariado? (Gramsci, 1982a, p. 571).

Não basta, portanto, o desejo de criar-se um verdadeiro partido comunista. Se ele não é, nem quer ser apenas a projeção dos nossos sonhos, ele tem que manter com as massas uma relação constante, expressando-as. O processo de educação política comunista está imbricado com a questão da articulação entre proletariado e classes oprimidas. Nesse processo o partido comunista deve conseguir que as classes oprimidas vejam no proletariado a sua vanguarda.

> Os partidos políticos são o reflexo e a nomenclatura das classes sociais. Nascem, desenvolvem-se, decompõem-se, renovam-se. Na medida em que os diversos estratos das classes sociais em luta sofrem mudanças de real alcance histórico, vêm radicalmente mudadas as suas condições de existência e de desenvolvimento, adquirem uma maior e mais clara consciência de si e dos próprios interesses vitais (Gramsci, 1982a, p. 656).

Visto assim, o partido é essencialmente dinâmico. Sua vida aparece totalmente imbricada à da classe, cuja dinâmica acaba por expressar. E que não haja equívoco: reflexo aqui não é mecanicidade. Se a dialética da classe se dá no sentido de uma permanente redefinição, se ela se organiza, se unifica, ela obriga o seu partido a guiá-lo nesse processo ou a esclerosar-se. Não há meio-termo. Se a classe permanece desorganizada, com reduzida possibilidade de unificação, ou o partido consegue dar-lhe corpo ou então será substituído pela eficácia dos partidos de outras classes.

> Uma associação pode ser chamada 'partido político' só enquanto possuir uma doutrina constitutiva, sua, própria; só enquanto conseguir concretizar uma noção, sua, própria, de Estado; só enquanto concretizar e divulgar entre as grandes massas um programa de governo, apto para organizar praticamente um Estado, e isto em condições determinadas, com homens reais e não com fantasias abstratas de humanidade (Gramsci, 1982a, p. 3).

O que implica dizer que o partido, além de ser um conjunto de pessoas com pretensão a guiar e a expressão uma classe, deve ser capaz de apresentar-se a essa classe com uma proposta clara e consciente que lhe expressa e organiza a realidade. O partido pressupõe a classe e um tipo de Estado, solidário a ela. Isso é vital para o processo revolucionário. É a diferença entre burocratismo da organização e capacidade de governo democrático do partido. Esse governo incorpóreo é, precisamente, a hegemonia realizada. O partido corre sempre o risco de subtrair-se às massas e,

> se por uma concepção sectária do papel do Partido na revolução se pretende materializar esta hierarquia, se pretende fixar em formas mecânicas de poder imediato o aparelho do governo das massas em movimento, se pretende constranger o processo revolucionário nas formas de Partido, se conseguirá desviar uma parte dos homens, se conseguirá 'dominar' a história; mas o processo revolucionário real escapará ao controle e ao influxo do Partido tornado, inconscientemente, organismo de conservação (Gramsci, 1982a, p. 370).

A profunda ligação entre poder político e industrial, que materializa os poderes de classe, coloca a questão do reconhecimento do soviete como:

> o instrumento de luta revolucionário que permite o desenvolvimento autônomo da organização comunista, que, do conselho de fábrica chega ao conselho central da economia, que estabelece os planos de produção e de distribuição e assim consegue suprimir a concorrência capitalista (Gramsci, 1982a, p. 573).

Gramsci está frente a um problema vital para a constituição da nova sociedade. É preciso criar uma classe operária praticamente do zero. Os conselhos não são, portanto, uma condenação do método da militarização da indústria?

pela falta de força motriz e de atraso industrial, o Estado operário foi obrigado a introduzir em algumas indústrias grandes massas de camponeses, afastadíssimos da psicologia proletária e, portanto, sem capacidade de autogoverno industrial; o Conselho não tinha significado para essas massas camponesas atrasadas (não tinha significado no campo industrial); a única forma adequada de disciplina era a disciplina do exército revolucionário, com a sua fraseologia e o seu entusiasmo guerreiro (Gramsci, 1982a, p. 539).[8]

AMERICANISMO E REVOLUÇÃO RUSSA

Em sua produção carcerária, Gramsci irá elaborar, de modo absolutamente original, a crítica do americanismo, refletindo sobre como essa forma de reestruturação capitalista implicará sobre a Revolução Russa.

Entre os vários problemas colocados pela construção da revolução socialista, um dos mais importantes foi a forma de construção da nova classe trabalhadora.[9] O antigo proletariado restrito às grandes cidades russas foi, de um modo ou de outro, praticamente eliminado: pelas tarefas assumidas no processo revolucionário, pela sua dispersão no imenso território a ser governado, pela morte na luta face aos contrarrevolucionários. De todo modo, ainda que isto não tivesse ocorrido, com tal magnitude, seria necessário criar — em quantidade e qualidade — um novo proletariado industrial, processo que envolveu o conjunto das classes subalternas capitalistas. Esse conjunto foi decisivo no processo; nos países capitalistas ele foi realizado em pelo menos três séculos, na União Soviética (URSS) levará menos de uma década. Da sua resolução, entre outros objetivos, há uma modificação vital: a da correlação de forças no interior da aliança operário-camponesa.

Esse processo se realizou sob forte inspiração taylorista. Isso foi problemático em especial se se ignora a materialidade classista do processo de trabalho

---

[8] Essa posição será inteiramente revista nos *Cadernos*.
[9] Por limites de espaço e tempo não abordaremos aqui dois pontos fundamentais para a análise da "passivização da experiência soviética": a questão da democracia e a dos debates teóricos levados a efeitos nesse processo.

e das formas de gestão vinculadas a esse. Nunca é demais lembrar que, apesar dos claros ensinamentos de Marx sobre a técnica capitalista, a maior parte dos revolucionários que se segue (aí incluindo Lenin) acabou por considerar a técnica como neutra, ao aplicar na construção revolucionária as formas de gestão e as técnicas produtivas vividas nos países capitalistas mais avançados.

A Revolução Russa implicou a construção de uma nova hegemonia; um novo conformismo — no sentido gramsciano — teve que ser criado. Todo modo de produção cria, para a sua existência, as condições de elaboração do seu trabalhador e do seu cidadão. São, na realidade, elementos que se traduzem no cotidiano da materialidade e expressam o modo de vida, isto é, os hábitos, a maneira de agir, pensar, viver que dão automaticidade ao comportamento dos homens. Implicam em uma subjetividade e em uma objetividade de comportamento. São, em suma, a tradução das ideologias vividas nesta ou naquela sociedade na sua imensa e radical contraditoriedade. O processo revolucionário é, pois, o choque das subjetividades materializadas,

> trata-se da luta entre 'dois conformismos', isto é, de uma luta de hegemonia, de crise da sociedade civil. Os velhos dirigentes intelectuais e morais da sociedade sentem o chão faltar sob os pés, percebem que suas 'prédicas' se tornaram precisamente 'prédicas', isto é coisas estranhas à realidade, forma pura sem conteúdo [...]: donde o seu desespero e as suas tendências reacionárias e conservadoras: dado que as formas particulares de civilização, de cultura, de moralidade que eles representaram se decompõem, eles gritam, contra a morte de toda civilização, de toda cultura, de toda moralidade e demandam medidas repressivas do Estado ou se constituem em grupos de resistências afastados do processo histórico real, aumentando em tal modo a duração da crise, dado que a ultrapassagem de um modo de viver e de pensar não pode verificar-se sem crise. Os representantes da nova ordem em geral, por outro lado, por ódio 'racionalista' ao velho, difundem utopias e planos cerebrinos. Qual o ponto de referência para o novo mundo em gestação? O mundo da produção, o trabalho. O utilitarismo máximo deve ser a base de toda análise dos institutos morais e intelectuais a criar e dos princípios a defender: a vida coletiva e individual deve ser organizada para o rendimento máximo do aparelho produtivo. O desenvolvimento das forças produtivas sobre novas bases e a instauração da nova estrutura sanearão as contradições que não podem faltar e, tendo criado um novo 'conformismo' de base, permitirão novas possibilidades de autodisciplina, isto é, de liberdade mesmo individual (Gramsci, 1977, p. 862-863).

O processo revolucionário foi, para Gramsci, o último do século XIX. Ele foi marcado pela distinção morfológica de Ocidente e Oriente. Essa distinção refere-se às formas dos processos revolucionários em relação às combinações muito diversas dos nexos entre política e economia nas duas áreas e não a tradução mecânica de formas preferenciais de fazer política; sequer a negação abstrata da possibilidade revolucionária no Ocidente.

A Primeira Guerra Mundial e a Revolução de Outubro atualizam a crise e a necessidade de reestruturação do capitalismo. Trabalhar a relação entre política e economia depois da guerra e da Revolução Russa é pensar o nexo entre americanismo e revolução passiva, do qual o americanismo foi a figura dominante no século XX. A revolução passiva implica a redefinição das formas de estruturação do capitalismo (da noção de cidadania, ao modo de realizar a produção) e corresponde à necessidade de impor um conjunto de medidas de contratendência à queda da taxa de lucros e de tentar neutralizar os antagonismos no interior do conjunto do bloco capitalista. Lembremos que até outubro o antagonismo dos trabalhadores não assumia a forma estatal. A Revolução se coloca, portanto, no campo da materialização desse antagonismo e se apresenta ao conjunto do planeta como possibilidade real e não como utopia. Produto do antagonismo em escala universal a Revolução Russa, diante da impossibilidade de expansão do processo revolucionário na Europa — e, em especial, nos países capitalistas avançados — acaba por refluir e "nacionalizar-se", isto é, perde sua abrangência no plano material, restando, porém, sua imensa capacidade de iluminação ideológica.

No seu processo histórico de realização a Revolução Russa, vivendo o seu momento de hegemonia, teve que construir seu conformismo e seu *homo œconomicus*. E vai implementar, contraditoriamente, uma gestão e uma produção em moldes taylor-fordistas. Estava colocada em choque a própria possibilidade de sua realização como nova civilidade. Um dos problemas fundamentais é que o taylorismo não era neutro e tratava de construir uma nova classe trabalhadora para o capital. À quebra das organizações sindicais, forçada pela coerção, pelos métodos policiais, o taylorismo acrescentou e impôs a absorção de uma nova subjetividade. Essa combinação exigia uma modificação fundamental: os trabalhadores deveriam abrir mão do controle que ainda possuíam sobre a produção e passar a executar o trabalho a partir da objetividade do capital, centrada na eliminação das porosidades do sistema e na reconstrução das lógicas operativas. O americanismo (fordismo + taylorismo) veio não apenas para quebrar essa resistência, mas para ser o laboratório das novas experiências de subordinação do trabalho ao capital. Juntando o velho puritanismo protestante às novas técnicas de gestão, criou-se uma forma superior de "trabalhador" para o capital. Taylor, ex-operário, pensou a eliminação radical dos tempos mortos na produção, as famosas porosidades do sistema produtivo, na perspectiva de eliminar a capacidade operária de resistir, de lutar pela autonomia classista.

Ford introduziu um maior controle ideológico sobre o trabalho. Da sexualidade à composição da família, passando pelo patriotismo e a religião: o novo trabalhador passou a ser um mero servidor da produção capitalista. A família deixou de ser o elemento socializador básico, função que passa à fábrica. As formas familiares, os tempos e os gestos, a sexualidade, a convivência disciplinada, tudo isso passou a ter uma grande automaticidade. Algumas ideias caras ao neoliberalismo têm aqui sua origem: entre outras a possibilidade do sindicato empresa acoplado com a prática da família Ford. Assim, trabalho e vida pessoal se imbricam fortemente tentando engolfar o conjunto da personalidade do trabalhador. A subordinação é, agora, quase total. Introduz-se, nesse processo, tanto a coerção brutal quanto o prêmio (o *five dollars day*"). O taylor-fordismo é, a um só tempo, um conjunto de técnicas de gestão e de produção e um modo de vida, que engendrou o *american way of life*[10]: mais que uma propaganda, trata-se de uma condição do domínio do capital, ou seja, uma ideologia constituidora do real. Para Gramsci o americanismo se apresentava como processo de diferenciação em relação aos Estados regidos pelo imperialismo. Taylor e Ford buscam alterar o padrão societal. Repensa-se não apenas as práticas fabris, mas, principalmente, suas condições de existência.

A forma americana exigia, desde logo, uma composição demográfica nacional, a não existência de "classes numerosas sem uma função essencial no mundo produtivo, [...] classes absolutamente parasitárias" (Gramsci, 1977, p. 2141). A existência dessas classes, criadas por séculos de lutas, representa,

---

[10] Faz-se necessário desenvolver e trabalhar o conceito de modo de vida que atualiza e dá historicidade às categorias de modo de produção e de formação econômico-social. O conceito de modo de vida está em estado prático nas análises de Gramsci e Trotsky sobre a constituição seja do americanismo, seja da nascente sociedade soviética.

na Europa e, em particular, na Itália uma "camada de chumbo", um enorme contingente populacional cuja função era basicamente política. A sua inexistência nos Estados Unidos tornou, assim,

> relativamente fácil racionalizar a produção e o trabalho, combinado habilmente a força (destruição do sindicalismo operário de base territorial) com a persuasão (altos salários, benefícios sociais diversos, propaganda ideológica e política habilíssimas) [...]. A hegemonia nasce da fábrica e não tem necessidade para exercer-se senão de uma quantidade mínima de profissionais intermediários da política e da ideologia (Gramsci, 1977, p. 2145-2146).

A expressão "hegemonia nasce da fábrica" não é uma referência pertinente apenas ao americanismo. Pelo contrário, ela revela com toda clareza o projeto do *L'Ordine Nuovo* e dos Comissários de fábrica turineses. Aí se travou uma imensa luta na qual a classe operária italiana demonstrou empiricamente a possibilidade da construção de um novo projeto civilizatório: a democracia operária, a cidadania dos trabalhadores. Essa expressão "a hegemonia nascendo da fábrica" indica, por outro lado, o projeto da construção de uma nova classe operária. Não se trata de impor uma disciplina "de fora para dentro", mas construir as condições reais e concretas da socialização das forças produtivas.

Vale a pena acentuar que nem sempre a hegemonia nasce da fábrica. Isto ocorre quando a força de trabalho é incorporada ao projeto capitalista (e de outra perspectiva ao projeto socialista), como veremos abaixo. Tal incorporação pode ser ativa (convencimento ativo, em especial pela impregnação da nova racionalidade) ou passiva (neutralização das organizações proletárias). A hegemonia nasce na fábrica quando há adequação entre racionalidade estatal e econômica: esta última se concebe enquanto horizonte da classe, fazendo-se identificar como patamar civilizatório. Logo se faz necessário apenas "uma quantidade mínima de profissionais intermediários da política e da ideologia" (1977, p. 2145-2146). A hegemonia não é apenas um projeto político, mas é o campo do possível, do pensável, do praticável. Ela ocorre quando as produções/práticas se pensam na produção/racionalidade material, quando se torna campo de articulação do saber/fazer/sentir/agir.

O americanismo foi, então, a criação de "um novo tipo humano, correspondente ao novo tipo de trabalho e de processo produtivo", de uma nova "fase da adaptação psicofísica à nova estrutura industrial". Essa adaptação, viabilizada por uma composição demográfica racional, combinou consenso e repressão. Materializou um novo modo de vida. Aparecia mesmo como "a forma deste tipo de sociedade racionalizada, em que a 'estrutura' domina mais imediatamente as superestruturas, e estas são 'racionalizadas' (simplificadas e diminuídas de número)" (Gramsci, 1977, p. 2146).

Falamos da criação de um novo nexo psicofísico, de um novo tipo de trabalhador. Fabricar o novo trabalhador supõe a criação de um novo homem, isto é, a destruição ativa de uma personalidade histórica. Para tal se exigia:

> uma luta contínua contra o elemento 'animalidade' do homem, um processo frequentemente doloroso e sangrento, de subjugação dos instintos (naturais, isto é, animalescos e primitivos) a cada vez novas, mais complexas e rígidas normas e hábitos de ordem, de exatidão, de precisão que tornam possível as formas cada vez mais complexas de vida coletiva que são a consequência necessária do desenvolvimento do industrialismo (Gramsci, 1977, p. 2060-2061).

Processo, sem dúvida alguma, violento: o da gestação de uma nova classe trabalhadora e de uma nova cultura.[11] Gramsci acentua essa dolorosa

---

[11] "Até agora todas as mutações do modo de ser e de viver ocorreram por coerções brutais, isto é, através do domínio de um grupo social sobre as forças produtivas da sociedade: a seleção ou 'educação' do homem adaptado aos novos tipos de civilização, isto é, às novas formas de produção e de trabalho, ocorreu com o emprego de brutalidades inauditas, lançando no inferno das subclasses os débeis e os refratários, eliminando-os do todo. A cada advento de novos tipos de civilização, ou no curso do processo de desenvolvimento, existiram crises" (Gramsci, 1977, p. 2161).

adaptação ao criticar a política de militarização do trabalho — defendida por Trotsky[12] e aceita pela direção bolchevique:

> A tendência de Leon Davidovich era estreitamente conexa com esta série de problemas, o que não me parece tenha sido bem esclarecido. O seu conteúdo essencial, deste ponto de vista, consistia na 'muito' resoluta (donde não racionalizada) vontade de dar supremacia, na vida

---

[12] Sobre esse ponto exemplar a fala de Trotsky ao III Congresso dos Sindicatos de toda a Rússia (abril de 1920): "Expliquem-nos os oradores mencheviques que significa trabalho livre, não obrigatório. Conhecemos o trabalho escravo, o trabalho servil, o trabalho obrigatório arregimentado nos artesanatos medievais, e o trabalho dos assalariados livres que a burguesia chama de trabalho livre. Agora encaminhamo-nos para o tipo de trabalho socialmente regulamentado sobre a base de um plano econômico, obrigatório para todo o país, para cada trabalhador. Esta é a base do socialismo... a militarização do trabalho, neste sentido fundamental de que lhes falei, é o método básico e indispensável para a organização de nossas forças laborais... Se nossa nova forma de organização do trabalho tivesse como resultado uma diminuição da produtividade, então, *ipso facto*, estaríamos encaminhando para o desastre... Mas, é certo que o trabalho obrigatório é sempre improdutivo?... Este é o mais mesquinho e miserável preconceito liberal: a servidão também era produtiva. Sua produtividade era superior à do trabalho escravo, e, na medida, em que a servidão e a autoridade do senhor feudal garantiam a segurança das populações... e do trabalho camponês, nessa medida era uma forma progressista de trabalho. O trabalho servil obrigatório não foi o resultado da má vontade dos senhores feudais. Foi um fenômeno progressista... Toda a história da humanidade é a história de sua educação para o trabalho, para a mais alta produtividade do trabalho. Esta não é de modo algum uma tarefa simples, pois o homem é preguiçoso e tem direito a sê-lo... Mesmo o trabalho assalariado livre não foi produtivo no começo... chegou a sê-lo gradualmente depois de um processo de educação social. Métodos de todos os tipos foram utilizados para essa educação. A burguesia, primeiro, expulsou os camponeses para os caminhos e apoderou-se de suas terras. Quando o camponês se negou a trabalhar nas fábricas, a burguesia os marcou com ferro em brasa, os enforcou ou os fuzilou e assim o adestrou pela força para a manufatura... Nossa tarefa consiste em educar a classe operária sobre os princípios socialistas. Quais são nossos métodos para tal finalidade?
Não são muito distintos daqueles que a burguesia utilizou, mas são muito mais honrados, mais diretos e francos, não corrompidos pela mendicância e a fraude. A burguesia tinha que fingir que seu sistema de trabalho era livre e enganou os ingênuos sobre a produtividade deste trabalho. Nós sabemos que todo o trabalho é trabalho socialmente obrigatório. O homem deve trabalhar para não morrer. O homem não quer trabalhar. Mas a organização social o empurra e o acicata nesta direção. A nova ordem socialista difere da burguesa porque, entre nós, o trabalho se realiza em benefício da sociedade, e portanto não necessitamos receitas sacerdotais, eclesiásticas, liberais ou mencheviques para aumentar a energia do trabalho do proletariado... A primeira maneira de disciplinar e organizar o trabalho é fazendo com que o plano econômico fique claro para as mais amplas massas de trabalhadores..." (*Vserossiiskii Syezd Profsoyuzov apud* Deutscher, 1971, p. 52-53).

nacional, à indústria e aos métodos industriais, de acelerar, com meios coercitivos, exteriores, a disciplina e a ordem na produção, de adequar os costumes à necessidade do trabalho. Dada a impostação geral de todos os problemas, esta deveria desembocar necessariamente em uma forma de bonapartismo, donde a necessidade inexorável de reprimi-la. As suas preocupações eram justas, mas as soluções práticas eram profundamente erradas: neste desequilíbrio entre teoria e prática era inato o perigo, que de resto já se havia manifestado precedentemente em 1921. O princípio da coerção, direta e indireta, na ordenação da produção e do trabalho é justo [...] mas a forma que tinha assumido era errada: o modelo militar tinha se tornado um preconceito funesto e os exércitos de trabalho fracassaram (Gramsci, 1977, p. 2164).

Esse fracasso indicava claramente as dificuldades da implementação da nova ordem produtiva, compreendido aí, sempre e sempre, a institucionalidade socialista necessária a esta transformação. Era necessário redefinir habilidades e práticas:

> a vida na indústria exige um tirocínio geral, um processo de adaptação psicofísico a determinadas condições de trabalho, de nutrição, de habitação, de costumes, etc., que não é algo inato, 'natural', mas que demanda ser adquirido. [...] a baixa natalidade urbana demanda um gasto contínuo e relevante para o tirocínio dos continuamente novos urbanizados, e traz consigo uma contínua mudança da composição sócio-política da cidade, colocando continuamente sobre novas bases o problema da hegemonia (Gramsci, 1977, p. 2149).

Tudo isso levava à necessidade de racionalizar o modo de viver para racionalizar a produção:

> O interesse de Leon Davidovich sobre o americanismo; seus artigos, suas pesquisas sobre o *'byt'* (modo de viver — EFD) e sobre a literatura, estas atividades eram menos desconexas entre si do que poderia parecer, porque os novos métodos de trabalho são indissolúveis de um determinado modo de viver, pensar e sentir a vida: não se podem obter sucessos neste campo sem obter resultados tangíveis no outro (Gramsci, 1977, p. 2164).

Racionalizar a relação corpo e mente, redefinir a sexualidade: disciplinar o gasto das energias físicas e mentais fora do espaço fabril, para preservá-las para a realização do trabalho. Ampliar para a sociedade o campo da disciplina da fábrica. Atenção! Trata-se aqui de uma diferença fundamental:

> Na América, a racionalização do trabalho e o proibicionismo estão conectados indubitavelmente: as pesquisas dos industriais sobre a vida íntima dos operários, os serviços de inspeção criados por algumas empresas para controlar a 'moralidade' dos operários são necessidades do novo método de trabalho. Quem risse dessas tentativas (ainda se falidas) e visse nisso apenas uma manifestação hipócrita de 'puritanismo', se negaria toda possibilidade de compreender a importância, o significado e o alcance objetivo do fenômeno americano, que é mesmo o maior esforço coletivo verificado até agora para criar com rapidez inaudita e com uma consciência de finalidade jamais vista na história, um novo tipo de trabalhador e de homem (Gramsci, 1977, p. 2164-2165).

Essa mesma necessidade de construção do homem socialista, do novo *homo œconomicus*, vale dizer do novo conformismo, requer e exige uma das características fundamentais — segundo Gramsci no período anterior — do partido bolchevique e de seus militantes: "impedir que o problema imediato, de hoje, a resolver, se dilate até ocupar toda a consciência, e se torne a única preocupação; se torne frenesi espasmódico que erga barreiras intransponíveis a ulteriores possibilidades de realização" (1982b, p. 265).

Racionalizar o modo de viver, a relação corpo e mente, redefinir habilidades e práticas, a sexualidade, é, em suma, uma transformação muito mais complexa do que se poderia supor. A simples "urbanização" de uma população implicou esforços inauditos como a compreensão de todo o imenso mundo de valores e significações urbanas, que teve que ser apreendido com fulminante rapidez. Teve que alterar-se os próprios ritmos biológicos. As esferas de lealdade e solidariedade secularmente construídas foram pulverizadas. As cabeças dessas pessoas vivem permanentemente em um redemoinho.

Criação e generalização do novo homem, do homem-massa, do homem-coletivo: este processo é vivido na Rússia, com a criação da nova classe operária. Viver e atuar com novas dimensões, quando as antigas ainda estão fortemente enraizadas: esse é, em suma, o desafio ao qual os novos trabalhadores foram submetidos e ao qual não poderiam escapar. Construção de uma nova personalidade, radicalmente distinta da anterior. Pense-se toda a imensa transformação ideológica necessária para o camponês se transformar em operário no curtíssimo prazo de uma ou duas décadas ou até menos; na ruptura com os "milenares" hábitos de vida encontrou-se boa parte das dificuldades da construção da nova civilização, que obviamente não seria resolvida por métodos puramente coercitivos. Fazer a revolução significa criar uma nova sociedade e tornava-se necessário um processo pedagógico de tipo hegemônico e não meramente dominante em termos ideológicos. Daqui parte a reflexão gramsciana da necessidade dessa transformação ser interiorizada e não imposta.

Esse complexo conjunto de redefinições implica, portanto, a construção de um novo trabalhador que deve maximizar "as atitudes maquinais e automáticas", minimizar os gestos desnecessários, eliminar a porosidade do processo fabril e, para tanto, é preciso despedaçar "o velho nexo psicofísico do trabalho profissional qualificado, que exigia uma certa participação ativa da inteligência, da fantasia, da iniciativa do trabalhador, e reduzir as operações produtivas apenas aos aspecto físico maquinal" (Gramsci, 1977, p. 2165).

Regulação do instinto sexual e fortalecimento da família: essas não são posturas moralizantes ou hipócritas, "a verdade é que não pode desenvolver-se o novo tipo de homem requerido pela racionalização da produção e do trabalho, até que o instinto sexual não esteja regulado de acordo, não tenha sido também ele racionalizado" (Gramsci, 1977, p. 2150).

A estabilidade operária (familiar, sexual, etc.) passa a ser condição essencial de eficácia no trabalho. O "desregramento" sexual e o alcoolismo interessam essencialmente como condição de racionalização da produção e não apenas do ponto de vista moral.[13]

---

[13] "Este complexo de compressões e coerções diretas e indiretas exercida sobre a massa obter indubitavelmente resultados e surgir uma nova forma de união sexual da qual a monogamia e a estabilidade relativa parecem dever ser o traço característico e fundamental" (Gramsci, 1977, p. 2167-2168).

> As iniciativas 'puritanas' tem apenas a finalidade de conservar, fora do trabalho, um certo equilíbrio psicofísico que impeça o colapso fisiológico do trabalhador, espremido pelo novo método de produção. Esse novo equilíbrio não pode ser senão puramente exterior e mecânico, mas pode tornar-se interior se ele for proposto pelo próprio trabalhador e não imposto de fora, com uma nova forma de sociedade, com meios apropriados e originais (Gramsci, 1977, p. 2165-2166).

Não se trata, portanto, da coerção sobre o trabalhador, Em especial porque o socialismo é uma nova civilização que requer a adesão consciente. Veremos adiante a questão do centralismo tal como colocada por Gramsci e que é decisiva neste momento, Trata-se assim da construção de uma nova socialização que rompe com as antigas formas e que tem que ser, agora em diante centralizadas pela estrutura produtiva. É necessário "ter um operário estável, um complexo confiável e permanentemente, porque mesmo o complexo humano (o trabalhador coletivo) [...] é uma máquina que não deve ser frequentemente desmontada e renovada nas suas partes ingentes" (Gramsci, 1977, p. 2165-2166).

A afirmação feita por Gramsci, segundo a qual esse novo equilíbrio para ser eficiente ter que ser vivido como interioridade, "proposto pelo próprio trabalhador e não imposto de fora" demonstra a necessidade da introjeção da hegemonia: o atuar segundo formas conformes a esse ambiente produtivo. Essa interioridade é o índice da hegemonia em processo.

O *american way of life* mais do que instrumento de propaganda é a forma que assume esse novo modo de ser, necessário ao novo ambiente produtivo: do ponto de vista subjetivo o elemento dominante é o taylorismo. O americanismo é a elevação do trabalhador ao máximo de mecanicidade, diante da qual a humanidade e espiritualidade do trabalhador, existente ainda no período do artesanato, deve ceder: "precisamente contra este 'humanismo' luta novo industrialismo". O trabalhador tem que ser desqualificado ao máximo, tornado desnecessário e, portanto, intercambiável. Aqui claramente se diferenciam o americanismo do projeto de construção de uma nova classe trabalhadora soviética. Essa última não necessita lutar contra a "humanidade e espiritualidade do trabalho", nega-las, mas construir uma nova significação para a humanidade e espiritualidade.

Gramsci nos dá uma pequena mostra do que acabaria por ser o modelo do novo homem necessário: "uma síntese daqueles... que vem hipostaziados como caracteres nacionais: o engenheiro americano, o filósofo alemão, o político francês, recriando, por assim dizer, o homem italiano do Renascimento, o tipo moderno de Leonardo da Vinci tornado homem-massa ou homem-coletivo, mantendo, contudo, as suas fortes personalidade e originalidade individuais. Uma coisa à toa como se vê" (Gramsci, 1975, p. 654).[14] Mas, ao invés disso, na medida em que o taylorismo foi uma das tônicas da reestruturação produtiva no espaço soviético, acabou-se por não ver concretizada a proposta da nova civilização. O estacanovismo, forma russa do americanismo, acabou por tornar possível um trabalhador coletivo que não colocava a questão da liberdade e da socialização das forças produtivas. O novo homem acabou por ser apenas o homem de ferro (sem qualquer alusão à Stalin). O patriotismo aqui foi representado pelo stalinismo, contrafação do marxismo e do internacionalismo. Esses foram reduzidos a uma nacionalização do processo revolucionário que se vê esterilizado pelo socialismo em um só país.

REFERÊNCIAS BIBLIOGRÁFICAS

CORTESI, Luigi. *Le origini del PCI. Studi e interventi sulla storia del comunismo in Italia*. Milano: Franco Angeli, 1999.

DEUTSCHER, Isaac. *Los sindicatos soviéticos*. México: Ediciones Era, 1971.

GRAMSCI, Antonio. *Il Nostro Marx (1918-1919)*. Torino: Einaudi, 1984.

_____. *L'Ordine Nuovo*. Torino: Einaudi, 1982a.

_____. *La città futura (1917-1918)*. Torino: Einaudi, 1982b.

_____. *Lettere dal carcere*. Torino: Einaudi, 1975.

_____. *Quaderni del carcere*. Torino: Einaudi, 1977.

---

[14] Carta à Giulia Schucht (01/08/1932). Nesta carta à sua companheira, Gramsci critica os métodos educativos que apressavam a formação profissional deixando pouco espaço para a fantasia infantil. Não só pela escolarização formal mas também pelo próprio uso e/ou confecção de brinquedos infantis, se faz avançar uma dada concepção de mundo.

"TUTTO IL MONDO È PAESE":
ANTONIO GRAMSCI INTÉRPRETE DA REVOLUÇÃO[1]

DANIELA MUSSI

O presente ensaio visa apresentar as primeiras interpretações feitas por Antonio Gramsci — entre 1917 e 1918 — da Revolução Russa, seu esforço por localizar os acontecimentos sob o ponto de vista socialista, bem como traduzir a revolução como possibilidade para a realidade italiana. Para tal, explora as primeiras leituras de Gramsci sobre o tema, a atenção particular dada ao lugar das classes populares na Revolução Russa, bem como o contraste entre a cultura proletária revolucionária e a violência burguesa da exploração e da guerra. Além disso, o ensaio investiga como Gramsci tratou a "questão do poder", inicialmente marginal em sua análise que se torna central com o passar do tempo, particularmente depois de Outubro.

O ensaio se orienta pelas nuances analíticas e mudanças de ênfase, tomando como ponto de partida a interpretação gramsciana da Revolução Russa, desde os primeiros meses de 1917, como fato cultural e proletário. Em seguida, explora a crescente crítica de Gramsci às leituras promovidas por dirigentes socialistas e intelectuais neoidealistas — especialmente aqueles influenciados pelo historiador Gaetano Salvemini — no contexto de "contágio" da revolução no ambiente italiano. O objetivo aqui é mostrar em que medida a Revolução Russa contribuiu para a germinação das ideias que estariam na base da fundação da revista socialista *L'Ordine Nuovo* em 1919 por Gramsci e seus companheiros na cidade de Turim.

---

[1] Versão modificada do artigo publicado pelo periódico *Mediações — Revista de Ciências Sociais da Universidade Estadual de Londrina* (UEL).

A CULTURA NO CORAÇÃO DA REVOLUÇÃO

Nas primeiras análises de Gramsci sobre a Revolução Russa, a revolução aparecia como criação cultural, "de uma nova atmosfera moral", instauração "da liberdade do espírito, além da liberdade corporal", verdadeira "transformação nas consciências" (Gramsci, 1982, p. 138). Esta poderia ser verificada na atitude dos delinquentes comuns, liberados das prisões russas junto aos presos políticos, que em muitos casos sentiam a necessidade de continuar presos para "expiar" o delito, ou que juravam coletivamente mudar de vida. Esse era um sinal de um "fenômeno grandioso", no qual o malfeitor comum "se tornava, na revolução, homem igual à Emmanuel Kant, um teórico da moral", ao afirmar na prática o imperativo da própria consciência (Gramsci, 1982, p. 141).

A interpretação da Revolução Russa ganhava importância para o jovem sardo e, aos poucos, seus artigos se convertiam em "uma janela aberta para as premissas" culturais, organizativas e políticas do seu socialismo (Rapone, 2011, p. 63; Thomas, 2015, p. 281). Um socialismo que se apresentava, então, sob o pressuposto "de que o homem é capaz de produzir valores materiais e morais mais elevados usando apenas os próprios recursos interiores" sem que a sua atividade dependesse "do recurso ou sustentação de uma fé extraterrena" (Gramsci, 1982, p. 147). A autonomia era um aspecto chave para Gramsci, para o qual o homem é "dono e sujeito do próprio destino em suas realizações concretas" e toda a realidade deve se resolver na história (Rapone, 2011, p. 74).

Este era já o contexto em que Gramsci se aproximava das ideias de Karl Marx. Do binômio materialismo-histórico, entretanto, o jovem socialista parecia centrar seus esforços sobre o segundo termo, afirmando o historicismo como "fundamento do socialismo", como a necessidade de mundanizar todo e qualquer misticismo para afirmar a fundação de uma "nova ordem social" (Rapone, 2011, p. 72). O socialista sardo buscava a afirmação de uma personalidade própria e original do socialismo italiano, em oposição à "mentalidade transformista", "comodista", típica dos partidos tradicionais daquele país depois do *Risorgimento*, cujo "sentimentalismo" negava "qualquer programa concreto" (Gramsci, 1982, p. 69-70). Essa mentalidade era, para Gramsci, a raiz da incompreensão do verdadeiro caráter da Revolução Russa. O socialismo italiano, ao contrário, ao "assimilar os ensinamentos de seus maiores mestres, ensinamentos que se desprendiam espontaneamente [do contraste com] a realidade burguesa", se tornava capaz de afirmar alguma "italianidade" (Gramsci, 1982, p. 71).

A interpretação da Revolução Russa coincidia, portanto, com o momento de afirmação de uma identidade socialista, centrada no "problema da iniciativa social", e historicista, "pela concepção filosófica que nutre nosso movimento" (Gramsci, 1982, p. 148, p. 215). Nessa identidade, o programa e a estratégia adquiriam grande importância, ainda que a passagem da política da "conquista econômica" para aquela de longo alcance fosse bastante imprecisa, baseada na ideia geral de que as lutas cotidianas servem para "instaurar um ambiente moral no qual a atividade produtiva de valor possa ser espontânea, criativa, suscitada pela pura e simples humanidade". A "conquista da realidade econômica" seria "apenas na aparência o único objetivo" do socialismo, concebida como um meio para alcançar "o homem completo" (Gramsci, 1982, p. 215 e 216). Ainda não estava suficientemente claro para Gramsci, entretanto, de que maneira a luta econômica e pelo alcance desse homem pleno poderiam se combinar.

Em maio de 1917, o tratamento do jornal comercial e moderado *La Stampa* à Revolução Russa — inicialmente elogioso — passou a falar das "complicações" da revolução (Agenzia Stefani, 1917a, p. 1). O jornal relatou os protestos de operários contra o governo provisório que pareciam "prenunciar uma guerra civil". A origem da agitação era "a questão dos objetivos da guerra": o comitê representante do Conselho de Operários e Soldados de Petrogrado buscava "intimidar o governo a renunciar a qualquer forma de conquista. O governo cedera e enviara uma nota com esse conteúdo para Paris, acompanhada porém de outra, secreta, que anulava a primeira" (Agenzia Stefani, 1917a, p. 1). A atitude do governo provisório de trair a confiança da representação operária levara Lenin e os bolcheviques a declararem que "a união com o governo acabou".

Neste contexto de crescente instabilidade, as figuras de líderes como Lenin e Trotsky apareciam no jornal italiano como líderes provocadores, "apóstolos revolucionários" do conflito latente entre o governo e o Conselho de Operários e Soldados, cuja direção política era resultado de uma composição entre diferentes forças. Lenin era retratado, ainda, como a personificação de uma corrente política infiltrada por agentes alemães para desestabilizar o país, com seu:

programa extremista e violento do sindicalismo revolucionário sobre a base imediata e intransigente da luta de classes, e defesa da passagem de todo o poder para as mãos do proletariado, com comunismo dos bens, o fim da guerra a qualquer custo (Agenzia Stefani, 1917a, p. 1).

Ao descrever as diferentes correntes políticas russas, o correspondente especial de *La Stampa* na Rússia apresentou os seguidores de Lenin como operários "excêntricos" que "constituíram desde o primeiro dia da revolução a chamada guarda vermelha, a qual conta com mil homens armados de fuzis e revólveres tomados em saques dos arsenais do exército" (Agenzia Stefani, 1917a, p. 1). Caracterizados como excêntricos, saqueadores e alemães infiltrados, a atuação de Lenin e seus colaboradores era mais estigmatizada à medida que o Governo Provisório se desestabilizava, o que incomodava os observadores moderados, especialmente ao perceberem sua incapacidade de estabelecer uma atitude mais agressiva diante das demandas do Conselho de Operários e Soldados.

O jornal observava que o conselho dispunha de uma força material não desprezível e que possuía uma orientação claramente antiburguesa, mas que, em geral, essa era frágil, sem iniciativa para "precipitar os acontecimentos" ou "maturidade e unidade de ideias", sendo que sobre o tema da guerra sustentava um "programa impreciso de fim das hostilidades o mais rápido possível com base em uma aliança entre as democracias operárias" (Agenzia Stefani, 1917a, p. 1). Nos organismos camponeses, a política "maximalista" — inspirada em Lenin e nos bolcheviques — era rejeitada, mantendo a postura de fidelidade em relação à política de guerra do governo provisório, aprovando inclusive os "soldados concordarem em renunciar o aumento dos salários e se manter nas trincheiras" (Agenzia Stefani, 1917b, p. 1). Entre os operários e centros urbanos, porém, essa realidade era diferente.

A maneira com que a Revolução Russa era introduzida pela imprensa comercial italiana revelava, já nos primeiros meses, o esforço por incorporá-la em um quadro de forças específico, para o qual a manutenção da ordem e da guerra eram imprescindíveis. A derrota do czarismo era aceita e valorizada de um ponto de vista abstrato, ou seja, desde que não ameaçasse esse quadro. É explícita a reação dos correspondentes diante da necessidade imediata de construção de uma narrativa a respeito dos organismos e organizações políticas populares, da "democracia" russa. Por um lado, se esta narrativa se dedicou a enquadrá-los em um processo de transição no qual a "ordem" deveria ser preservada, por outro, passou a identificar, isolar e estigmatizar qualquer elemento estranho a esse processo.

A REVOLUÇÃO DEVE CONTINUAR

No final de julho, Gramsci publicou um artigo em *Il Grido del Popolo* contrastante a essa visão, dedicado aos "maximalistas russos", anunciados como "a continuidade da revolução". Neste apareceu uma referência direta do socialista sardo ao conflito entre as forças políticas que participavam da Revolução Russa. Gramsci defendeu os maximalistas das campanhas de difamação e calúnia promovidas em todos os países ocidentais pela burguesia e afirmou seu papel político como imprescindível para que a revolução não se interrompesse no país. O que diferenciava os maximalistas na vida política russa era justamente sua capacidade de "encarnar a ideia-limite do socialismo", impedir que se realizasse "um compromisso definitivo entre o passado milenar e esta ideia" (Gramsci, 1982, p. 265).

O socialista sardo apresentou Lenin e seus companheiros como o "último anel lógico do devir revolucionário" que se iniciara com Kerenski, Tchernov e os socialistas moderados no governo provisório. Diferente do que se passara na Revolução Francesa, os maximalistas cresciam no interior do governo sem serem reprimidos. Por seu grande esforço de pensamento e ação, os revolucionários russos "ignoravam o jacobinismo", ou o que Gramsci chamou por "crise de preguiça mental" tipicamente burguesa que, no caso francês, levara a um refreamento e estagnação da revolução. Por meio da ideia de continuidade e encadeamento, Gramsci interpretava a revolução na Rússia como um processo no qual "todos vão adiante" na medida em que uma parte continuava a seguir em frente (Gramsci, 1982, p. 265-266).

A entonação com que Gramsci interpretava o papel dos maximalistas na Revolução Russa era principalmente cultural, do "trabalho [realizado] sobre as massas para suscitação de novas energias proletárias", da "organização de novas forças sociais" capazes de pressionar seus elementos "mais cansados", controlá-los e mesmo ameaçá-los para que continuassem "se renovando". A revolução, aqui, era pensada como um processo instável "que nunca alcança sua perfeição" e que, neste movimento perpétuo, "devora os homens, substituindo sempre um grupo por outro mais audaz". Os maximalistas eram vistos como esta força audaz, "operante na história", convencidos de que podiam realizar o socialismo "em cada instante". Nutridos pelo pensamento marxista sem serem evolucionistas, negavam "o tempo como fator do progresso" e "conquistavam as consciências" de uma maneira contínua, escavando e suscitando no "bloco amorfo do povo novas energias" (Gramsci, 1982, p. 266-267).

"A vida é sempre revolução" concluía, combinando traços de sua formação filosófica neoidealista e histórica antijacobina com o crescente engajamento político no socialismo, que suscitava sua aproximação com o marxismo e também com a linguagem que a Revolução Russa e "seus extremistas" impunham (Gramsci, 1982, p. 267). Com relação a essa última, Gramsci parecia perceber que seu futuro "dependia do sucesso da luta que burguesia e proletariado conduziam para conquistar o apoio das massas camponesas" (Carr, 1964, p. 83). Traduzida para o contexto italiano, Gramsci confrontava nessa luta a ideologia reformista e economicista predominante entre os socialistas e a propaganda antibolchevique — tanto católica como burguesa moderada.

No início de agosto de 1917, Gramsci relatou de maneira entusiasmada no *Il Grido del Popolo* dois grandes comícios que reuniram dezenas de milhares de pessoas em Turim para receber uma delegação russa que percorria a Itália para falar sobre a "novidade" da revolução. Estas atividades promoviam, em sua opinião, um verdadeiro "espetáculo das forças proletárias e socialistas solidárias com a Rússia revolucionária" (Gramsci, 1982, p. 274). A visita da delegação russa à Itália se dava em um momento de importante crise do governo provisório — incapaz de estabilizar-se, em um contexto de protestos de massa contra as novas ofensivas militares russas — e da escalada de repressão aos bolcheviques que fez com que Lenin fugisse para a Finlândia para poder continuar atuando politicamente (Carr, 1964, p. 92-93). *La Stampa*, por sua vez, noticiava a fuga de Lenin ("que a esta altura está na Alemanha") como uma confirmação da especulação sobre a infiltração alemã entre os extremistas da revolução, comemorando a "perda irreparável" de sua autoridade diante das massas russas (Agenzia Stefani, 1917b, p. 4).

Um dos motivos que orientava os discursos dos representantes da

Revolução Russa que percorriam a Itália era justamente a oposição a esta interpretação sobre Lenin. Em suas conferências, os dois representantes russos procuraram "corrigir o erro" a respeito de Lenin, "que se quer pintar como agente alemão" mas, que na verdade, "acredita que chegou o momento de criação de um governo puramente socialista, uma república socialista". O "soviete pretende consolidar o governo da revolução para impedir o retorno do czarismo", afirmavam os representantes russos, e a reconstrução da solidariedade internacional "pelas democracias" — as classes populares em cada país — permitiria a realização da paz de maneira mais duradoura do que aquela promovida pelos governos atuais (D.R, 1917, p. 2).

Gramsci captava nesses discursos o sinal de que a Revolução Russa não se realizava como um poder centralizado, apartado das classes populares. Interpretava-a, ao contrário, como um processo no qual seria impossível a formação de uma minoria despótica de qualquer natureza. Além disso, o avanço dos maximalistas representava, para ele, o fortalecimento do sentido radicalmente democrático da revolução, pensada aqui como o desenvolvimento da participação e experimentação popular na política, bem como única fonte possível de esperança para o alcance da paz. A interpretação da nova experiência revolucionária aguçava a percepção sobre as formas de luta também na Itália. Gramsci apostou na necessidade dos socialistas italianos de "organizar um pensamento, em vontade clara e concreta, o caótico mundo novo". Isso significava opor-se claramente não apenas ao intervencionismo e ao pensamento católico, mas também à política conciliadora de Giovanni Giolitti e dos "socialistas burgueses", nas palavras de Engels, "os reformadores que se autoatribuem o nome de socialistas", mas que sob "o pretexto de reorganizar a sociedade miram conservar as bases" dessa (Gramsci, 1982, p. 274 e 278-279).

Em seguida, entre 22 e 26 de agosto, Turim foi palco de grandes manifestações de massa contra a guerra e a falta de pão que culminaram em uma greve geral e insurrecional, eventos que marcaram Gramsci como uma "batalha que permanecerá na memória da história do proletário socialista internacional". A ação dos operários nesses dias fez com que emergisse a comparação com o que se passava fora da Itália, inclusive em virtude das prisões de dirigentes socialistas e da crise no governo local suscitadas pelos acontecimentos. "*Tutto il mondo è paese*", provérbio popular italiano, foi a expressão que Gramsci usou para se referir ao que lhe parecia comum entre o que acontecia nos diferentes países. A "convenção" que estabelecia princípio da identidade permitia afirmar as conexões "entre o mundo socialista e o proletariado de Turim e o mundo maximalista e anarquista russo" (Gramsci, 1982, p. 289 e 321).

As semelhanças entre o proletariado russo e aquele de Turim permitiam propor algumas ideias sobre o caráter desse último, sua "maturidade" como demonstração de "uma coletividade de homens fortes" autônoma, que "sabe fazer por si", "ser disciplinada, acolher a palavra e recompor seus quadros", mesmo quando derrotada. Gramsci valorizava os "sacrifícios supremos" aos quais os operários de Turim se dispunham para a "realização de um ideal" nos protestos de agosto, quando a "vontade segura e indomável" se afirmara no "esforço oculto do indivíduo pela coletividade". Apesar da derrota dos operários da capital do Piemonte, do retorno ao "mastigado ritmo das pequenas coisas cotidianas", Gramsci havia descoberto neles uma "implacável potência", distante do "heroísmo ocasional, teatral" típico da vida política do país (Gramsci, 1982, p. 319-321).

A CRÍTICA AO ABSTRACIONISMO DOS DIRIGENTES

Os protestos de agosto em Turim marcaram o início de um período de duras críticas de Gramsci a dirigentes do Partido Socialista Italiano (PSI) pela falta de apoio às lutas do operariado piemontês. No início de setembro, um importante dirigente da linha oficial do partido socialista, o também piemontês Claudio Treves, fez referência aos protestos na revista *Critica sociale* afirmando que os socialistas "deveriam rejeitar qualquer tentativa de 'fazer qualquer coisa por fazer'", que qualquer movimento popular na atual situação seria "necessariamente estéril e destinado a falir" e custaria o sacrifício dos ativistas "mais generosos e audazes". Treves criticava a postura "de exaltação das elites que conduzem a revolução" e aconselhava a "espera cuidadosa" dos socialistas, usando para tal o exemplo da Rússia que, apesar da revolução, seguia na guerra (Gramsci, 1982, p. 333).

Em suas posições oficiais, o PSI já sinalizava seu intento de esperar "a fatal aproximação da paz" desde maio, sendo o documento *Per la pace e pel dopoguerra* um bom exemplo (1919, p. 222). O objetivo do partido aqui, ao saudar a Revolução Russa, era apropriar-se de seu programa imediato para propor demandas "tanto no que diz respeito ao contexto da paz próxima como no imediato pós-guerra". A luta pela paz próxima significava para o PSI seguir os "princípios permanentes e fundamentais" de "proclamar a necessidade da paz [...] respeitosa de todas as autonomias". Uma paz "justa e duradoura" que, para tal, exigiria a participação do proletariado em todos os países, a única classe "interessada em afastar todas as causas dos conflitos" que culminaram na guerra (1919, p. 223).

Por isso, "na expectativa e preparação para a completa emancipação econômica das classes trabalhadoras, que se confunde com a abolição de qualquer domínio de classe", o PSI propunha uma série de "reformas institucionais, políticas econômicas" que tocavam temas como a distribuição da terra, uma reforma política e tributária, mais direitos e políticas sociais e mudanças na estrutura burocrática do Estado italiano (1919, p. 223-224). Dessa forma, a crítica de Gramsci ao "abstracionismo" político com que Treves negava valor às ações espontâneas dos operários de Turim, que no limite negava a própria "vontade como fator ativo da história", era uma forma de rejeitar a posição oficial do partido socialista (Gramsci, 1982, p. 331).

A oposição a Treves e a postura anacrônica do PSI fez com que Gramsci tratasse pela primeira vez — e ainda de maneira bastante incipiente, o que indica pouca reflexão sobre o tema neste período — a questão da organização política de massas. Utilizando-se de uma fraseologia de longo alcance para o momento, Treves comparara o proletariado a um exército para justificar a necessidade da disciplina e respeito à orientação superior do partido, de modo que pudesse combater em melhores condições e com menos sacrifícios. "O proletariado não é um exército", devolveu Gramsci (1982, p. 332) rispidamente, "não tem oficiais, suboficiais, soldados e cabos. A vida coletiva não pode ser nem de longe comparada a vida coletiva de um exército em armas, a não ser incidentalmente, como metáfora".

O ritmo de pensamento com que Gramsci desenvolveu sua concepção de revolução e de organização política estava sintonizado à concepção de cultura elaborada nos meses anteriores. Esse ritmo era aquele da ideia de uma unidade proletária intrínseca — e de certa forma espontânea, ainda que não determinista ou mecânica — que era necessário explorar, ou "escavar", nas classes populares. Essa unidade se explicitara nos atos de agosto, quando o proletariado de Turim fora capaz de "demonstrar sua existência" como classe e, por isso, se conectar ao mais importante "fato proletário" de sua época. Apesar das continuidades, a Revolução Russa se convertia em um ponto de referência original para aparar as arestas e, por isso, Gramsci sentia a necessidade de avançar sobre o tema específico da atuação dos socialistas sobre as classes proletárias.

O socialista sardo esboçava a ideia de que a relação tradicional que os socialistas mantinham com o proletariado italiano expressava uma forma de "dualismo", ou a falta de consciência do partido como "parte do proletariado" e, por consequência, de desprezo em relação à vida — em suas diversas formas e iniciativas culturais e políticas — das classes populares. Por isso Gramsci afirmou, em setembro, a ideia de que "o proletariado não é o mesmo de três anos atrás, se estendeu numericamente e atravessou experiências espirituais mais intensas" (Gramsci, 1982, p. 332). Não se tratava, agora, apenas de confrontar em um plano cultural as críticas neoidealistas ao socialismo, mas de apropriar-se concretamente delas para endereçá-las de maneira mais consciente e sistemática ao próprio universo socialista. Era preciso converter a cultura em uma ferramenta política.

A elaboração de Gramsci sobre a revolução era marcada, por um lado, pela tentativa de tradução da "relação entre necessidade e liberdade" proposta pelo pensamento neoidealista para a cultura socialista, e pelo esforço em compreender a história e a natureza da interpretação do marxismo em chave determinista-positivista (Basile, 2014, p. 190).[2] Mais do que simplesmente

---

[2] A leitura em chave determinista-positivista do marxismo era forte nos círculos culturais neoidealistas, principalmente porque assim era possível avançar em um programa de depuração e reforma de suas ideias. No Piemonte, cabe destacar a passagem do filósofo Rodolfo Mondolfo pela Universidade de Turim no início do século XX. A leitura de Marx favorecida por Mondolfo ecoava fortemente as ideias de Giovanni Gentile, mas também o esforço por avançar em relação ao atualismo gentiliano, reencontrar a reciprocidade entre história e teoria e afirmar o marxismo "pensado como filosofia que nasce da necessidade de liberação das massas e que, por esse conteúdo, se torna ação política" (Frosini, 2012). Mondolfo foi referência importante para o filósofo e professor da Universidade de Turim Annibale Pastore, que Gramsci conheceu por intermédio de seu professor no curso de Letras Matteo Bartoli e com quem teve suas primeiras lições sobre o pensamento de Marx. Para uma interessante pesquisa sobre os primórdios do contato de Gramsci com as ideias marxistas, ver Basile, 2014.

rejeitar o materialismo vulgar, seu intento era evitar uma relação de tipo intelectualista, tanto com as ideias de Marx, como em relação aos sensos comuns que predominavam no interior do movimento socialista. O combate ao intelectualismo, central no desenvolvimento do próprio pensamento neoidealista, como reação a qualquer forma de "abstracionismo", era retomado e ampliado por Gramsci (Pastore, 1921, p. 290).

Annibale Pastore, com quem Gramsci teve o primeiro contato mais sistemático com as ideias de Marx na Universidade de Turim a partir de 1915, oferece uma pista interessante para entender como Gramsci levou adiante sua crítica ao intelectualismo, direcionando-a também aos intelectuais neoidealistas. Em livro publicado em 1921 — mas cuja pesquisa Pastore desenvolvia desde 1915 — dedicado ao problema da causalidade, Pastore apresentou a filosofia de Giovanni Gentile como um desenvolvimento radicalmente não abstrato e antideterminista, para o qual a própria ideia de causalidade deveria ser abolida (Pastore, 1921, p. 286). O "atualismo" gentiliano se propunha como "resolução de todo processo do real no processo dialético e sempre atual do pensamento". Aqui toda "multiplicidade" se resolveria na "unidade" do pensamento e o próprio princípio da condicionalidade poderia ser eliminado. Pastore reconhecia a importância do pensamento gentiliano e neoidealista em geral no combate ao intelectualismo, mas colocava uma questão interessante sobre o papel da abstração no processo de pensamento: não seria importante considerar a abstração como um momento do pensamento? (Pastore, 1921, p. 290).

A CRÍTICA AO VOLUNTARISMO DOS INTELECTUAIS

Em maio de 1918, a preocupação de Pastore foi ecoada por Gramsci em uma polêmica aberta com o historiador Gaetano Salvemini e a revista *L'Unità*. Em um comentário publicado em *Il Grido del Popolo*, Gramsci anunciou um artigo do jovem socialista Andrea Viglongo sobre a política externa socialista. Em seu comentário, Gramsci afirmou que a política externa era função soberana dos Estados e o que partido poderia fazer era "difundir suas soluções, discutidas, validadas, enunciadas, até que possa se tornar Estado e, além da visão dos fins, seja possível deter também os meios para sua realização". Dentro de suas possibilidades, continuava, a intransigência socialista se havia mostrado "o mais realista e frutífero dos métodos, o único método que desenvolve a história". Por isso, concluía, a atitude socialista "certamente contribuíra para a [boa] fortuna obtida pelas soluções democráticas de Gaetano Salvemini e o grupo de *L'Unità* para os problemas nacionais" (Gramsci, 1984, p. 39-40).

A menção à *L'Unità* suscitou uma resposta de Salvemini, publicada na capa da revista no dia 15 de junho. No artigo *"Una strana affermazione"*, o historiador florentino repeliu frontalmente qualquer conexão entre os avanços dos estudos e da intervenção político-cultural de sua revista e a atuação dos socialistas italianos. Para Salvemini, o ano de 1917 havia sido terrível, tanto em virtude do "desastre" que fora a Revolução de Outubro, como devido à derrota de Caporetto. Este era um contexto no qual a revista *L'Unità* trabalhava, portanto, apesar das "desventuras" dos eventos. A política socialista, em sua visão, não estava errada em fazer oposição à guerra, mas sim no "método com que o protesto era feito", por meio da sabotagem, indiferente à "unidade nacional" (1918, p. 121). As "sabotagens" socialistas haviam se expressado especialmente no apoio aos protestos de agosto de 1917 em Turim que, na opinião de Salvemini, haviam contribuído para a desmoralização do exército italiano e para a terrível derrota da batalha de Caporetto.

A intransigência de classe propagada pelos socialistas era uma "comédia" que confundia os "espíritos simples" e destruía a resistência moral do país. A ação socialista — que propunha, por exemplo, o "retorno das trincheiras" pelos soldados — favorecia os alemães e tinha por efeito o fortalecimento das correntes nacionalistas na Itália contra as democráticas, portanto, contra *L'Unità*. Era um contrassenso, na opinião de Salvemini, associar sua iniciativa editorial à política oficial do partido socialista e seus intelectuais.

Gramsci respondeu Salvemini duas semanas depois em *Il Grido del Popolo*, com o artigo *"La politica del 'se'"*. Neste, buscou descrever um tipo de atitude política comum na Itália e que consistia:

> em não conhecer nada das forças sociais organizadas, não dar importância alguma às responsabilidades legítimas [...], em descuidar da pesquisa do funcionamento, dos modos nos quais se desenvolve a atividade econômica e das consequências necessariamente determinadas destes modos nas relações culturais e de convivência social (Gramsci, 1984, p. 147).

Essa forma de política era, para Gramsci, a prova da predominante "incapacidade em compreender a história e, portanto, também de fazer história" que tinha sua origem, como orientação cultural e tradição política, na França do século XVIII, antes e depois da revolução, mais precisamente no "jacobinismo messiânico". O jacobinismo, em sua opinião, era uma "concepção messiânica da história", que falava sempre por "abstrações", sobre o mal e o bem, de maneira genérica e não de maneira concreta e histórica. A principal abstração jacobina fora justamente a de "afirmar a história como um contrato, como revelação de uma verdade absoluta" que se realiza no pressuposto do acordo entre os cidadãos comprometidos em realizar este pensamento. Colocada dessa forma, a história acabava por se revelar "uma longa série de desilusões, de represensões, de lamentos, de *ses*" (Gramsci, 1984, p. 147-148).

Se como "forma mental" o jacobinismo poderia ser inócuo, afirmava Gramsci, o efeito era nefasto quando conseguia se impor politicamente e culturalmente, desabituando os cérebros em relação ao estudo sério "das fontes permanentemente vivas das injustiças". O marxismo, a seu ver, havia surgido como reação vigorosa a essa orientação cultural e histórica, ainda que estivesse "bem longe de ter alcançado uma cultura crítica difundida" (Gramsci, 1984, p. 150). Já em meados de 1918, Gramsci afirmava ser o marxismo uma parte orgânica do movimento de crítica e superação da cultura positivista e abstracionista, ao mesmo tempo em que reconhecia o caráter ainda restrito desse processo. Justamente por isso o marxismo deveria ser pensado como uma concepção em processo de formação, ainda fortemente permeada por aspectos do "jacobinismo" cultural e político contra o qual se rebelara (e no qual contraditoriamente Salvemini e sua revista caíam).

Gramsci não reivindicava a "abstração" como parte necessária de todo momento de "distinção", mas percebia que o pensamento abstrato, expressão de formas atrasadas de reflexão e ação, convivia com a novidade do marxismo e se misturava a ele indistintamente. Em um país como a Itália, continuava, em que "apenas depois de um esforço assíduo, paciente, de dezenas de anos, uma ideia consegue difundir-se eficazmente" de maneira livre e operosa, perceber isso era fundamental. O principal problema de Salvemini e da revista *L'Unità*, cujos estudos dos problemas italianos se destacavam pela qualidade admirável, era justamente a indiferença em relação ao caráter contraditório do desenvolvimento intelectual do marxismo e do socialismo.

Isso se evidenciava na omissão diante da escolha de um público — na atitude de "falar para todos genericamente e para ninguém em termos práticos" (Gramsci, 1984, p. 151).

As críticas de Gramsci a Salvemini evidenciavam seu crescente ceticismo em relação aos "subjetivistas" e "voluntaristas", que marcaram o começo de seu distanciamento crítico em relação ao movimento neoidealista e às ideias de Gentile e de Croce (Basile, 2014, p. 196). Apesar da forte referência no modelo editorial vociano, Gramsci avançava na crítica do que chamou por "messianismo cultural", que orientava *L'Unità* e que se estendia a todos os "movimentos ideais" italianos, desde a fundação de *La Voce* (Paggi, 1970, p. 168). Era a crítica da confusão entre "o destino que a solução de um problema pode haver idealmente e o destino que esta solução alcançará politicamente" que na prática subjugava o movimento neoidealista ao intelectualismo e abstracionismo contra o qual havia nascido (Gramsci, 1984, p. 152).

Gramsci notava que a "imposição de uma determinada orientação sobre a vida nacional" só poderia se dar por meio de uma "concepção vasta, a partir da qual os diversos problemas podem ser resolvidos de maneira coordenada" (Gramsci, 1984, p. 152). Tal percepção ajuda a entender a atividade jornalística de Gramsci em *Il Grido del Popolo* como parte de um "projeto formativo deliberadamente perseguido", voltado para o enfrentamento dos principais problemas políticos do movimento operário (Rapone, 2011, p. 89). Esse projeto era resultado prático das mudanças provocadas pelo contato com o movimento de massas que despontava na Itália e com a Revolução Russa em 1917, "momento histórico de capital importância para o meu espírito [...] [ao qual] minha simpatia escancara todas as janelas e portas da minha alma" (Gramsci, 1984, p. 91).

CONSIDERAÇÕES FINAIS

Em outubro *Il Grido del Popolo* anunciou o encerramento de suas atividades para dar lugar à publicação de uma edição piemontesa do *Avanti!* — que se somava às edições romana e milanesa — na qual Gramsci passou a atuar profissionalmente como jornalista. A ideia era manter, no novo jornal, o formato de "crônica" das questões envolvendo a cidade de Turim e toda a região do Piemonte, buscando uma ampliação do enraizamento e organização local do PSI (Gramsci, 2009, p. 182). O período coincidia com o fim da guerra e o começo do retorno dos soldados do front, dentre eles muitos socialistas (Fiori, 2003, p. 141).

Com a recomposição da seção socialista de Turim, Gramsci assumiu uma posição marginal em relação à direção do partido, dedicando-se integralmente a atividades de propaganda. Suas críticas às posições reformistas do partido eram expressivas, mas não significavam ainda a disposição para a organização ou participação ativa em alguma tendência ou fração interna (Terracini, 1976, p. 251).[3] Sua atuação se voltou toda para a integração e desenvolvimento político na base da organização, especialmente aquela operária. O objetivo era educá-la de maneira paciente e dedicada para que essa pudesse compreender e reagir diante dos equívocos da política reformista do PSI. Foi neste contexto que, tanto a reflexão sobre os intelectuais, como aquela sobre os limites do Estado ganharam força.

O ano de 1918 foi muito importante para a decisão de Gramsci de afastar definitivamente os estudos universitários de suas prioridades para se concentrar integralmente na atividade política socialista. No início de 1919, sua posição intransigente revolucionária estava razoavelmente afinada com a orientação da direção do PSI, que havia se colocado o objetivo de "instituição da República Socialista e da Ditadura do Proletariado" na Itália. A adesão do PSI à recém constituída Internacional Comunista, em março, parecia reforçar essa orientação, assim como as campanhas de agitação reivindicativas levadas a cabo na primavera, com "episódios de insubordinação" (Rapone, 2011, p. 96-97).

Em Turim, a relação estreita com a direção — cuja "maioria compartilha a linha mais radical da orientação revolucionária" — resulta na eleição de Gramsci, em maio de 1918, para a comissão executiva da seção local. Apesar disso, sua participação neste organismo dirigente não eliminava a vontade "de participar com a contribuição autônoma para o movimento geral", de

---

[3] O que Gramsci, mais tarde no contexto de construção do PCI, avaliaria como um "erro gravíssimo" que teria prejudicado os socialistas de Turim no processo de dissidência e inserção no novo partido em 1921.

retomar um jornal com o perfil de *Il Grido del Popolo*. A vontade se fortalece com o retorno, do front, dos companheiros com quem Gramsci se ligara logo que chegara em Turim, Angelo Tasca, Umberto Terracini e Palmiro Togliatti. Do reencontro surgiria um novo projeto — elaborado a partir da ideia original de Tasca — de "um jornal intimamente vinculado ao perfil ideal da experiência socialista em curso", ainda que independente da linha oficial do partido. Alguns meses mais tarde, em 1º de maio de 1919, seria publicado o primeiro número da resenha de cultura socialista *L'Ordine Nuovo*, para "mobilizar as inteligências e vontades socialistas". Despretensiosamente nascia aquele que ficaria conhecido como o "órgão dos conselhos de fábrica", tentativa de traduzir na Itália a experiência russa que nasceria entre os operários de Turim no biênio de luta que se abria e que marcaria definitivamente a história política italiana (Rapone, 2011, p. 96-97).

Na intervenção jornalística de Gramsci no período entre 1917 e meados de 1919, a Revolução Russa funcionara como um divisor de águas. Inicialmente tema da propaganda e agitação nacional internacionalista contra a guerra e em defesa do proletariado, a revolução converteu-se aos poucos em problema de fundo no enfrentamento da cultura política italiana. Tornou-se a forma pela qual Gramsci tomou a iniciativa da crítica direta à direção oficial de seu partido, bem como dos intelectuais neoidealistas dos quais havia herdado boa parte de sua formação.

Gramsci, neste sentido, tratou desde o início a Revolução Russa como um acontecimento italiano. Inicialmente por meio da interpretação dos impactos dos acontecimentos russos sobre a vida política das massas italianas, de sua luta contra a guerra e as péssimas condições de vida impostas por essa também fora do front. Em seguida procurando traduzir os impasses e divergências ao redor da política "maximalista" ou "bolchevique" para o conjunto das forças políticas e culturais de seu próprio país.

Foi sob esta dupla operação, antirreformista e anti-intelectualista, que vemos o ano de 1919 começar para Gramsci e, com ele, a iniciativa dos socialistas de Turim em fundar um novo periódico com a finalidade de ser uma "resenha de cultura socialista". Nesta, socialismo e cultura se unificavam como ponto de fuga para as debilidades do socialismo partidário e da cultura intelectual predominantes na Itália até então. Uma unidade, portanto, que carregava em si as ambiguidades próprias das partes que procurava fundir.

Apesar disso — ou justamente por isso — o periódico *L'Ordine Nuovo* cumpriria um papel político-cultural expressivo como fonte de propaganda e agitação das radicais lutas operárias do *biennio rosso* [biênio vermelho] de 1919-1920 em Turim. Diferente da tradição socialista e neoidealista não se tratava, para os socialistas de Turim, de propor uma "solução" cultural e política para os impasses das lutas populares, mas de oferecer um lugar onde as perguntas certas poderiam ser expostas e discutidas.

REFERÊNCIAS BIBLIOGRÁFICAS

AGENZIA STEFANI. Gravi complicazione della rivoluzione russa. *La Stampa*, v. 51, n. 124, p.1, 6 mai. 1917a.

_____. Kerenski rassegna le dimissioni per l'impossibilità di ricostituire il Governo. *La Stampa*, v. 51, n. 215, p. 4, 5 ago. 1917b.

ARFÉ, Gaetano. *Storia del Socialismo Italiano. 1892-1926.* Torino: Einaudi, 1965.

BASILE, Luca. "Caro Maestro", "Eccezionale studente": sul rapporto di A. Gramsci con V. A. Pastore. Ipotesi e Riscontri. *Giornale Critico della Filosofia Italiana*, v. 10, n. 1, p.187-2011, jan./abr. 2014.

CARR, Edward H. *Storia della Russia sovietica. La rivoluzione bolscevica. 1917-1923.* Torino: Giulio Einaudi, 1964.

CORTESI, Luigi. *Il socialismo italiano tra riforme e rivoluzione. Dibatti congressuali del Psi 1892-1921.* Bari: Laterza, 1969.

COSMO, U. Il dissidio socialista. *La Stampa*, v. 52, n. 126, p.1, 8 mai. 1918.

D.R. I convegni del "soviet" a Roma. *La Stampa*, v. 51, n. 219, p. 2, 9 ago. 1917.

FIORI, Giuseppe. *Vita di Antonio Gramsci*. Nuoro: Ilisso, 2003.

FROSINI, Fabio. Rodolfo Mondolfo. In: *Enciclopedia Italiana di science, lettere ed arti. Il contributo italiano alla storia del pensiero*. Roma: Istituto della Enciclopedia Italiana, 2012.

GRAMSCI, Antonio. *La città futura: 1917-1918*. Torino: Giulio Einaudi, 1982.

_____. *Il nostro Marx*. Torino: Giulio Einaudi, 1984.

_____. *Epistolario I. Gennaio 1906 - Dicembre 1922*. Roma: Treccani, 2009.

L'UNITÀ. Una strana affermazione. *L'Unità. Problemi della vitta italiana*, v. 7, n. 24, p. 121, 15 jun. 1918.

LA DIREZIONE DEL PARTITO SOCIALISTA ITALIANO; IL GRUPPO PARLAMENTARE SOCIALISTA; LA CONFEDERAZIONE GENERALE DEL LAVORO. I tre documenti del nostro credo socialista. Per la pace e pel dopoguerra. *Critica Sociale*, v. 29, n. 17, p. 222-224, 1919.

MUSSI, Daniela. *Intelectuais rebeldes: política e cultura em Antonio Gramsci e Piero Gobetti*. 2015. Tese de doutorado - Universidade Estadual de Campinas, Instituto de Filosofia e Ciências Humanas, Campinas, SP.

PAGGI, Leonardo. *Gramsci e il moderno principe. Nella crisi del socialismo italiano*. Roma: Editori Riuniti, 1970.

PASTORE, Annibale. *Il problema della causalità con particolare riguardo alla teoria del metodo sperimentale*. Torino: Fratelli Bocca, 1921.

RAPONE, Leonardo. *Cinque anni que paiono secoli. Antonio Gramsci da socialismo al comunismo (1914-1919)*. Roma: Carocci, 2011.

TERRACINI, Umberto. Ricordi e riflessioni di un rivoluzionario professionale. *Belfagor. Rassegna di varia umanità*, v. 31, n. 3, p. 249-266, 31 mai. 1976.

THOMAS, Peter D. Uneven Developments, Combined: The First World War and Marxists Theories of Revolution. In: ANIEVAS, Aalexander (Ed.). *Cataclysm 1914*. Leiden, Boston: Brill, 2015.

A REVOLUÇÃO RUSSA COMO CAMINHO DE GRAMSCI PARA O MARXISMO

MARCOS DEL ROIO

INTRODUÇÃO

O início da guerra na Europa, em 1914, cindiu o movimento operário socialista e também o chamado marxismo. Pode-se dizer dessa maneira, caso se reconheça que a obra de Marx era pouco conhecida e a interpretação daquilo que se sabia passou muito pela mediação de Engels e de Kautsky, os quais abriram caminho para uma forte incidência das ideologias burguesas de fim de século no seio da classe operária. Com isso leituras deterministas e economicistas contribuíram para configurar uma ideologia marxista vulgarizada e subalterna à hegemonia burguesa, como o positivismo, o naturalismo e também a filosofia neokantista. Houve críticas, em geral de caráter subjetivista, pela direita e pela esquerda, mas o problema estava mesmo no ocultamento da dialética marxiana.

A cisão, que já vinha amadurecendo fazia alguns anos, separou os marxistas, ou seja, toda uma cultura política já diversificada que se remetia ao nome de Marx e Engels, entre uma maioria de apoiadores da guerra e uma minoria de internacionalistas, muitos dos quais estariam entre os dirigentes da revolução socialista internacional iniciada na Rússia em 1917. Nos impérios russo, alemão e austro-húngaro surgiu uma nova geração de intelectuais revolucionários subsequente àquela dos anos 1870, cujos destaques haviam sido Lenin e Rosa Luxemburgo.

Com efeito, a guerra causou um enorme impacto moral e encaminhou uma nova leva de intelectuais para o marxismo, mas um marxismo de nova marca, em que a ação política e a subjetividade ganhavam destaque. Certo que essa passagem para o marxismo ocorreu em intelectuais que se horrorizaram com a guerra, que se inspiraram na Revolução Russa e nos bolcheviques e que, alguns deles, tinham uma formação original fundada numa idealista filosofia da subjetividade, herdada da filosofia clássica alemã. Foram os casos de Karl Korsch, György Lukács e Antonio Gramsci.

Quando Gramsci escreve suas primeiras impressões sobre o processo revolucionário em andamento no decaído império russo, também na Itália a classe operária começava a demonstrar forte descontentamento com a guerra na qual havia entrado sem preparo e quase que pela porta dos fundos. A crise social era já patente e serviu de recurso para que a classe operária convergisse para o Partido Socialista Italiano (PSI), o qual, por sua vez, viu significativo fortalecimento de sua vertente *massimalista*. Pode então o PSI desde logo manifestar a sua simpatia pelos acontecimentos que rapidamente se sucediam na Rússia.

Gramsci era simpático à vertente *massimalista*, ainda que a sua visão de mundo fosse dissimile. Na verdade, Gramsci era *meridionalista* e crociano, mesmo considerando-se que o seu processo de afastamento em relação a Benedetto Croce havia já se iniciado. A Revolução Russa determinou em medida decisiva o afastamento de Gramsci em relação a Croce e a sua aproximação com o marxismo, via Lenin.

O PRIMEIRO IMPACTO DA REVOLUÇÃO

Em fins de abril de 1917, munido das poucas e incertas notícias que chegavam da Rússia, Gramsci escreveu um artigo deslumbrado sobre o caráter proletário da revolução ali iniciada. Mesmo com alguma dúvida, Gramsci garante que:

> Sabemos que a revolução foi feita pelos proletários (operários e soldados), sabemos que existe um comitê de delegados operários que controla a atuação das entidades administrativas que tiveram que ser mantidas para a resolução dos problemas correntes (1982a, p. 138-141).

Gramsci não identificava como a burguesia liberal conduzia o processo da revolução nesse momento, concentrado que estava nos "fatores espirituais" da ação do proletariado, no "fato moral" que se evidenciava, para "além do fenômeno do poder". Considera então que a Revolução Russa "é um ato proletário e que ela deve desembocar naturalmente num regime socialista". Acrescenta ainda que na Rússia "há novos costumes criados pela revolução. A revolução não só substituiu poder pelo poder, mas também costumes por costumes: criou uma nova atmosfera moral, instaurou não somente a liberdade física, mas também aquela do espírito".

A influência de Sorel nessa reflexão é bastante perceptível, mas fica ainda mais clara nas linhas seguintes do artigo, em que Gramsci destaca como grande qualidade da revolução ter optado pela "livre voz da consciência universal" e preterido o jacobinismo. Diz Gramsci que "o jacobinismo é um fenômeno puramente burguês: ele é característico da revolução burguesa na França", onde se vê que "trata-se de um regime autoritário que substitui outro regime autoritário".

De fato, Sorel entendia que a revolução proletária deveria ser feita pelo próprio proletariado com a força moral e intelectual adquirida na sua auto atividade, não necessitando, pelo contrário contar com uma direção política e intelectual, pois que implicaria apenas uma troca no poder político que assumiria a papel de força dominante. Mais tarde, no tempo em que padeceu no cárcere do fascismo, assim como outras categorias teóricas, também essa de jacobinismo passou por uma radical revisão, na medida em que a incorporação do marxismo havia ocorrido.

Três meses depois Gramsci publica outro artigo sobre a Revolução Russa e mostra novamente a carência de informação e também a sua perspectiva teórica soreliana. Gramsci toma militantes de destaque do Partido Socialista Revolucionário (*neo narodinik*) por *massimalistas* ou extremistas, isso por estarem no governo e também nos sovietes. O texto é confuso mesmo: ao leitor não fica muito claro se *massimalistas* é sinônimo de bolcheviques, por exemplo. Mais interessante, contudo, é a insistência de Gramsci na afirmação de que na Rússia não se apresenta qualquer tendência jacobina (burguesa), entendida como minoria despótica. Assim é que o debate e a criatividade popular poderiam proceder da forma mais livre. E a essa não deveria se colocar interpostos à ideia-limite do socialismo. Caberia então aos *massimalistas*:

impedir que se chegue a um compromisso definitivo entre o passado milenar e a ideia; a de ser o símbolo vivo da meta última que deve ser bancada; a de impedir que o problema imediato a resolver hoje se dilate a ponto de ocupar toda a consciência e se torne a única preocupação, o frenesi espasmódico que ergue obstáculos insuperáveis a futuras possibilidades de realização (Gramsci, 1982a, p. 265-267).

Para Gramsci, nesse momento, o socialismo é a exteriorização e a objetivação da ideia, por força de uma única subjetividade coletiva. O idealismo se mostra pela inteira desconsideração das condições materiais nas quais a revolução se processa. Reafirma que assim acontece pelo fato de não existir jacobinismo na Rússia, o que torna impossível a formação de qualquer nova minoria despótica.

O golpe militar do General Kornilov, de agosto de 1917, procurava aproveitar-se do enfraquecimento paulatino do Governo Provisório, mas o seu fracasso serviu apenas para fortalecer os bolcheviques, que conduziram a resistência popular. Gramsci continuava com informação pouca e distorcida do processo, ainda que tenha percebido que a burguesia, com Kerenski, não mais dirigia a revolução, pois "é o proletariado russo, agora forte, disciplinado, consciente, [que] prepara-se para sucedê-lo" (Gramsci, 1982a, p. 358-360).

Em novembro, os sovietes, agora conduzidos por bolcheviques, esquerda socialista revolucionária e anarquista, assumem o poder. No dia 24 desse mesmo mês, Gramsci reconhecia que "não temos nenhuma notícia precisa sobre os últimos acontecimentos da Revolução Russa" (1982a, p. 450).

Antes de terminar o ano, Gramsci escreve um artigo de impacto, que de certo modo sintetizava toda a sua compreensão da Revolução Russa naquele momento. Percebe-se nesse escrito, "A Revolução contra *O Capital*", como Gramsci se postava contra o economicismo e o positivismo e, como observava no próprio Marx, concessões a essas formas de conceber a vida social. Mas Gramsci quer valorizar outro Marx, aquele que tem vínculo com a tradição idealista alemã e italiana. Assim, Gramsci valoriza ao extremo a subjetividade e chega mesmo a dizer que "a revolução dos bolcheviques se baseia mais em ideologias do que em fatos (Por isso, no fundo, pouco nos importa saber mais do que sabemos)" (1982a, p. 513-517).

Se assim é, importa saber como se desenvolveu a vontade coletiva, na verdade, o pensamento organizado. Gramsci identifica a guerra e a pregação socialista como os moventes da revolução, a qual aparece como questão de sobrevivência para o povo russo. Nota-se então que a Revolução Russa, na leitura de Gramsci, foi um ato quase que espontâneo de vontade coletiva, muito mais do que demonstração de alguma lei do desenvolvimento histórico possivelmente descoberta por Marx.

A dissolução da Assembleia Constituinte por ato do governo dos sovietes recebeu todo o apoio de Gramsci, pois que para ele as forças revolucionárias "estão elaborando espontaneamente, livremente, as formas representativas através das quais a soberania do proletariado deverá se exercer" e especifica que se criou ali "um primeiro modelo de representação direta dos produtores: os sovietes" (1982a, p. 602-603).

Gramsci volta a tratar da questão russa por conta do aniversário da queda do czar Nicolau II e da situação difícil da revolução às voltas com a contra ofensiva da burguesia e com o assédio das tropas germânicas. Percebe-se, no entanto, que Gramsci sente a necessidade de melhor esclarecer a posição de Marx na sua concepção filosófica e política, mesmo que desconfiasse como seria longa e difícil essa empreitada. O artigo "O nosso Marx", de maio de 1918, é o indício disso (Gramsci, 1984, p. 3-7).

Em junho, Gramsci escreve um longo artigo em defesa da Revolução Russa, mesmo que as informações continuassem esparsas e a sua concepção teórica bastante eclética. Defende a revolução principalmente dos ataques desferidos pela imprensa ocidental. Não deixa de anotar, no entanto, que julgava Lenin ter andado corretamente contra Trotsky e Radek na questão da assinatura do Tratado de Paz com a Alemanha, efetivado no mês de abril. Indicava também a enorme preocupação com a educação política e a elevação cultural das massas, pois que "a cultura dos bolcheviques tem sua base na filosofia historicista: eles concebem a ação política, a história, como desenvolvimento, não como arbítrio contratualista" (Gramsci, 1984, p. 131-139).

Sempre com carência de informações objetivas sobre o andamento da Revolução Russa, considerando que as notícias chegavam já com algum grau de distorção, Gramsci continuou a defender a revolução com muita garra e agora ciente da importância fundamental de Lenin. Insiste que na Rússia não se encontra qualquer sinal de jacobinismo ou de utopia, mas que, pelo contrário,

> a Revolução Russa é o domínio da liberdade: organização se constitui por espontaneidade, não pelo arbítrio de um 'herói' que se impõe através da violência. Trata-se de uma elevação humana contínua e sistemática, que segue uma hierarquia, a qual, em cada situação concreta, cria os organismos necessários da nova ordem social (Gramsci, 1984, p. 265-266).

Na medida em que a revolução se difundia pelos territórios dos impérios centrais derrotados na guerra, a própria crise italiana se agravava e o movimento operário e popular na península se agigantava, Gramsci passou a desempenhar também a função de dirigente político da classe operária, ainda pelo PSI. Pode-se afirmar então que a relação entre Gramsci e a teoria social originada com Marx, de modo concreto, derivou e se desenvolveu acoplada ao processo da Revolução Russa e seus desdobramentos na Itália, até o encontro com a teoria e prática de Lenin.

CONSELHOS NA RÚSSIA E NA ITÁLIA

O primeiro semestre de 1919 consistiu no apogeu da revolução socialista internacional. A Rússia se defendia com vigor da ofensiva imperialista e, em contraposição, o movimento revolucionário se espalhava por territórios dos decaídos impérios orientais (Rússia, Áustria-Hungria, Alemanha). Eram revoluções de caráter nacional-popular tendo o socialismo como horizonte, já que a classe operária foi sujeito determinante dessa fase histórica. Na Polônia, na Checoslováquia, na Áustria, na Hungria, na Alemanha, formaram-se conselhos operários, ainda que somente na Hungria tenha havido o declarado intento de se assumir o poder e fundar um novo Estado. Em março de 1919, no intento de coordenar todo o movimento revolucionário, foi fundada a Internacional Comunista, com organizações oriundas exatamente dessa região na qual a luta de classes era de intensidade revolucionária.

Contudo, o Estado húngaro dos conselhos foi derrotado, assim como as vertentes que, nos outros lugares, entendiam seguir o exemplo russo e fundar Estados organizados em torno dos conselhos de operários. De fato, os comunistas não conseguiram arrancar a classe operária de sua submissão à hegemonia burguesa.

A última praia alcançada pelo movimento revolucionário dos conselhos foi o Norte da Itália, em particular o Piemonte, principal zona industrial do país. Conforme os operários se organizavam nas fábricas, um grupo de ex-estudantes da Universidade de Turim — Gramsci, Togliatti, Terracini e Tasca — decidiu editar uma *Rassegna di cultura socialista* denominada *L´Ordine Nuovo*, cujo número inaugural saiu no dia Primeiro de Maio. Gramsci escreveu no segundo número um pequeno artigo de crítica a Rodolfo Mondolfo e defesa da Revolução Russa no qual assinala que "o fato essencial da Revolução Russa é a instauração de um novo tipo de Estado: o Estado dos conselhos" (Gramsci, 1982b, p. 25-27).

Gramsci já reconhecia serem os bolcheviques uma "camada dirigente", que passara toda a vida "dedicada ao estudo (experimental) das ciências políticas e econômicas" e cuja obra prima estaria em "ter traduzido na realidade experimental a fórmula marxista da ditadura do proletariado" (1982b, p. 56-63). Por esses excertos percebe-se como Gramsci continua a sua aproximação teórica com Marx e com Lenin. Tenta sempre compreender o que se passa na Rússia, a teoria e a prática dos bolcheviques, precisamente para poder traduzir essa concepção teórico/prática para a realidade italiana.

De fato, nesse mesmo mês de junho, por meio de um editorial em *L´Ordine Nuovo*, Gramsci encontra a rota para a tradução de Lenin para a Itália. Convoca os conselhos de fábrica, que então se formavam, a assumirem o poder na fábrica e os conselhos operários e camponeses, o poder de Estado para formatar a ditadura do proletariado, assim como os conselhos haviam assumido o poder na Rússia (Gramsci, 1982b, p. 87-91).

A partir desse momento Gramsci se dedica a desenvolver a teoria da ditadura do proletariado e do Estado de transição que poderia ser experimentado na Itália. Da experiência russa e também da húngara, Gramsci formulou pesada crítica ao sindicalismo italiano. Na verdade, Gramsci observava a enorme dificuldade do sindicalismo se transformar em órgão da revolução. Pelo contrário, os sindicatos apareciam como instâncias conservadoras que obstruíam a implantação da ditadura proletária. Rosa Luxemburgo antes de Gramsci havia já chegado a essa conclusão, mas o fim melancólico da República Húngara dos Conselhos comprovou essa tese. Nota, no entanto, que os sindicatos podem cumprir um papel positivo na revolução no caso de desempenharem um papel político, ou seja, se forem colaboradores efetivos do partido operário revolucionário na luta de classes e se trabalharem de acordo com os conselhos no período de transição. Reconhecendo que o partido deve se empenhar para ser dirigente (político + especialista) tanto no conselho e como no sindicato, estes, enfim, poderiam vir a serem órgãos de construção econômica "tornando-se instrumentos técnicos da organização da produção, da distribuição, etc." (Gramsci, 1982b, p. 381-385).

Mas a verdade é que o movimento dos conselhos de fábrica na Itália não foi respaldado pelo partido ou pelo sindicato. Os conselhos ofereceram uma experiência extraordinária de auto educação das massas e de vínculo orgânico de jovens intelectuais com a classe operária fabril. Nessa fase prevaleceu o esforço prático de tradução da experiência dos sovietes na Rússia, a qual já havia sido espalhada por amplas áreas da Europa.

A análise de Gramsci frente à derrota do movimento dos conselhos de fábrica de Turim mostrou com clareza que a sua compreensão do processo possibilitava o enfoque dialético nacional/internacional. Certo que condições específicas da Itália, como a virtual oposição de partido e sindicato ao movimento, assim como o seu isolamento territorial e consequente incapacidade de se aliar ao campesinato, contaram pra a derrota, mas Gramsci percebeu que a derrota era mais ampla e envolvia outros países e regiões, como Alemanha, Baviera, Áustria, Hungria e Ucrânia. Faltaram condições como forças produtivas em desenvolvimento ou vontade organizada da classe operária.

Mesmo no grupo original do *L´Ordine Nuovo* um debate aceso ocorreu entre Gramsci e Angelo Tasca sobre o efetivo significado dos conselhos de fábrica. Gramsci imputava a Tasca não ter compreendido que a teoria dos conselhos de fábrica "era apenas uma tradução para a realidade histórica italiana das concepções formuladas pelo companheiro Lenin" (1982b, p. 619-628).

Eis que Gramsci quase que de modo inadvertido indica o caminho que estava a percorrer na teoria e na prática política: a tradução para a Itália da teoria e prática dos bolcheviques. A sua rota para o marxismo estava marcada pelo processo revolucionário na Rússia, pela experiência dos sovietes e a formulação de Lenin. O primeiro sinal de que poderia se estabelecer um vínculo dialético nesse processo de tradução veio de uma manifestação de Lenin, que avaliou como correta a avaliação e as propostas práticas feitas por Gramsci no contexto da realização do II Congresso da Internacional

Comunista. A crítica feita ao PSI e as propostas, segundo Lenin, "correspondem integralmente a todos os princípios fundamentais da Terceira Internacional" (Gramsci, 1982b, p. 629-630).

A FUNDAÇÃO DO PCI E A INTERNACIONAL COMUNISTA

Com a clareza de que a proposta de renovação do PSI tornara-se inviável, no segundo semestre de 1920, Gramsci embrenhou-se no movimento pela fundação do Partido Comunista. Os vínculos da nova organização com a Internacional Comunista fariam mais estreitas as relações com a Revolução Russa e com a perspectiva da revolução socialista internacional.

Essa lógica, no entanto, encontrou uma série de dificuldades até que se tornasse efetiva. O grupo que participara da experiência dos conselhos de fábrica no Piemonte não era mais do que uma expressão regional. A maioria dos militantes que afluíam ao novo partido tinha Amadeo Bordiga como referência, com uma tendência organizada desde 1918, quando do Congresso de Bolonha do PSI. Outro pequeno grupo, que serviu de mediador nas negociações para a fundação do partido, se localizava em Milão. Bordiga respeitava e admirava a Revolução Russa, mas entendia que a revolução italiana tinha particularidades tais a exigir uma definição estratégica muito diferente, de modo que não seria possível traduzir a experiência bolchevique para a Itália, como era já o pensamento de Gramsci.

No IV Congresso da Internacional Comunista, realizado em dezembro de 1922, a Itália contou com a representação do recém-fundado Partido Comunista Italiano (PCI) e também do PSI. O estímulo da Internacional Comunista era claramente direcionado para a fusão entre essas organizações, mas as resistências de ambas as partes eram fortíssimas. Nessa difícil situação Gramsci teve que se defrontar com a posição de Bordiga, decididamente contra a fusão e também contra a política de frente única que começava a amadurecer na Internacional Comunista. Outra posição a ser contornada era a da aceitação da fusão e da política de frente única, a qual era defendida por Tasca. Lutando em duas frentes, Gramsci acatou a fusão e a política de frente única, mas com condições: os socialistas deveriam ingressar no PCI de modo individual e a frente única não poderia implicar a aliança com os reformistas. Com efeito, Gramsci entendia ser necessária a aproximação com a base social do PSI, mas também o esfacelamento da sua direção, vista como responsável pela derrota de 1920-1921.

O IV Congresso da Internacional Comunista fez com críticas duras à orientação política do PCI e decidiu que a fusão com PSI era o caminho melhor para se resistir ao fascismo. A decorrência foi a solicitação de demissão por parte da direção do PCI e a nomeação de uma nova direção designada para proceder a fusão. No momento do III *Plenum* do Comitê Executivo da Internacional Comunista (junho de 1923), a orientação de Bordiga de resistir à orientação da Internacional Comunista no referente à tática de frente única e, por conseguinte, à fusão com o PSI, estava derrotada e a questão principal passava a ser, de imediato, a defesa do Partido, a defesa da cisão com o reformismo e o *massimalismo*, variantes essas de positivismo. Ora, Gramsci agia de modo similar a Lenin, quando em 1912 decidiu por apartar os bolcheviques dos mencheviques de maneira completa ou quando, no decorrer da guerra, defendeu a cisão dos internacionalistas diante dos socialistas patriotas e dos socialistas pacifistas.

A disputa para que se forjasse uma direção e uma linha política afinada com a Internacional Comunista durou até a conferência de Como, em maio de 1924. Nessa batalha começada em dezembro de 1922, marcada pela permanência de Gramsci em Moscou e depois, a partir de novembro de 1923, em Viena, foi o marco decisivo da aproximação de Gramsci com o pensamento de Lenin e dos bolcheviques.

Já na Itália, como principal dirigente do Partido e como deputado no Parlamento, Gramsci estava pronto para implantar a sua concepção de partido como organismo emerso das massas, que se educava com a sua atividade, mas educava e organizava as massas, um partido não só parcela melhor das massas operarias da Itália, mas também do partido internacional da revolução socialista, que era a Internacional Comunista. Da dialética entre partido/massas e nacional/internacional é que a estratégia da frente única, fundada na aliança operário camponesa seria desenvolvida. Aqui a tradução de Lenin para a Itália ganhava ímpeto e profundidade.

O V Congresso da Internacional Comunista (1924) entendeu que o capitalismo havia ingressado em fase de "estabilização relativa", assim como havia avaliado de forma positiva o andamento da Nova Política Econômica (NEP) na União Soviética (URSS). Decisão de grande importância foi a chamada "bolchevização", cujas implicações principais seriam a organização partidária priorizar o local de trabalho e a extinção de correntes dentro do partido. Ao considerar a experiência dos conselhos de fábrica e a ação fracionista desenvolvida por Bordiga, Gramsci só poderia ver essas decisões em modo favorável. No entanto, o PCI continuava a avaliar a situação italiana como permanentemente revolucionária.

O ano de 1926 foi bastante intenso nessa relação estabelecida entre Gramsci e a Revolução Russa. Por um lado, o III Congresso do PCI, ocorrido na cidade de Lyon, na França, conseguiu delinear os traços essenciais do desenvolvimento capitalista na Itália, as suas contradições e as forças motrizes da revolução socialista. A luta contra o fascismo seria travada por uma frente única antifascista e anticapitalista assentada na aliança operária e camponesa. No entanto, a queda do fascismo poderia se identificar com a revolução socialista ou poderia exigir ainda uma fase transitória de aproximação da revolução. A ocorrência de uma ou outra possibilidade dependeria da correlação de forças presentes em campo, se a frente única conseguiria assumir o poder ou se a burguesia conseguiria se desvencilhar do fascismo e preservar o poder ainda por algum tempo dentro de uma situação democrática (Del Roio, 2005).

GRAMSCI E O PROCESSO DE CISÃO DO GRUPO DIRIGENTE DO PCR(B)

Com o agravar-se da crise política e social na URSS a imprensa burguesa do Ocidente encontrou motivação para engrossar a luta ideológica e ampliar as criticas, em geral indicando a falência próxima da experiência revolucionária. Gramsci defendeu a URSS e com isso indicou a sua própria visão do processo histórico daquele país. Para Gramsci — assim como para Lenin e Bukharin — a Rússia enveredava pela transição socialista a partir de um patamar muito atrasado, o que obrigava que o capitalismo ainda sobrevivesse até que a classe operária tivesse adquirido capacidade administrativa e que o campesinato progressivamente tivesse elevado o seu padrão cultural e o hábito do trabalho coletivo enquanto incorporasse também o aumento da produtividade por meio da mecanização da agricultura. A capacidade administrativa da classe operária, ainda a ser adquirida, seria o elemento decisivo do processo, aquele a persuadir o campesinato a seguir a direção do partido operário.

Ainda que aguardasse para um tempo relativamente breve a retomada do processo revolucionário na Europa ocidental, a preocupação maior de Gramsci era mesmo com a questão agrária, não só porque esse continuava sendo o fulcro da contenda na URSS, mas também era elemento essencial na estratégia revolucionária na própria Itália. Na URSS apoiava a estratégia da NEP formulada por Lenin e Bukharin a qual entendia ser a aliança operaria e camponesa (a frente única) a base de sustentação do Estado soviético e estava certo de que as tendências capitalistas presentes no campo seriam controladas, pois a esse risco "se opõem a força do Estado e a força da economia industrial e financeira coletivizada" (Gramsci, 1971, p. 318).

Assim, em conclusão, Gramsci estava confiante que:

> Os elementos socialistas em política e economia são preponderantes sobre os elementos capitalistas visto que o desenvolvimento dos primeiros é constantemente maior, e que, portanto, não se pode falar de retorno ao capitalismo no Estado soviético, mas se deve falar de um processo em direção a realização completa do comunismo (Gramsci, 1971, p. 320).

A polêmica travada por Gramsci contra a imprensa italiana no mês de setembro de 1926 foi seguida pela polêmica com Togliatti no mês de outubro. Togliatti encontrava-se em Moscou, a representar o PCI nas instancias superiores da Internacional Comunista, quando, diante da aproximação do VII *Plenum* ampliado do Comitê Executivo da Internacional Comunista — a se realizar em novembro –, se agravou muito a disputa interna na direção do Partido Comunista Russo.

Gramsci entendia que o partido revolucionário era uma entidade que tinha na dialética o seu modo de ser, com uma dialética interna, de debate interno entre posições conflitantes, com uma síntese na qual a maioria prevalece, mas incorpora elementos teóricos e práticos trazidos pela minoria; e uma dialética externa na relação do partido com a classe e seus aliados, além da dialética entre nacional e internacional. Para Gramsci, a forma em que se travava a luta no Partido Comunista Russo bolchevique (PCR(b)) estava longe dessa concepção, que parece ter sido também a de Lenin. Na verdade, todos esses elementos estavam desconsiderados naquele processo, a rigor, degenerativo.

Na carta enviada a Togliatti, mas dirigida ao Comitê Central do PCR(b), a ser entregue ou não depois de uma avaliação, Gramsci destaca os reflexos negativos gerados pela luta interna no PCR(b) sobre o conjunto dos partidos que compunham a Internacional Comunista e as dificuldades acrescidas a formação de um efetivo partido mundial dos trabalhadores. Gramsci avaliava então que:

> parece-nos que a paixão violenta das questões russas vos façam perder de vista os aspectos internacionais das próprias questões russas; faça-vos esquecer que os vossos deveres de militantes russos podem e devem ser cumpridos só no quadro dos interesses do proletariado internacional (Gramsci *apud* Gramsci; Togliatti, 1999, p. 408).

Percebe-se então que Gramsci compreendia que no desenrolar da disputa no interior do PCR(b) a dialética nacional/internacional havia sido abandonada. Os reflexos dessa disputa na Internacional Comunista e em cada partido seriam da maior gravidade e dificultaria ainda mais a construção orgânica do partido mundial dos trabalhadores. Ou seja, para Gramsci a força propulsora essencial da revolução era a Internacional Comunista, organização na qual o PCR(b) cumpria papel nuclear.

Gramsci também anuncia que entende ser a linha proposta pela maioria como a mais adequada. Bukharin e Stalin de fato defendiam a continuidade da NEP, estratégia concebida por Lenin, como aquela que garantia a aliança operária camponesa como base de sustentação do Estado e seu desenvolvimento econômico e social. A crítica de Gramsci a essa vertente majoritária era a virtualidade de desconsiderar a contribuição e o direito da minoria se fazer representar, uma vez mais se desfazendo da dialética como método e forma de se mover do partido.

No entanto, muito mais acerba foi a crítica relativa à "oposição unificada". Dizia Gramsci na carta:

> Impressiona o fato que o comportamento do bloco de oposição invista sobre toda a linha política do CC [Comitê Central], tocando mesmo o coração da doutrina leninista e da ação política do nosso partido da União [Soviética]. É o princípio e a prática da hegemonia do proletariado que estão postos em discussão, são as relações fundamentais da aliança entre operários e camponeses que são agitadas e deixadas em perigo, essas que são os pilares do Estado operário e da Revolução (1999, p. 409-410).

A "oposição unificada" era ainda criticada por conta de sua posição "econômico-corporativa", a qual implicava ignorar e estar aquém — na teoria e na prática — do momento da hegemonia, da luta pela indispensável hegemonia do proletariado no Estado operário, na transição socialista. A defesa dos interesses específicos do proletariado industrial por parte da "oposição unificada" colocava em sério risco a aliança operário-camponesa, que era estratégica no contexto russo (e também italiano). Gramsci informa ainda que em casos nos quais o poder revolucionário se instaure em países de baixo desenvolvimento das forças produtivas, o proletariado deveria mesmo fazer concessões no seu próprio nível de vida a fim de que tivesse reconhecida a sua direção na nova vida que se construía. Diz Gramsci a propósito:

> O proletariado não pode se fazer classe dominante se não supera com o sacrifício dos interesses corporativos essa contradição, não pode manter a sua hegemonia e a sua ditadura, se também, feita dominante, não sacrifica esses interesses imediatos pelos interesses gerais e permanentes da classe (1999, p. 410).

Gramsci percebe então que a postura da "oposição unificada" reproduzia a tradição do sindicalismo e da socialdemocracia, não só pela concepção teórica, mas pela prática fracionista. Quando a carta chegou às mãos de Togliatti, foi mostrada a alguns importantes dirigentes da Internacional Comunista — inclusive Bukharin — e a decisão foi a de não torná-la pública, considerando a mudança de situação. A troca de missivas entre Gramsci e Togliatti mostrou divergências na leitura da situação: Gramsci insistiu que a totalidade dialética era essencial na leitura do processo, mas Togliatti se encaminhou para o apoio incondicional à maioria do Comitê Central do

PCR(b) o que implicou, no VII *Plenum* do Comitê Executivo da Internacional Comunista, reconhecer a URSS como principal força propulsora da revolução, o que colocava uma distorção fatal na dialética nacional/internacional.

CONSIDERAÇÕES FINAIS

Enquanto se desenrolava a questão da disputa política na URSS, Gramsci se ocupava de aprofundar o estudo da particularidade italiana, no que se refere à questão agrária e camponesa. A consciência da necessidade da aliança entre o proletariado do Norte e o campesinato meridional já existia desde a fase dos conselhos de fábrica (1919-1920), mas só com o III Congresso do PCI, de janeiro de 1926, a questão se tornou premente.

Lenin sempre manteve aberta polêmica com os *narodiniks* (dirigentes políticos e intelectuais do campesinato) em torno do problema do desenvolvimento do capitalismo na Rússia e da questão da terra. A solução correta desse problema era chave para o encaminhamento da aliança política entre proletariado e campesinato para os fins da realização da revolução e a construção do novo Estado com hegemonia operária.

Para Gramsci já estava muito claro que dentro da dialética nacional/internacional o problema que se apresentava era a de traduzir a universalidade posta por Lenin para a particularidade italiana, assim como Lenin havia feito em relação a Marx. O ensaio sobre o problema meridional que Gramsci esboçava quando foi preso em 8 de novembro de 1926 é bastante indicativo desse esforço.

Com efeito, Gramsci procurava desenvolver a fórmula política da frente única, que de fato havia sido bem sucedida na Rússia revolucionária, ainda que essa expressão ainda não vigesse. Na Rússia os bolcheviques tenderam a unificar a classe operária ao desarticular a política reformista dos mencheviques e depois fazer a aliança com a direção do partido camponês, os socialistas revolucionários.

Gramsci, ao seu tempo, entendia a necessidade de se unificar e centralizar a classe operária para que essa fosse efetiva dirigente da frente única. Para isso, porém, havia a necessidade de atrair a base social do PSI e esvaziar esse agrupamento tido como reformista e subalterno à burguesia. Esse movimento deveria ocorrer ao mesmo tempo em que se procedia a atração do campesinato para a aliança com a classe operária. O modo de se colocar em prática essa aliança seria pela atração de camponeses já proletarizados para as fileiras do partido, sem nunca esquecer a natureza operária do PCI. Todavia o mais importante seria a aliança com a intelectualidade pequeno-burguesa do Sul, a qual representava ideologicamente os interesses do campesinato meridional.

A frente única deveria então comportar também uma fração significativa de intelectuais. Assim enuncia Gramsci:

> Mas é também importante e útil que na massa dos intelectuais se determine uma fratura de caráter orgânico, historicamente caracterizada: que se forme, como formação de massa, uma tendência de esquerda, no significado moderno da palavra, ou seja, voltada para o proletariado industrial (1996, p. 184-185).

Enfim, a formulação teórica de Gramsci se empenhava por absorver os ensinamentos da Revolução Russa, em particular de Lenin, e estava pronta para se aprofundar em problemas apenas sugeridos, como a questão da hegemonia, que se tornaria fulcral na elaboração desenvolvida nos *Cadernos do cárcere*.

REFERÊNCIAS BIBLIOGRÁFICAS

DEL ROIO, Marcos. *Os prismas de Gramsci: a fórmula política da frente única (1919-1926)*. São Paulo: Xamã, 2005.

GRAMSCI, Antonio. *Disgregazione sociale e rivoluzione: scritti sul Mezzogiorno* (a cura di Francesco Biscione). Napoli: Liguori, 1996.

_____. *Il nostro Marx, 1918-1919* (a cura di Sergio Caprioglio). Turim: Einaudi, 1984.

_____. *La città futura, 1917-1918* (a cura di Sergio Caprioglio). Turim: Einaudi, 1982a.

_____. *L'Ordine Nuovo, 1919-1920* (a cura de Valentino Gerratana e Antonio Santucci). Turim: Einaudi, 1982b.

_____. *La costruzione del Partito Comunista, 1923-1926*. Turim: Einaudi, 1971.

_____; TOGLIATTI, Palmiro. *Gramsci a Roma, Togliatti a Mosca: carteggio di 1926* (a cura di Giuseppe Vacca). Turim: Einaudi, 1999.

GRAMSCI, HERDEIRO DE LENIN: O PROBLEMA DA RELAÇÃO ENTRE TEORIA E PAIXÃO

EDUARDO GRANJA COUTINHO

Ao velho comunista Ronaldo Coutinho,
que apresentou a mim, que sou seu filho,
e a mais de uma geração de estudantes
a teoria de Marx, Engels e Lenin.

> *E o incêndio revolucionário se propaga,
> incendeia novos corações e cérebros,
> transformando-os em tochas ardentes
> de nova luz, de novas chamas.*
>
> [ANTONIO GRAMSCI]

Sabe-se que a Revolução Russa marcou profundamente a prática e a teoria revolucionária nos anos que se seguiram à Primeira Guerra Mundial. Ao mesmo tempo em que galvanizou a paixão insurgente das massas no mundo inteiro, a experiência bolchevique estimulou novas formas de consciência e de organização proletária. A teoria política de Lenin, submetida à prova da história, estimulou a renovação do marxismo e apontou novos caminhos para uma jovem geração de intelectuais revolucionários que recusavam a visão fatalista e mecanicista do marxismo da época da Segunda Internacional. Dentre esses intelectuais que se reivindicaram herdeiros do leninismo, ocupa um lugar de destaque o italiano Antonio Gramsci. Na esteira da Revolução de Outubro, Gramsci abandonaria suas posições tendencialmente idealistas em favor de uma concepção materialista e dialética da história. Como observou Togliatti, o leninismo foi, de fato, "o fator decisivo de toda a evolução de Gramsci como pensador e como homem político de ação" (Togliatti, 2014, p. 1146; tradução nossa).

O diálogo entre Gramsci e Lenin não se limitou, certamente, a uma simples tradução italiana do leninismo. Gramsci desenvolve criativamente conceitos fundamentais do teórico russo. Pode-se dizer, como o fez Carlos Nelson Coutinho (1989), que se estabelece uma relação de continuidade e ruptura, ou melhor, de conservação e renovação entre os dois grandes nomes do pensamento político marxista do século XX. O presente ensaio tem como objetivo mostrar como se desenvolve, sob a influência do líder bolchevique, uma questão fundamental da teoria política gramsciana: a questão da relação entre paixão e consciência teórica revolucionária, questão que se expressa no conceito de vontade coletiva e está estreitamente relacionada ao problema da hegemonia, dos intelectuais e da organização da cultura.

Trata-se de refletir sobre como, graças à mediação de Lenin, Gramsci é capaz de equacionar questões teóricas herdadas do marxismo neo-hegeliano que jamais deixarão de ter importância no seu pensamento e na sua ação: notadamente, as questões da paixão (Croce), e da vontade (Gentile).

Todavia, importa observar que a interpretação da Revolução Russa por Gramsci ou o impacto que ela teve sobre sua ação não ocorre da mesma forma ao longo de sua trajetória política e intelectual. Em um primeiro momento, a tomada de poder pelos bolcheviques é interpretada a partir dos esquemas de um marxismo italiano de viés idealista, fortemente marcado pelo voluntarismo de Giovanni Gentile e pelo revisionismo de Benedetto Croce. Aqui a defesa apaixonada da Revolução retoma o léxico e os esquemas interpretativos da filosofia neo-hegeliana. "Há toda uma série de artigos de 1917-1918 em que Lenin, como líder do bolchevismo, é interpretado através das categorias de criação e vontade" (Vanzulli, 2015, p. 346). Porém, a partir de 1919, quando toma conhecimento dos mais importantes textos teóricos de Lenin, como o *Imperialismo, fase superior do capitalismo, O Estado e a revolução e Que fazer?*, Gramsci começa a assimilar o método de Marx e, superando aquela concepção subjetivista da revolução, passa a compreendê-la como algo condicionado por processos históricos objetivos. Desse modo, a vontade revolucionária vai deixando de ser concebida abstratamente como mera subjetividade apaixonada para ser pensada como algo indissociável da "consciência da necessidade histórica".

Note-se que a superação do voluntarismo abstrato não significa de modo algum a negação da importância política fundamental da paixão, da espontaneidade e das iniciativas subjetivas, mas a possibilidade de articulá-las a formas de conhecimento historicamente necessárias ao desenvolvimento de um novo modo de produção. De acordo com uma lição limpidamente leniniana, Gramsci compreenderá, em sua transição para a maturidade, que a vontade, para não ser mera veleidade, deve possuir um fundamento material, objetivo. A paixão deve estar dialeticamente articulada a uma forma de racionalidade que dê conta dos processos objetivos do ser social. Ou, em termos utilizados por Lenin, o espontaneísmo das massas, correspondente a um nível de consciência corporativista ou *trade*-unionista, deve ser organizado pelo partido de vanguarda e orientado pela consciência dirigente. Sob a influência daquele a quem se referiria nos *Cadernos do cárcere* como "o maior teórico moderno da filosofia da práxis", Gramsci superou o voluntarismo abstrato de sua juventude, mas o superou dialeticamente, valorizando o momento subjetivo da política, o papel da vontade e da ação.

DO VOLUNTARISMO ABSTRATO À PRÁXIS REVOLUCIONÁRIA

Em 1917, quando eclodiu a Revolução bolchevique, Gramsci tinha 25 anos e, como diria mais tarde, ainda era "tendencialmente crociano". Sua relação com Marx era mediada pelo revisionismo italiano, que naquele momento não havia ainda revelado o seu caráter abertamente antidemocrático. Como observa Carlos Nelson Coutinho, essa inclinação pelo marxismo de viés idealista era uma reação ao economicismo positivista dominante nos meios político-culturais socialistas no início do século.

> Os principais ideólogos do PSI [Partido Socialista Italiano] entendiam a revolução proletária como o resultado de uma inexorável lei do desenvolvimento econômico: o progresso das forças produtivas, aguçando a polarização de classe e conduzindo a crises de tipo catastrófico, levaria fatalmente, em dado momento, a um colapso do capitalismo, com a consequente irrupção da insurreição proletária. [...] *O marxismo era interpretado como uma defesa dos fatos contra a vontade*, da objetividade 'natural' contra a subjetividade criadora (1989, p. 4; grifo nosso).

Contra esse evolucionismo vulgar, Croce e Gentile defendiam o valor do espírito, da vontade e da ação. E é precisamente esse o aspecto do idealismo italiano que interessava ao jovem socialista: "o elemento liberador, o elemento que acentua *o papel da vontade e da ação na transformação do real*, a recusa do fetichismo dos fatos e dos mitos cientificistas" (Coutinho, 1992, p. 3; grifo nosso). Em sua crítica à prática política imobilista dos maximalistas, ao reformismo, ao burocratismo sindical, Gramsci fazia, sem dúvida, uma leitura revolucionária do marxismo neo-hegeliano sem, no entanto, sair do solo ideológico idealista.

É assim que, diferentemente de Croce e Gentile, que em 1917 já não nutriam qualquer simpatia pelo marxismo, Gramsci defenderá entusiasticamente o caráter "proletário" da Revolução, conservando, entretanto, daqueles filósofos, o subjetivismo a partir do qual compreenderá a revolução bolchevique como um ato de vontade, de uma vontade livre de qualquer determinação objetiva. Suas "Notas sobre a Revolução Russa", de abril de 1917, expressam a compreensão do fato revolucionário como um "fato moral", "espiritual", uma "mudança de mentalidade" que ocorre sob "uma atmosfera de paixão social". Aqui, "a libertação dos espíritos" nada tem a ver com a práxis revolucionária de sujeitos que se orientam pelo conhecimento objetivo que possuem sobre sua própria realidade. Para Gramsci bastaria "a instauração de uma nova consciência moral" para que a velha ordem caísse por terra. Essa crença no poder absoluto da vontade, da realidade do pensamento isolado da práxis, se evidencia particularmente no artigo "Os maximalistas russos", publicado julho de 1917. Nele, o revolucionário italiano afirma que Lenin e "seus companheiros bolcheviques estão convencidos de que é possível realizar o socialismo em qualquer momento". Contra a ideia marxiana, segundo ele evolucionista, de que a revolução socialista só poderia ocorrer numa sociedade que já houvesse feito sua transição para o capitalismo, Gramsci afirmava então: "Basta que tais experiências [no caso, a revolução burguesa] se realizem no pensamento para que sejam superadas e se possa seguir em frente". Sua resposta à tese das condições objetivas da revolução proletária era, naquele momento, a valorização das condições subjetivas: a vontade, a moral, a paixão revolucionária. "É preciso [...] encorajar as consciências e conquistá-las" (Gramsci, 2004, p. 104 e p. 106).

A recusa de Gramsci do determinismo estrutural em nome de uma vontade abstrata é retomada de forma clara em um de seus artigos mais importantes do período: "A Revolução contra *O Capital*", publicação de dezembro de 1917. Nesse ensaio, o jovem socialista volta-se mais uma vez contra a:

> fatal necessidade de que na Rússia se formasse uma burguesia, se iniciasse uma era capitalista, se instaurasse uma civilização de tipo ocidental, antes que o proletariado pudesse sequer pensar em sua desforra, em suas reivindicações de classe, em sua revolução (Gramsci, 2004, p. 126).

A experiência russa vinha mostrar que *O Capital* de Marx estava equivocado. "Os fatos fizeram explodir os esquemas críticos dentro dos quais a história da Rússia deveria se desenvolver segundo os cânones do materialismo histórico". Os bolcheviques mostraram que esses cânones "não são tão férreos como se poderia pensar e se pensou". "A pregação socialista criou a vontade social do povo russo. Por que deveria ele esperar que a história da Inglaterra se repetisse na Rússia?" (Gramsci, 2004, p. 126 e p. 128).

A despeito de sua crítica às supostas incrustações evolucionistas e naturalistas em *O Capital*, Gramsci já é nessa época, à sua maneira, um marxista. Mas o "nosso Marx", dizia ele, não é "nem um místico nem um metafísico positivista". O marxismo não é uma doutrina rígida, feita de afirmações dogmáticas indiscutíveis. O marxismo põe sempre como agentes da história não os fatos econômicos, brutos, mas os homens que se relacionam entre si e desenvolvem uma:

> vontade social, coletiva, e compreendem os fatos econômicos, e os julgam e os adequam à sua vontade, até que essa vontade seja o motor da economia, a plasmadora da realidade objetiva, a qual vive, e se move, e adquire o caráter de matéria telúrica em ebulição, que pode ser dirigida para onde a vontade quiser, do modo como a vontade quiser (Gramsci, 2004, p. 127).

Observando na ação dos bolcheviques a "confirmação da onipotência miraculosa e criacionista da subjetividade" (Marramao *apud* Vanzulli, 2015, p. 347), Gramsci é nesse momento, seguramente, um metafísico subjetivista. Nos anos seguintes, a valorização da vontade sofrerá uma grande transformação, será depurada de seu caráter abstrato, mas, como dissemos, não deixará de ocupar um lugar central em sua teoria e prática.

É importante assinalar que, a despeito de seu idealismo, o pensamento juvenil de Gramsci não era destituído de traços materialistas, oriundos da leitura direta da obra de Marx. É dessa época a compreensão da ideologia como uma realidade prática, como algo que se transforma em força material quando se apodera das massas. Isso se evidencia, por exemplo, quando afirma que Lenin "pôde converter o seu pensamento em força atuante na história" (Gramsci, 2004, p. 106). Nesse momento, Gramsci já era capaz de compreender os fenômenos ideológicos — a teoria, a filosofia, a moral — como um momento constitutivo da realidade social. Porém, ainda não estava claro para ele que esses fenômenos não eram absolutamente autônomos em relação a essa realidade e que precisariam ser explicados dialeticamente pelas contradições da vida material. Mais tarde, nos *Cadernos*, retomará repetidas vezes a célebre passagem do "Prefácio" à *Contribuição à crítica da economia política*, onde Marx afirma que:

> Uma organização social nunca desaparece antes que se desenvolvam todas as forças produtivas que ela é capaz de conter; nunca relações de produção novas e superiores se lhe substituem antes que as condições materiais de existência dessas relações se produzam no próprio seio da velha sociedade. É por isso que a humanidade só levanta os problemas que é capaz de resolver e assim, numa observação atenta, descobrir-se-á que o próprio problema só surgiu quando as condições materiais para o resolver já existiam ou estavam, pelo menos, em vias de aparecer (Marx e Engels, 1977, p. 25).

A ideologia socialista que efetivamente se transformava em realidade material na Rússia não era, por conseguinte, produto de uma subjetividade capaz de dirigir a realidade objetiva para onde quisesse: era "orgânica", como dirá Gramsci na prisão, nascida das contradições e voltada para a superação dessas. Em sua contraditória formação juvenil, entretanto, a estratégia gramsciana da luta cultural, carecia ainda de uma percepção da relação dialética entre o homem e seu mundo. Esse desenvolvimento só se dará plenamente com a incorporação da categoria de *práxis*. Eis o fundamento leninista da noção gramsciana de "vontade coletiva". É a partir da mediação de Lenin que Gramsci será capaz de compreender aquela "articulação entre os momentos subjetivos e objetivos da práxis humana, da qual a vontade é momento ineliminável" (Coutinho, 2011, p. 136).

É notadamente em *Que fazer?* que Gramsci encontra uma justa colocação do problema da vontade. Nesse livro, que tem como tema central a divergência no seio da social-democracia russa sobre a importância relativa do elemento espontâneo e do elemento teórico, é possível identificar o problema gramsciano da relação entre a tradição popular e a consciência política dirigente; questão que aparecerá mais tarde nos *Cadernos* como o problema da unidade orgânica entre os intelectuais e as massas.

Respondendo à questão "Que fazer para levar aos operários conhecimentos políticos?", Lenin denuncia o espontaneísmo presente na ala reformista da social-democracia russa: "Tudo o que seja inclinar-se perante à espontaneidade do movimento operário, tudo o que seja rebaixar o papel do 'elemento consciente' [...] equivale a fortalecer o elemento da influência burguesia sobre os operários". Segundo ele, a submissão da consciência à espontaneidade resulta necessariamente no reformismo, no *trade*-unionismo "dos social-democratas que se deixavam levar pelo argumento de que um aumento de um copeque por rublo valia mais que todo o socialismo e toda a política" (Lenin, 2015, p. 87-88).

É preciso ressaltar, contudo, que o líder bolchevique não via a espontaneidade como algo essencialmente negativo. Pelo contrário: o sentimento e o entusiasmo populares eram, para ele, imprescindíveis ao movimento revolucionário. Sem a paixão, a razão por si só não transforma a realidade. Mas é necessário que o sentir das massas seja orientado pela teoria. Na verdade, assinala Lenin (2015, p. 78), "o 'elemento espontâneo' não é mais do que a forma embrionária do consciente"[1]. Nessa perspectiva, os motins primitivos:

> já expressavam um relativo despertar do consciente. Os operários deixavam a crença tradicional na perpetuidade do regime que os oprimia; começavam... não diria a compreender, mas a sentir a necessidade de uma resistência mais coletiva e rompiam deliberadamente com a submissão servil às autoridades (Lenin, 2015, p. 78).

---

[1] Essa ideia comparece também em seu livro sobre o esquerdismo, onde afirma que o sentimento, no caso "o nobre ódio proletário aos 'políticos de classe' da burguesia [...] é, na verdade, o 'princípio de toda a sabedoria', a base de todo movimento socialista e comunista" (Lenin, 2014, p. 125).

A famosa discussão gramsciana sobre a relação dialética entre o compreender e o sentir - questão que ocupa um lugar central em sua reflexão sobre o papel do intelectual como organizador da vontade coletiva - tem nesse texto, seguramente, sua influência mais evidente. Nele, o autor de *Que fazer?* ensina que a luta espontânea do proletariado não se transformará numa verdadeira luta de classes do proletariado enquanto não for dirigida por uma "organização de revolucionários" capaz de realizar a mediação entre a teoria revolucionária e a prática política das massas (Cf. Coutinho, 2015, p. 92). Chegamos aqui à contribuição decisiva do líder bolchevique para a superação do voluntarismo neo-hegeliano do jovem Gramsci: a compreensão do partido de vanguarda como organizador da vontade coletiva, responsável por concentrar os arroios da ebulição popular numa única torrente gigantesca. Essa, diz Gramsci (1999, p. 221-222), é a principal tarefa do partido político, entendido como intelectual coletivo: relacionar dialeticamente as "paixões elementares do povo" com uma "concepção de mundo superior, científica e coerentemente elaborada", *articular o sentimento de revolta à consciência revolucionária*, canalizar os afetos para um processo consciente de transformação da realidade, de maneira que "o sentimento-paixão torna-se compreensão e portanto saber (não mecanicamente, mas de modo vivo)".

O PARTIDO POLITICO, PORTADOR MATERIAL DA VONTADE POPULAR

Nos anos que se seguiram à Greve dos Ponteiros (1920) e à derrota da experiência dos conselhos de fábrica, amadureceu a reflexão gramsciana sobre a ação do partido como um fator de centralização, coordenação e organização da vontade política do proletariado. Gramsci reconheceu os limites políticos da experiência ordinovista dos conselhos, notadamente o fato de que esses, movidos ainda por um certo subjetivismo, terem subestimado a importância de um partido coeso que, a partir de objetivos estratégicos, operasse a construção da unidade ideológica entre os diversos movimentos da classe trabalhadora italiana, funcionando como um instrumento de hegemonia do proletariado.

Havia certamente um componente voluntarista e — por que não dizer? — espontaneísta no movimento turinense dos conselhos de fábrica. Não se tratava, é claro, daquele espontaneísmo criticado por Lenin em *Que fazer?*. Esse último era a apropriação do movimento das massas pelo reformismo oportunista da social-democracia; o dos conselhos consistia na crença da autonomia e liberdade criativa da vontade e da consciência operária. Diferentemente de Lenin, que afirmava com todas as letras que a classe operária, "valendo-se exclusivamente de suas próprias forças, só é capaz de elaborar uma consciência *trade*-unionista" — daí a necessidade da consciência dirigente do partido –, Gramsci compreendia o conselho como expressão da espontaneidade da consciência do operariado. Segundo ele, a força do conselho advém do fato de que "ele adere à consciência da massa operária, é a própria consciência da massa operária que quer se emancipar de modo autônomo, que quer afirmar sua liberdade de iniciativa na criação da história" (Gramsci, 2004, p. 370). Para Lenin, esse movimento, embora de esquerda, não era o "comunismo marxista": aproximava-se de uma "certa anarquia" (Lenin *apud* Vanzulli, 2015, p. 355). De fato, Gramsci nessa época ainda era fortemente influenciado pelo "mito" soreliano da greve geral e ainda não acertara suas contas com o marxismo idealista.

A superação teórica e prática dos conselhos de fábrica pelo partido político como instrumento de luta da classe trabalhadora está relacionada diretamente à reelaboração daquela perspectiva subjetivista a partir da qual Gramsci concebia o problema da vontade. O partido aparece como condição material para a formação de uma vontade coletiva permanente. Partindo da compreensão de que "uma vontade coletiva que não seja firmemente agregada em seu interior, pode facilmente se desintegrar e se dispersar" (Gerratana *apud* Vanzulli, 2015, p. 348), Gramsci sustenta que os traços característicos do movimento operário só podem ser buscados:

> no Partido Comunista, que existe e se desenvolve na medida em que é a organização disciplinada da vontade de fundar o Estado, da vontade de dar uma organização proletária ao ordenamento das forças físicas existentes e de lançar as bases da liberdade popular (2004, p. 417).

Note-se que, já durante a experiência dos conselhos, Gramsci havia assimilado a ideia leniniana de que o partido da classe operária era a organização disciplinada da vontade de fundar o Estado. No artigo "Tributo à história", de junho de 1919, ele afirmava que o Estado dos sovietes:

se tornou o Estado de todo o povo russo - e isso foi obtido pela tenaz perseverança do Partido Comunista, pela fé e pela lealdade entusiásticas dos operários, pela assídua e incessante obra de propaganda, de esclarecimento, de educação promovida pelos homens excepcionais do comunismo russo, dirigidos pela vontade clara e retilínea do maior de todos eles, Nicolau Lenin (2004, p. 242).

Gramsci já tinha clareza em relação ao fato de que o "entusiasmo dos operários" articulava-se à "obra de esclarecimento e de educação" do partido. Faltava-lhe ainda para o desenvolvimento pleno de seu conceito de vontade coletiva uma ideia-chave, precisamente a de que a consciência dirigente, isto é, a teoria difundida pelo partido não é uma "ideologia cerebrina", arbitrária ou voluntarista. A teoria revolucionária deve ser um conhecimento objetivo ou, para empregar os termos que Gramsci (1999, p. 237) utilizaria no cárcere, uma "consciência operosa da necessidade histórica", uma teoria que emana das relações de produção e orienta a práxis dos homens no sentido de resolver os problemas colocados pelo desenvolvimento histórico. Ela é, portanto, uma ideologia historicamente orgânica, isto é, necessária ao desenvolvimento de uma determinada estrutura. Assim, a vontade coletiva deixa de ser a consciência moral voltada para a construção de uma abstrata ordem comunista; ela é a apreensão subjetiva da racionalidade imanente do ser social. Essa consciência se apodera das massas e opera transformações na medida em que é mobilizada pela paixão.

O MOMENTO CATÁRTICO

A categoria gramsciana de vontade ganha, portanto, uma dimensão materialista a partir da assimilação das reflexões de Lenin sobre o partido político, compreendido como o mais eficiente instrumento de organização da hegemonia da classe trabalhadora, isto é, de canalização da paixão popular para um projeto revolucionário. Vale ressaltar que, nos *Cadernos do cárcere*, esse processo de autoconsciência do proletariado coincide com aquele movimento que o pensador italiano chamou de "catarse" ou "política em sentido amplo".

Segundo Gramsci, o processo catártico é, justamente, a passagem do momento meramente econômico, *trade*-unionista (ou "egoístico-passional") ao momento ético-político; passagem dos interesses atuais e imediatos de um grupo social à compreensão de seus interesses futuros e mediatos. Nesse processo, "a classe deixa de ser um puro fenômeno econômico, graças à elaboração de uma vontade coletiva, para se tornar sujeito consciente da história" (Coutinho, 1989, p. 53). A vontade revolucionária é, assim, o produto de uma catarse, na qual o proletariado abandona a mentalidade corporativista e adquire consciência de classe.

Essa passagem do sentir ao saber e, vice-versa, do saber ao sentir, significa a possibilidade dos intelectuais compreenderem os sentimentos populares, "tal como se apresentam objetivamente", para dirigi-los e conduzi-los a um processo de transformação social (Gramsci, 1999, p. 221-222). Nesse movimento de mão dupla, o sentimento das massas oprimidas pela estrutura econômica torna-se compreensão e saber [...], transformando-se em meio de liberdade, em vontade revolucionária, origem de novas iniciativas (Gramsci, 1999, p. 314-315).

Catarse é, nesse sentido, a *catarse das paixões*, dos sentimentos e dos afetos das grandes massas populares ainda informes, ainda pulverizadas, que obedecem apenas aos estímulos imediatos. Graças à mediação do "moderno príncipe", essa paixão se torna paixão revolucionária ou razão apaixonada. A catarse é, assim, para Gramsci, a condição para a conquista da hegemonia político-cultural das classes subalternas. Como observou Carlos Nelson Coutinho, "Uma classe social, se não é capaz de realizar essa 'catarse', não pode se tornar classe *nacional*, representante dos interesses de um bloco histórico majoritário, e, desse modo, não pode conquistar a *hegemonia* na sociedade" (Coutinho, 1989, p. 53).

Hoje, a tarefa das classes populares na luta pela hegemonia política envolve a capacidade de mobilizar a paixão revolucionária de uma massa dispersa e seduzida pelo *medium* eletrônico. A valorização dos afetos e da sensibilidade das massas é um dos pontos fundamentais de força para uma estratégia revolucionária.

Há quase um século, o comunista sardo escrevia no cabeçalho do jornal *L'Ordine Nuovo*:

> Instruí-vos, porque teremos necessidade de toda a nossa inteligência.
> Agitai-vos, porque teremos necessidade de todo o nosso entusiasmo.
> Organizai-vos, porque teremos necessidade de toda a nossa força.

Tais palavras de ordem expressavam a compreensão dialética de que na luta de classes, inteligência e entusiasmo — paixão e razão — ambas têm seu lugar. Os projetos revolucionários não podem prescindir do conhecimento científico, nem de um sistema de imagens que mova — e comova — as massas. O movimento revolucionário dos trabalhadores reclama, para levar adiante a construção do socialismo, uma teoria da ação transformadora, isto é, uma interpretação da realidade social capaz de orientar a práxis de transformação dessa realidade, mas demanda também uma linguagem capaz de articular essa consciência ao sentir das massas. Pois é sob uma forma dramática, simbólica, afetiva que o saber se torna vontade coletiva. Herdeiro direto de Lenin, Gramsci sustenta ao longo de sua obra madura a tão conhecida afirmação do dirigente soviético de que "sem teoria revolucionária não pode haver movimento revolucionário" (Lenin, 2015, p. 71). Mas acrescenta, chamando a atenção para este aspecto fundamental da política: sem paixão revolucionária tampouco.

REFERÊNCIAS BIBLIOGRÁFICAS

COUTINHO, Carlos Nelson. *De Rousseau a Gramsci: ensaios de teoria política*. São Paulo: Boitempo, 2011.

_____. *Gramsci: um estudo sobre seu pensamento político*. Rio de Janeiro: Campus, 1989.

COUTINHO, Ronaldo. O partido revolucionário, vanguarda consciente do proletariado: a concepção de Lenin. In: DEL ROIO, Marcos *et al.* (orgs.). *Lenin: teoria e prática revolucionária*. Marília: Oficina Universitária; São Paulo: Cultura Acadêmica, 2015. p. 83-104.

GRAMSCI, Antonio. *Escritos políticos*. Vol. 1 e 2. Rio de Janeiro: Civilização Brasileira, 2004.

_____. *Cadernos do cárcere - Volume 1: introdução ao estudo da filosofia. A filosofia de Benedetto Croce*. Rio de Janeiro: Civilização Brasileira, 1999.

LENIN, Vladmir Ilitch. *Que fazer? Problemas candentes do nosso movimento*. 2 ed. São Paulo: Expressão Popular, 2015.

_____. *Esquerdismo: doença infantil do comunismo*. São Paulo: Expressão Popular, 2014.

LIGUORI, Guido. *Gramsci conteso: interpretazioni, dibattiti e polemiche*. Roma: Editori Riuniti, 2012.

MARX, Karl. *Contribuição à crítica da economia política*. São Paulo: Martins Fontes, 1977.

TOGLIATTI, Palmiro. Gramsci e il leninismo. In: TOGLIATTI, Palmiro. *La politica nel pensiero e nell'azione: scritti e discorsi, 1917-1964*. Milano: Bompiani, 2014.

VANZULLI, Marco. Sobre o leninismo de Gramsci. In: DEL ROIO, Marcos *et al.* (orgs.). *Lenin: teoria e prática revolucionária*. Marília: Oficina Universitária; São Paulo: Cultura Acadêmica, 2015. p. 345-365.

GRAMSCI E A TRADUÇÃO DA REVOLUÇÃO DE OUTUBRO

RODRIGO DUARTE FERNANDES DOS PASSOS

INTRODUÇÃO

O pendor literário e linguístico da obra gramsciana possui um alcance inestimável[1], muito maior que o fato do comunista sardo ter sido estudante de Letras e Linguística até o quarto ano (sem concluir o curso) na Universidade de Turim. Trata-se de ponto coerente e semelhante em boa medida com o legado teórico-prático de Marx. Dotado de um estilo literário dos mais ricos e instigantes, o cânone do materialismo histórico, entre outros pontos, dotava a historicidade de seu pensamento de uma grandeza permeada por metáforas na expressão e vários significados de suas diferentes categorias. Desta forma, sem uma conotação que indicasse conceitos fixos e sim noções em função da historicidade e movimento dialético permanentes[2], a obra marxiana legou um caminho de ressignificações a ser seguido por outros, dentre eles, Gramsci à sua própria maneira[3].

---

[1] A título de exemplificação, consultar a respeito Ives (2004), Ives & Lacorte (2010) e Mussi (2014).

[2] Ver a respeito Silva (2012). Sou grato pela indicação dessa referência às aulas de José de Souza Martins, que sempre enfatizou tal perspectiva na obra marxiana e a menção ao livro referido de Ludovico Silva. Ainda conforme lembrado pelo professor Martins, o movimento dialético mencionado é hegeliano e tem um caráter triádico composto de afirmação, negação e negação da negação ou afirmação e negação.

[3] Não é o intuito sugerir que Gramsci tenha pensamento com os mesmos componentes do homônimo marxiano. Ressalta-se a perspectiva marxista que permeia a obra do comunista italiano com suas próprias particularidades.

A maneira gramsciana de buscar ressignificações adequadas à perspectiva unidade-particularidade em termos históricos, culturais etc. é uma de suas categorias centrais na sua obra pré-carcerária e carcerária: a "tradutibilidade" ou "traducibilidade" ou simplesmente "tradução" (Gramsci, 1975, p. 468 e 2004, p. 247). A "tradução" é uma categoria central por ressignificar, incorporar conceitos externos e estranhos ao aparato de elaboração do comunista italiano. Permite adequar e compatibilizar sem o recurso a ecletismos excludentes ou incompatíveis com a obra gramsciana conceitos cuja gênese é externa e estranha ao seu aparato teórico-prático-metodológico. Ela permite ressignificar histórica e culturalmente em termos do marxismo gramsciano categorias e fontes estranhas ao materialismo histórico. Neste sentido, a apropriação não eclética[4] de Gramsci de categorias de Maquiavel, De Sanctis, Croce, Pareto, Cuoco, Quinet, Michels, Kjellén, Sorel, dentre outros faz parte desse esforço de "tradução". Também a ressignificação de categorias com tão amplas e distintas aplicações (e, portanto, definições) no contexto de toda a sua obra faz parte do esforço de traduzir. Afinal, como se sabe, é um empreendimento dos mais difíceis fazer uma simples definição de hegemonia ou de revolução passiva[5], como alguns dos mais complexos exemplos do categorial gramsciano, na medida em que são tratados de modo bastante diverso em distintos contextos culturais e históricos.

---

[4] O ecletismo é definido como uma deficiência teórico-metodológica que confunde sistemas conceituais e categorias que possuem pontos divergentes, excludentes e incompatíveis entre si. Nas palavras de José Jeremias de Oliveira, significa o "[...] uso de conceitos fora dos seus respectivos esquemas conceituais e sistemas teóricos, alterando os seus significados. A ocorrência do termo sem definição que reduzisse ou eliminasse a sua ambiguidade, não permitiria saber a qual de vários conceitos possíveis está associado. Inadvertidamente, muitas vezes, utiliza-se o sinal que expressa o conceito, mas não o próprio conceito. O discurso torna-se vazio ou obscuro sem que o cientista social perceba que a sua linguagem pode dificultar a comunicação. Se tal ocorrência é grave ao nível da teoria, será gravíssima em nível metateórico ou metassociológico. Neste caso os conceitos metodológicos desprovidos de suas características limitar-se-ão a nomeações e classificações rituais de posturas sem qualquer influência nas estratégias de investigação, o que é comum em textos produzidos por autores desprovidos de treinamento metateórico. Termos vazios de significado não podem funcionar como instrumental de reconstrução teórica ou metodológica. Esta é uma caracterização, diremos que, formal do ecletismo". (Oliveira, 1995, p. 263).

[5] Sobre a unidade orgânica entre hegemonia e revolução passiva e uma introdução à compreensão destas categorias, consultar Bianchi (2006) e Morton (2010). Sobre algumas das possibilidades da tradução da categoria de revolução passiva na trajetória histórica brasileira, consulte-se Dias (2006 e 2012), Del Roio (2012) e Coutinho (2000).

A tradução assume no âmbito do marxismo — o que Gramsci chama de "filosofia da práxis" — uma riqueza ímpar e profunda em termos de ressignificar categorias, enquanto um processo inigualável de uma unidade totalidade-particularidade. Giorgio Baratta (2004, p. 230) chama a atenção para o fato de que em termos gramscianos a tradução atinge um patamar orgânico, profundo somente no âmbito da filosofia da práxis, por oposição a um mero conjunto de esquematismos genéricos em outras concepções de mundo, em outras hegemonias.

A trajetória pessoal e política de Gramsci se liga intensamente à Revolução Russa de outubro de 1917[6] e à de sua principal liderança, Vladmir Ilitch Ulianov, mais conhecido como Lenin[7]. Gramsci foi um dos fundadores e principais dirigentes do Partido Comunista Italiano (PCI), Seção da Terceira Internacional Comunista, e um de seus representantes junto a tal organização. Gramsci veio a conhecer sua companheira Giulia Schucht, uma violinista soviética, durante uma de suas estadas na terra dos bolcheviques representando a seccional comunista da Itália. Giulia era filha de Apollo Schucht. Esse, amigo e conhecido de Lenin desde os tempos de militância nas fileiras do populismo russo, conviveu com o líder revolucionário no período de confinamento na Sibéria e o convidou para ser padrinho de Giulia (De Lauretis, 1987, p. 87). Estes seriam apenas alguns exemplos de muitos aspectos que poderiam ser discutidos sobre a ligação inestimável de Gramsci com a Revolução de Outubro.

Isso posto, busca-se neste texto abordar de forma introdutória uma resposta à seguinte questão: como é possível abordar aspectos da tradução ou ressignificação gramsciana da Revolução de Outubro ao contexto particular da Itália em diferentes momentos da obra pré-carcerária e carcerária? A hipótese que nos norteará sustenta que a experiência da ocupação e dos conselhos

---

[6] Ocorrida exatamente em 25 de outubro de 1917 em conformidade com o antigo calendário Juliano, adotado pela Rússia. Na data do calendário gregoriano adotado na maior parte do mundo e com o uso oficializado após a Revolução, a data correspondente seria 7 de novembro de 1917.

[7] Seu codinome ou pseudônimo Lenin tem a origem em nome do rio Lenia, cujo leito era próximo à prisão em que esteve confinado durante certo período na Sibéria. Ver a respeito Bolsanello (1994).

de fábrica durante o *Biennio Rosso*[8] envolveu camponeses e operários no processo de análise e de proposição de luta referente à questão meridional italiana no período pré-carcerário. Soma-se a isso os "ecos" da expansão da Revolução Russa em elaborações pontuais nos cadernos carcerários, que expressam, entre outros pontos, as inquietações de Gramsci no processo da tradução da Revolução de Outubro para as particularidades italianas, desprovidas de condições objetivas e subjetivas semelhantes àquelas russas, que desencadeariam o processo revolucionário na península.

O texto terá a seguinte ordem de apresentação, tomando como principal critério sequencial a cronologia da escrita gramsciana: a discussão referente ao *Biennio Rosso*, seguida da discussão referente à questão meridional, além do contexto de escrita no cárcere acerca da indagação gramsciana sobre a dificuldade de traduzir Lenin e a Revolução de Outubro para a Europa Ocidental a partir de texto apresentado pelo líder revolucionário para o Quarto Congresso da Internacional Comunista, realizado em 1922.

Portanto, o texto se debruçará sobre os anos de 1919 e 1920 e sua tradução da Revolução de Outubro, sob a ótica gramsciana.

O BIENNIO ROSSO (1919-1920)

É o próprio Gramsci quem coloca a temática da tradução da Revolução de Outubro em termos da ocupação e controle das fábricas no *Biennio Rosso* em artigo publicado no *L'Ordine Nuovo*[9] em 1924 a respeito da repercussão alcançada pelo referido periódico em seus dois primeiros números:

> A difusão alcançada pelos primeiros dois números depende certamente da posição que *L'Ordine Nuovo* assumiu nos primeiros anos de publicação e que consistia essencialmente no seguinte:

---

[8] Período compreendido entre 1919 e 1920 com um enorme número de agitações, manifestações sociais e greves no centro e norte da Itália.

[9] Agradeço a Rocco Lacorte pela indicação desse texto.

1) Em ter sabido traduzir na linguagem histórica italiana os principais postulados da doutrina e da tática da Internacional Comunista. Nos anos 1919-1920, isso significou a palavra de ordem dos conselhos de fábrica e do controle sobre a produção, ou seja, a organização de massa de todos os produtores tendo em vista a expropriação dos expropriadores, a substituição da burguesia pelo proletariado no governo da indústria e, portanto, necessariamente, no governo do Estado (Gramsci, 2004, p. 247).

Não é o objetivo deste texto explorar e aprofundar exaustivamente os vários aspectos que envolveram tão significativo momento da luta de classes na Itália daquele período[10]. Importa destacar e explorar os nexos da ocupação e controle das fábricas com a tradução da Revolução de Outubro.

Nesse diapasão, a atuação de Gramsci no grupo de *L'Ordine Nuovo* no âmbito do Partido Socialista Italiano (PSI)[11] permitia que tal periódico transmitisse a linha política que lhe era mais cara, favorável ao movimento revolucionário russo dirigido pelos bolcheviques. De acordo com a principal biografia sobre Gramsci de Giuseppe Fiori — e citando o próprio marxista sardo:

> A este ponto, qual era afinal a direção da pesquisa gramsciana? Atento à experiência dos soviets (em russo *soviet* quer dizer *conselho*), ao desenvolvimento dos conselhos de fábrica e de fazendas nos quais se organizaram os operários e os camponeses, o jovem se perguntava: "Existe na Itália, como instituição a classe operária, algo que possa ser comparado ao soviete, que comparticipe da sua natureza?... Existe um germe, uma veleidade, um esboço de governo dos soviets na Itália, em Turim?" A resposta era: Sim, existe na Itália, em Turim, um germe de governo operário, um germe de soviete: é a comissão interna. Mas como este embrião de democracia operária poderia desenvolver-se até se tornar o órgão do poder proletário? A ideia central de Gramsci era de que todos os operários, todos os empregados, todos os técnicos e mais tarde todos os camponeses e logo todos os elementos ativos da

---

[10] Para maiores detalhes sobre todo o período histórico referente ao *Biennio Rosso*, consulte-se Dias (2000, 2004a, 2004b).

[11] Ressalta-se que os grupos liderados por Amadeo Bordiga, bem como ligados aos periódicos *Il Soviet* e *L'Ordine Nuovo*, além de seus expoentes (Gramsci, Tasca, Terracini e Togliatti) se retiraram do PSI para fundar o PCI.

> sociedade deveriam tornar-se, fossem ou não inscritos no sindicato e independente do partido a que pertencessem, e mesmo que não militassem em um partido, mas apenas pelo fato de serem operários, camponeses, etc., de simples executores a dirigentes do processo produtivo; de peças de um mecanismo regulado pelo capitalista a sujeitos; em essência, que os órgãos democraticamente eleitos pelos trabalhadores (os conselhos de fábrica, de fazenda, de bairro) fossem investidos debaixo do poder tradicionalmente exercido na fábrica e no campo pela classe proprietária e nas administrações públicas pelo delegado do capitalista (Fiori, 1979, p. 149-150).

O *L'Ordine Nuovo*, com Togliatti, Tasca, Terracini e Gramsci se ocupou de ser o órgão dos conselhos de fábrica, com intensa participação dos redatores mencionados nos círculos educativos e assembleias de fábrica, para as quais eram convidados a participar em meados de 1919. Como pôde ser lido no trecho acima, a preocupação gramsciana era traduzir a experiência dos sovietes de forma concreta para condições italianas em termos da ampla participação de membros dos grupos e classes subalternas. Além disso, tratava-se de dar forma concreta à fórmula da "ditadura do proletariado", de modo a construir as novas instituições do Estado socialista.

A ascensão do movimento operário atinge seu ponto culminante em setembro de 1920. Parte significativa do movimento opta pela ocupação e controle das fábricas buscando o projeto de uma sociabilidade socialista. Ao sair da defensiva e tomar a ofensiva neste momento, antecipam-se à tradicional ocupação das fábricas por tropas. Em Turim, a ocupação é generalizada: 291 empresas ocupadas e geridas por operários, com os setores de vanguarda falando de ocupação armada, com fabricação de armas, turnos de guarda, disciplina militar entre os ocupantes e a manutenção da produção.

Edmundo Fernandes Dias cita um trecho publicado em setembro de 1920 no *L'Ordine Nuovo*:

> A ocupação é a crítica radical da estrutura industrial. Radical nega o capitalismo em todas as suas instituições: nega a apropriação privada e a disciplina-coerção que a torna possível e a garante. Nega o Estado. Mostra, profundamente, que o partido e o sindicato, tornaram-se não apenas desnecessários, mas obstáculos.

> A tomada das fábricas subverte a estrutura das classes porque as classes 'executoras', as classes 'instrumentais', tornaram-se classes 'dirigentes', colocaram-se como chefes de si mesmas, encontraram em si mesmas os homens representativos, os homens para investir no poder de governo, os homens que assumem todas as funções que fazem de um agregado elementar e mecânico, uma coesão orgânica, uma criatura viva, rompendo assim estruturas e, mais do que isso, toda a 'psicologia' das classes (2000, p. 213-214).

Todavia, parte da direção do movimento, vacilante e conciliadora parcela majoritária do PSI e de outros setores do movimento, a ausência de coesão entre os grupos mais avançados que lideraram o movimento — ordinovistas e bordiguistas[12] — e de maior envolvimento dos camponeses e trabalhadores do restante da Itália, em especial o Sul, foram determinantes para sua derrota. Faltaram algumas condições para a efetivação plena da revolução, ainda que dela o movimento estivesse bastante próximo naquele momento, de forma a poder traduzir nos termos acima mencionados a Revolução de Outubro.

Feita tal exposição, buscar-se-á abordar a seguir o tema da tradução da Revolução de Outubro sob a ótica da questão meridional.

A QUESTÃO MERIDIONAL

Franco de Felice e Valentino Parlato (1987, p. 17) refletem indiretamente sobre a tradução da Revolução de Outubro ao tratarem deste ensaio inconcluso de Gramsci, sustentando o paralelismo entre Itália e Rússia, que é uma preocupação recorrente do comunista italiano desde os seus escritos do período 1919-1920. Como se sabe, a Rússia czarista[13] era majoritariamente rural, agrária e muito atrasada, patriarcal com enormes contrastes, com alguns centros urbanos desenvolvidos e industrializados como Petrogrado e Moscou. O ensaio gramsciano que pauta esse item se encaixa, em linhas

---

[12] Termos que se referem respectivamente aos membros dos grupos do PSI que seguiam a orientação do periódico *L'Ordine Nuovo* e da liderança de Amadeo Bordiga e do periódico *Il Soviet*.

[13] Ver a respeito Trotsky, 1977.

gerais mas não esquemáticas, em tal lógica. Afinal, a Itália era dotada de uma enorme disparidade entre seu Norte desenvolvido, urbano e industrializado e o Sul e as ilhas, rurais, agrícolas e bastante empobrecidos, pontos que muito marcaram a formação e a trajetória de Gramsci, ele próprio um meridional oriundo da Sardenha[14]. A aliança operário-camponesa em termos leninianos fora uma diretriz fundamental na consecução da ação e direção hegemônica dos sovietes em todo o processo revolucionário de Outubro de 1917. Traduzir tal questão para as especificidades italianas, guardadas as devidas semelhanças e diferenças, seria um imperativo para a busca do processo revolucionário na península.

Grosso modo, a questão meridional italiana é definida por Gramsci em ensaio denominado *Alguns temas da questão meridional* (1987, p. 135-165), datado de 1926, nos seguintes termos:

a. A solução buscada para o descompasso entre o norte italiano, industrializado e desenvolvido, e o sul, atrasado, agrário e rural não passa pela redivisão do latifúndio entre proletários rurais. O Norte italiano subjugou o Sul e as ilhas num caráter de colônias de exploração. Gramsci defendia uma harmonização, fraternidade e paz entre Norte e Sul envolvendo operários e camponeses no seu horizonte revolucionário à época. Em outras palavras, a quebra da autocracia das fábricas e de todas as cadeias que prendem os camponeses à miséria.

b. Há relação dialética de dependência entre Norte e Sul, em que um não existe sem o outro. O grande número de poupadores meridionais que engrossavam os montantes investidos nos bancos italianos seria apenas um dos exemplos nesse sentido. Tal avaliação se opõe à visão do Sul como óbice ao desenvolvimento italiano e à ideia de que os seus obstáculos naturais seriam um grande problema. Ou ainda de que o Sul seria uma região com características de um atraso inibidor e que não é condição essencial do desenvolvimento do Norte.

c. Por oposição à solução temporária prescrita por Gramsci para a questão meridional nos marcos da democracia burguesa — uma democracia rural

---

[14] Ver a respeito Fiori, 1979.

em termos de uma aliança com os camponeses meridionais, uma política de liberdade alfandegária que possibilitasse a exportação dos produtos agrícolas do Sul e das ilhas, descentralização administrativa e de baixos preços nos produtos industrializados –, a burguesia optou por bloco capitalista-operário sem o direito ao voto, um protecionismo alfandegário, centralização como domínio sobre os camponeses do Sul e das ilhas em particular e uma política reformista no que refere aos salários e à liberdade sindical.

d. A grande desagregação social e o latifúndio pautam o sul italiano. Os camponeses, na sua maioria, são uma grande massa amorfa e desagregada. Adiciona a esse estrato social os intelectuais da pequena e média burguesia rural e os grandes proprietários de terra, além dos grandes intelectuais. Tais intelectuais quase monopolizam o acesso a muitas informações e cultura letrada.

Tal caracterização ajuda a explicar, ao menos em parte, as dificuldades de cunho orgânico, histórico que tiveram papel de relevo na quase bem sucedida insurreição levada a cabo no fim de 1920 no *Biennio Rosso*. De toda forma, a preocupação gramsciana em traduzir a aliança operário-camponesa preconizada na Rússia continuaria ecoando nas suas elaborações carcerárias.

O IV CONGRESSO DA INTERNACIONAL COMUNISTA E OS CADERNOS DO CÁRCERE

Importa para os objetivos desta análise o balanço dos rumos da Revolução de Outubro e as perspectivas para a revolução mundial a partir de um relatório apresentado por Lenin naquele evento, ao qual Gramsci esteve presente. O contexto mais amplo da intervenção de Lenin remete à superação das enormes dificuldades com o fim da guerra civil, à fome, à oposição dos camponeses que fora posteriormente apaziguada, à reorganização econômica com a Nova Política Econômica (NEP) e ao desafio de construir uma significativa indústria pesada para o desenvolvimento da União Soviética. Lenin fazia ali uma breve intervenção, em função da sua já débil saúde e de objeções médicas.

A propósito disso, a temática da tradução da Revolução de Outubro para o restante da Europa ocidental é apontada implicitamente por Carlos Nelson Coutinho como a mais importante discussão de Gramsci em seus cadernos carcerários:

> Se fosse possível resumir numa pergunta o problema ao qual os *Cadernos* tentam dar uma resposta '*fur ewig*' ou seja, de valor histórico-universal, essa pergunta soaria assim: por que, apesar da crise econômica aguda e da situação aparentemente revolucionária que existia em boa parte da Europa Ocidental ao longo de todo o imediato pós-guerra, não foi possível repetir ali, com êxito, a vitoriosa experiência do bolcheviques na Rússia? (Coutinho, 2007, p. 83)

De fato, inúmeras elaborações de Gramsci remetem diretamente ou indiretamente a tal questão. Mas raras são as alusões diretas à tradução da Revolução de Outubro especificamente.

Nos trechos reproduzidos abaixo, Gramsci se refere à traducibilidade das línguas citando Lenin como "Vilici" para fugir da censura do cárcere. Em texto de primeira redação da edição crítica dos cadernos carcerários organizada pela equipe de pesquisadores de Valentino Gerratana — um texto "A", portanto[15] –, assim aparece em texto escrito provavelmente em novembro de 1930[16]: "'Traducibilidade das linguagens científicas e filosóficas'. Em 1921: questões de organização. Vilici disse e escreveu: 'não soubemos 'traduzir' na língua 'europeia' a nossa língua'" (Gramsci, 1975, p. 854; tradução nossa).

No texto "C" referente ao trecho anterior, escrito provavelmente entre agosto e o final de 1932[17], há a seguinte elaboração: "Em 1921, tratando de questões de organização, Vilici escreveu e disse (mais ou menos) assim: 'não soubemos 'traduzir' na língua 'europeia' a nossa língua' (Gramsci, 1975, p. 1468; tradução nossa)."

---

[15] Na edição crítica dos cadernos carcerários (Gramsci, 1975), textos "A" são aqueles de primeira escrita, textos "C" são os de segunda redação com ou sem alterações e textos "B" constituem os de redação única.

[16] Cf. Francione, 1984 p. 142.

[17] Cf. Francione, 1984, p. 144.

Observam-se pequenas diferenças entre os trechos. Além da menção no texto "A" às linguagens científicas e filosóficas, omitidas no texto "C", existe uma proximidade acerca da fala de Lenin presente no texto "C", contudo removida no texto "A". O texto e a fala de Lenin em questão estão em um relatório apresentado ao já mencionado IV Congresso da Internacional Comunista.

> Em 1921, no III Congresso, aprovamos uma resolução sobre a estrutura orgânica dos partidos comunistas e sobre os métodos e o conteúdo do seu trabalho. A resolução é excelente, mas é quase inteiramente russa, isto é, tudo é tomado das condições russas. Este é o seu lado bom, mas também o mau. Mau, porque estou convencido de que quase nenhum estrangeiro poderá lê-la; eu reli esta resolução antes de dizer isto. Em primeiro lugar, é demasiado longa, conta 50 parágrafos ou mais. Habitualmente os estrangeiros não podem ler coisas assim. *Segundo, mesmo que a leiam, nenhum dos estrangeiros a compreenderá, precisamente porque é demasiado russa. Não porque esteja escrito em russo — foi magnificamente traduzida para todas as línguas –, mas porque está inteiramente impregnada de espírito russo. E, terceiro, se por exceção algum estrangeiro a conseguir compreender, não poderá cumpri-la. Este é o seu terceiro defeito. Conversei com alguns delegados que vieram cá e espero poder conversar detidamente com grandes números de delegados de diferentes países durante o congresso, embora não participe pessoalmente nele, pois infelizmente não me é possível.* Tenho a impressão de que cometemos um grande erro com esta resolução, isto é, que nós próprios cortamos o caminho para o êxito futuro. Como já disse, a resolução está excelentemente redigida e eu subscrevo todos os seus 50 ou mais parágrafos. *Mas não compreendemos como se deve levar a nossa experiência russa aos estrangeiros. Tudo quanto se diz na resolução permaneceu letra morta. E se não compreendermos isto não poderemos avançar. Penso que o mais importante para todos nós, tanto para os russos como para os camaradas estrangeiros, é que depois de cinco anos de Revolução Russa devemos estudar.* Só agora conseguimos a possibilidade de estudar. Não sei quanto tempo durará essa possibilidade. Não sei quanto tempo nos concederão as potências capitalistas a possibilidade de estudar tranquilamente. Mas cada minuto livre da atividade militar, da guerra, devemos aproveitá-lo para estudar, começando pelo princípio.
>
> Todo o partido e todas as camadas da Rússia o demonstram com a sua sede de saber. Esta inclinação para o estudo mostra que a nossa tarefa mais importante agora é estudar e estudar. Mas os camaradas

estrangeiros também devem estudar, não no sentido em que nós estudamos — ler, escrever e compreender aquilo que se leu, que é o que ainda precisamos. Discute-se sobre se isto diz respeito à cultura proletária ou à cultura burguesa. Deixo esta questão em aberto. *Em todo o caso, é indubitável que nós necessitamos, antes de mais nada, de aprender a ler, a escrever e a compreender o que lemos. Os estrangeiros não necessitam disso. Necessitam já de qualquer coisa de mais elevado: isto refere-se, em primeiro lugar, a que compreendam também aquilo que escrevemos acerca da estrutura orgânica dos partidos comunistas, e que os camaradas estrangeiros assinaram sem ler nem compreender. Esta deve tornar-se a sua primeira tarefa. É preciso levar esta resolução à prática. Mas isso não pode fazer-se da noite para o dia, é absolutamente impossível. A resolução é demasiado russa: reflete a experiência russa, por isso os estrangeiros não a compreendem e não podem satisfazer-se com pendurá-la num canto como um ícone e adorá-la. Assim não se pode conseguir nada. Eles devem assimilar parte da experiência russa. Não sei como o farão. Pode ser que os fascistas em Itália, por exemplo, nos prestem um bom serviço explicando aos italianos que ainda não são bastante cultos e que o seu país ainda não está garantido contra os cem-negros*[18]. *Talvez isso seja muito útil. Nós, os russos, devemos procurar também a forma de explicar aos estrangeiros os fundamentos desta resolução. Doutro modo eles serão absolutamente incapazes de cumprir esta resolução. Estou convencido de que, neste sentido, devemos dizer não só aos camaradas russos, mas também aos estrangeiros, que o mais importante no período que agora começa é o estudo. Nós estudamos em sentido geral. Mas eles devem estudar num sentido especial, para chegarem a compreender realmente a organização, a estrutura, o método e o conteúdo do trabalho revolucionário. Se isto for realizado, então estou convencido de que as perspectivas da revolução mundial serão não apenas boas, mas excelentes* (Lenin, 1980, p. 627-628; grifo nosso).

Os trechos destacados poderiam ser tratados sob a ótica metafórica gramsciana da tradução e, não por acaso, o comunista sardo se referiu assim sobre as questões de organização tratadas por Lenin. As partes destacadas evidenciam um grande cuidado por parte de Lenin com a necessidade de traduzir, não no sentido literal, mas metafórico, o que é válido da experiência

---

[18] Os grupos cem-negros foram criados pela polícia czarista para lutar contra o movimento revolucionário, promovendo assassinatos, ataques às forças progressistas e massacres contra judeus.

e realidade russas para outros países, aproveitando o que pode ser mantido em conformidade com a cultura, e aquilo que deve ser adaptado, ressignificado de forma não mecânica e esquemática para as demais particularidades de outras localidades. Tal tradução só é viável com o profundo conhecimento das singularidades e realidades históricas locais, filtrando o excesso de espírito russo que permeou as resoluções anteriores do III Congresso da Internacional Comunista.

Também constam nas linhas grifadas uma referência a conversas que Lenin tivera com delegados de outros países, destacando particularmente o conhecimento que possuía sobre a Itália e as ascendentes forças fascistas. No contexto dessa fala, o líder russo ressalta o papel da cultura contra as forças contrarrevolucionárias e a necessidade do partido estar apto a desempenhar tal tarefa e organizar-se. Talvez Gramsci fosse um daqueles delegados com os quais Lenin tivera contato.

Para Lenin, a resolução referida do congresso anterior estava eivada de espírito russo, cuja tradução (no sentido metafórico) não foi adequada para a consecução de outras revoluções fora das terras dos sovietes. Essa perspectiva incorria justamente no esquematismo e no mecanicismo que Gramsci julgava ser incompatíveis com a filosofia da práxis como projeto hegemônico, como visão de mundo; e que se faziam presentes naquelas posições antagônicas ao materialismo histórico.

CONSIDERAÇÕES FINAIS

Buscou-se mostrar ao longo desse texto de forma introdutória como a Revolução de Outubro de 1917 significou um referencial importante, mas não mecânico, esquemático para Gramsci. Isso porque a ressignificação cultural, social, histórica em termos de uma unidade-particularidade na forma do que ele chamou de tradução se mostrou um imperativo para a sua unitária e orgânica perspectiva histórica, filosófica e política e entre pensamento, ação e método. Isso incidiu em diferentes momentos da reflexão e ação gramscianas: na tradução da ação dos conselhos de fábrica em 1920 em Turim, na avaliação sobre a questão meridional e na reflexão sobre a dificuldade de adaptar as resoluções da Internacional Comunista para realidades que não a da Rússia.

Tudo isso remete de certa forma ao ponto para o qual Lenin chamou a atenção no IV Congresso da Internacional Comunista. Todavia não se quer sugerir que a elaboração de Gramsci seja uma simples reprodução do pensamento de Lenin. A riqueza do pensamento de Gramsci — e que se expressa na tentativa de traduzir a Revolução de Outubro de 1917 — remete a um contexto bem mais amplo de referências teóricas e práticas.

Nesse sentido, reproduz-se o oportuno juízo de Edmundo Fernandes Dias:

> Muitos pensam a formulação gramsciana como tributária da leninista. Ainda que reconhecendo — o que é uma obviedade — a importância da reflexão leninista sobre o pensamento gramsciano, estou convencido de que se trata de um debate rico a partir — ressalto — da elaboração do pensamento gramsciano anterior a esse encontro. Um pensamento que se elaborou numa articulação fecunda entre o que havia de mais avançado no movimento operário italiano (e mesmo europeu) com o movimento intelectual de vanguarda da universidade.
>
> [...] Repensar o discurso gramsciano hoje é repensar a teoria marxista e dar-lhe condições de eficácia como teoria e como prática. Mas para tal é necessário acabar com um tipo de leitura da obra de Gramsci que reduza à condição de verdade exterior às classes sociais (1991, p. 80 e p. 98).

Como Edmundo Fernandes Dias manifestou em seu derradeiro livro (2012), tratar de noções como classes sociais não deve implicar em conceito abstrato. Em outras palavras, é preciso traduzi-las para a vida cotidiana das pessoas, como sujeitos concretos, que devem ser elaboradores e portadores do seu próprio discurso. Tal como Gramsci preconizou o objetivo final da Revolução de Outubro foi a construção de uma nova hegemonia das classes e grupos subalternos.

REFERÊNCIAS BIBLIOGRÁFICAS

BARATTA, Giorgio. *As rosas e os cadernos — o pensamento dialógico de Antonio Gramsci*. Rio de Janeiro: DP&A, 2004.

BIANCHI, Alvaro. Revolução passiva: o futuro do pretérito. *Crítica Marxista*. São Paulo, v. 23, p. 34-57, 2006.

BOLSANELLO, Elio. *Lenin: biografia ilustrada*. São Paulo: Anita, 1994.

COUTINHO, Carlos Nelson. *Cultura e sociedade no Brasil: ensaios sobre ideias e formas*. Rio de Janeiro: DP&A Editora, 2000.

_____. *Gramsci: um estudo sobre seu pensamento político*. Rio de Janeiro: Civilização Brasileira, 2007.

DE FELICE, Franco; PARLATO, Valentino. Introdução. In: GRAMSCI, Antonio. *A questão meridional*. Rio de Janeiro: Paz e Terra, 1987.

DE LAURETIS, Teresa. Gramsci Notwithstanding: Or, the Left Hand of History. *Technologies of Gender: Essays on Theory, Film and Fiction*. London: Macmillan, 1987. p. 84-94.

DEL ROIO, Marcos. Translating passive revolution in Brazil. *Capital & Class*. v. 36, n. 2, p. 215-234, 2012.

DIAS, Edmundo Fernandes. Do giolittismo à guerra mundial — primeira parte. *Textos Didáticos*. Campinas, n. 39, outubro de 2004a.

_____. Do pós-guerra à fundação do PCD'I — segunda parte. *Textos Didáticos*. Campinas, n. 39, novembro de 2004b.

_____. *Gramsci em Turim: a construção do conceito de hegemonia*. São Paulo: Xamã, 2000.

_____. Gramsci, um interlocutor sempre atual. *Quaderni, Nuova serie*. San Paolo, p. 77-98, giugno 1991.

_____. *Política brasileira: embate de projetos hegemônicos*. São Paulo: Sundermann, 2006.

_____. *Revolução passiva e modo de vida: ensaios sobre as classes subalternas, o capitalismo e a hegemonia*. São Paulo: Sundermann, 2012.

FIORI, Giuseppe. *A vida de Antonio Gramsci*. Rio de Janeiro: Paz e Terra, 1979.

FRANCIONI, Gianni. *L´Officina Gramsciana: ipotesi sulla strutura del "Quaderni del carcere"*. Nápoli: Bibliopolis, 1984.

GRAMSCI, Antonio. O Programa de *L'Ordine Nuovo. Escritos Políticos* (1921-1926). Rio de Janeiro: Civilização Brasileira, 2004. Vol. 2.

_____. *Quaderni del carcere*. Torino: Einaudi, 1975.

_____. Alguns temas da questão meridional. *A questão meridional*. Rio de Janeiro: Paz e Terra, 1987.

IVES, Peter. *Gramsci´s politics of language: engaging the Bakhtin Circle and the Frankfurt School*. Toronto: University of Toronto, 2004.

IVES, Peter; LACORTE, Rocco (orgs.). *Gramsci, Language and Translation*. Plymouth: Lexington, 2010.

LENIN, Vladmir Ilitch. Cinco anos da Revolução Russa e perspectivas da Revolução Mundial — Relatório no IV Congresso da Internacional Comunista em 13 de novembro (1922). *Obras escolhidas em três tomos*. São Paulo: Alfa-Omega, 1980. Vol. 3, p. 618-628.

MORTON, Adam David. The continuum of passive revolution. *Capital & Class*. v. 34, n. 3. p. 315-342, 2010.

MUSSI, Daniela Xavier Haj. *Política e literatura: Antonio Gramsci e a crítica italiana*. São Paulo: Alameda, 2014.

OLIVEIRA FILHO, José Jeremias de. Patologia e regras metodológicas. *Estudos Avançados*. São Paulo, v. 9, n. 23, p. 263-268, 1995.

SILVA, Ludovico. *O estilo literário de Marx*. São Paulo: Expressão Popular, 2012.

TROTSKY, Leon. *A história da Revolução Russa*. Rio de Janeiro: Paz e Terra, 1977.

GRAMSCI E A REVOLUÇÃO NACIONAL

GIANNI FRESU

Um dos temas tipicamente leninistas que caracterizam a inteira obra e militância de Gramsci é a exigência política de traduzir nacionalmente os princípios do materialismo histórico, ou seja, recusar as afirmações genéricas e superficiais sobre o capitalismo ou a revolução em geral para construir uma nova teoria da transformação nas concretas condições de cada formação econômico-social. Aquele conjunto de questões que, nos *Cadernos do cárcere*, são definidas como "os elementos de trincheiras e casamatas".

Embora seja bastante ampla e difundida a tendência de apresentar a teoria da hegemonia como ponto de descontinuidade profunda entre Gramsci e Lenin, nas notas sobre guerra manobrada e guerra de posição do *Caderno 7*, o intelectual sardo reconheceu o grande mérito do revolucionário russo em ter compreendido a complexidade dos aparelhos de domínio e hegemonia nas sociedades avançadas do Ocidente, indicando a tarefa da conquista hegemônica da maioria dos explorados. Pelo contrário, a teoria da "revolução permanente" era para ele o reflexo da teoria da guerra manobrada, do assalto imediato, isto é, de um país onde as condições gerais econômicas, culturais e sociais eram embrionárias e pouco desenvolvidas e, portanto, a classe dominante não era capaz de exercer uma hegemonia político-social própria. A fórmula da "revolução permanente" (*Caderno 13*) surgiu antes de 1848, como expressão cientificamente elaborada das experiências jacobinas e, mais, em geral, corresponde a uma fase de forte atraso da sociedade no campo, na sociedade civil, nos aparelhos privados da hegemonia das classes dominantes, onde ainda faltavam os grandes partidos políticos e os sindicatos.

Essa fase muda radicalmente em 1870, com a nova expansão colonial europeia, quando as relações organizativas internas e internacionais dos Estados tornam-se mais complexas e articuladas, levando à mesma mudança acontecida na arte militar: a fórmula da "revolução permanente" é superada da "hegemonia civil", ou seja, a "guerra de movimento" se torna "guerra de posição". As articulações internas (nacionais) das democracias modernas são pela arte política como as "trincheiras" e as fortificações permanentes da "guerra de posição" e podemos dizer que "um Estado vence uma guerra enquanto a prepara militarmente em tempo de paz" (Gramsci, 1975, p. 1566-1567). Conforme, afirma Gramsci no *Caderno 7*, a teoria de Trotsky era fruto de uma "impostação superficial", seja sobre o plano nacional, seja europeu, e apenas a sua obstinação o convenceu que aquilo elaborado em 1905 tivesse acontecido somente quinze anos depois. Segundo Gramsci, Trotsky, nas suas memórias, afirmou que o elo, a conexão e a continuidade entre revolução burguesa e revolução socialista geram naturalmente uma condição de revolução permanente, que pode acabar só com a vitória final da revolução social. Nesse sentido, ele reivindicou a retidão da sua posição ao desejar queimar todas as etapas transformando logo a revolução burguesa de 1905 em socialista. Segundo Gramsci, todavia, "a teoria de Trotsky não era boa nem quinze anos antes, nem quinze depois", *"indovinò all'ingrosso"*:

> Como dizer que se adivinha que uma criança de quatro anos se tornará mãe e, quando ela se torna mãe aos vinte anos, dizemos 'eu adivinhei', não lembrando, porém, que quando tinha quatro anos se queria estuprar a criança seguro de que se tornaria mãe (1975, p. 866).

Pelo contrário, Lenin, em março de 1921, compreendeu que no Ocidente depois das falhas das revoluções ocidentais, e de uma comprida fase de ofensiva reacionária, era preciso mudar da "guerra manobrada" a "guerra de posição". A primeira teve sucesso na Revolução Russa de 1917, mas a segunda era a única possível no Ocidente, onde a sociedade civil era mais desenvolvida e as capacidades hegemônicas da classe dominante maiores. Esse era o sentido mais imediato da teoria da "frente única". Lenin teve a capacidade de entender esta necessidade, mas não teve tempo para desenvolvê-la, também porque a faria apenas no plano teórico: enquanto "a tarefa fosse essencialmente nacional", pertenceria aos partidos dos países ocidentais a função de encaminhar uma profunda investigação do terreno e uma fixação dos elementos de trincheira e de fortaleza. Tudo isso encontra uma confirmação na famosa nota Maquiavel do *Caderno 14* em que o intelectual sardo afirma que no materialismo histórico — seja na concepção de Marx ("a formulação do seu fundador"), seja naquela de Lenin ("a definição do seu mais recente e grande teórico") — a situação internacional era considerada, antes de mais nada, no seu aspecto nacional: "Realmente a relação 'nacional' é o resultado de uma combinação 'original' única (em um certo sentido) e essa originalidade e unicidade deve ser compreendida e concebida se queremos dominá-la e dirigi-la" (Gramsci, 1975, p. 1729).

A tarefa da "classe internacional" era, portanto, "estudar exatamente a combinação de forças nacionais" desenvolvendo-as também em função das exigências internacionais. Se investigamos todo o esforço entre 1902 e 1917 dos "maioritários" (os bolcheviques), escreve Gramsci, compreendemos como a originalidade deles foi de "depurar o internacionalismo de cada elemento vago e puramente ideológico (no sentido deteriorado) para dar-lhes um conteúdo de política realística". A hegemonia se substancia das exigências de caráter nacional, portanto, uma classe internacional, para conduzir estratos sociais estritamente nacionais, precisa nacionalizar-se, porque (por causa da derrota das revoluções no Ocidente) ainda não se objetivaram as condições mundiais para o socialismo. Pode definir-se classe dirigente só aquela capaz de interpretar essa combinação, por isso, conclui Gramsci, as acusações de nacionalismo que "Leon Davidovitch" (Trotsky) levantou contra "Bessarione" (Stalin) "são ineptas se referidas ao alvo da questão". É interessante sublinhar como Gramsci entrelaça as tendências não nacionais aos erros típicos do mecanicismo da Segunda Internacional, onde ninguém pensava existir as condições internacionais para encaminhar o processo revolucionário e, na espera que os outros também alcançassem o nível adequado, a única atividade real do movimento foi a acumulação de forças. Agora a mesma postura "não nacional" se apresentava no trâmite da teoria da revolução permanente, que Gramsci define como fruto de um "napoleonismo anacronístico e antinatural":

As fraquezas teóricas destas formas do velho mecanicismo são mascaradas na teoria geral da revolução permanente, que nada mais é do que uma previsão genérica apresentada como um dogma que se destrói por si mesmo, pelo fato de não se manifestar factualmente (Gramsci, 1975, p. 1730).

SABER OUVIR OS SUBALTERNOS

No ano de 1891, quando Gramsci nasceu, a Itália estava empenhada na guerra alfandegária contra a França, consequência da política protecionista em favor da nascente indústria nacional e as grandes produções agrícolas dos latifúndios, a base social do novo Estado unitário que depois ele chamou de "bloco histórico". A Sardenha, arrastada no ano de 1887 pelo desmoronamento do seu sistema bancário, viu fechar-se de repente o mercado da França, destinação histórica para a maior parte (80%) das suas exportações, em particular gados, agrumes, vinho e azeite. Tudo isso, provocou o empobrecimento e o abandono dos campos, onde a única alternativa foi o pastoreio, mas também este setor produtivo tradicionalmente atrasado ficou enfraquecido pela constituição, entre 1885 e 1900, das primeiras indústrias de produção de queijo, que fixaram um preço para o leite tão baixo que impedia qualquer possibilidade de desenvolvimento. A outra alternativa foi a mineração, mas também aqui as condições para os trabalhadores eram desastrosas em razão da crise e das condições inumanas do trabalho. Além disso, embora fosse uma grande exploração, os salários eram baixíssimos, os piores na Itália, por isso a Sardenha entre 1890 e 1910 (exatamente os anos da formação sarda do jovem Gramsci) ficou marcada por frequentes levantes populares e lutas que envolviam toda a ilha. Não casualmente, a primeira greve geral da história da Itália foi deflagrada depois da violenta repressão do exército contra as reivindicações dos trabalhadores mineiros sardos em 1904, a famosa "matança de Buggerru".

Expliquei tudo isso, para dizer que a obra de Gramsci não é o grande plano estendido sobre a mesa de um intelectual brilhante. É um trabalho nascido das lutas sociais concretas, da experiência direta de uma condição de miséria e marginalização social que ele mesmo viveu. Entre Gramsci e as classes subalternas se desenvolve uma relação empática, orgânica, não uma mera relação de representação, e isto é em boa medida devido ao ambiente social e cultural, ao conhecimento pessoal das injustiças a que eram condenadas as massas sem voz. Uma relação empática confirmada pelos testemunhos diretos dos que trabalhavam com ele. Entre esses, os muitos operários turineses protagonistas do Biênio Vermelho diziam: "se muitos dirigentes do movimento sabiam falar com os operários, Gramsci sabia ouvi-los".

A existência do intelectual italiano, como aquela de muitos jovens da sua geração, ficou marcada pelo drama da Primeira Guerra Mundial, o conflito onde foram aplicadas em larga escala as novas grandes descobertas científicas dos decênios anteriores. Uma guerra de massa, conduzida por exércitos recrutados por base obrigatória, em que são enviados literalmente ao massacre milhões de camponeses e operários. Há uma expressão característica daquele conflito, utilizada muitas vezes por Gramsci, que esclarece perfeitamente o uso instrumental das classes subalternas por parte das classes dirigentes: "carne para canhão". Nas reflexões gramscianas, essa relação dualista vai além do contexto da guerra, encontrando sua plena expressão nas relações fundamentais da moderna sociedade capitalista. Nesse sentido, é que Gramsci utiliza a categoria de cadornismo[1] como uma síntese exemplar das relações político-sociais entre os dirigentes e os dirigidos, das modalidades de direção dos primeiros sobre os segundos.

O encontro com Turim, "a Petrogrado da revolução italiana", onde ele chegou em 1911 para estudar na Universidade, representa uma viragem na vida de Antonio Gramsci. Naqueles anos, a velha capital do reino foi a dimensão mais alta do desenvolvimento fordista na Itália, além do que o lugar onde mais forte e consciente foi o nível do enfrentamento de classe. Esse encontro é, para sua formação, fundamental: o jovem Gramsci — em cujo código genético político-social estava bem presente o espírito de rebelião dos pastores, dos trabalhadores mineiros e rurais da sua terra — em Turim entra em contato com a força organizativa do movimento operário. A partir dessa experiência se forma uma concepção muito articulada do conflito de

---

[1] Luigi Cadorna foi o responsável geral da derrota militar na batalha de Caporetto na Primeira Guerra Mundial, famoso por conduzir uma estratégia bélica muito pesada (em termos de vidas humanas sacrificadas) que se desinteressava pela sorte dos soldados colocados na primeira linha das operações pela certeza de suas mortes.

classe e até mesmo da ideia da revolução, na qual se impõe a necessidade de pôr em síntese, organicamente, as instâncias dos operários do Norte com as reivindicações das massas camponesas do Sul. Sem conhecer este processo de formação político intelectual, é muito difícil entender as peculiaridades da obra de Gramsci no panorama do marxismo italiano e mundial. O tema do atraso meridional, da questão camponesa e da necessidade de um papel hegemônico da classe operaria é, portanto, característica de toda a elaboração gramsciana, desde as suas primeiras experiências no movimento socialista. Encontramos escritos de Gramsci sobre esse tema já em 1916 e, com continuidade, em muitos outros artigos até o ano de 1926. Todavia, a primeira elaboração orgânica busca-se nas *Teses do Congresso de Lyon*.

Nas *Teses*, o dado inicial é a investigação sobre a natureza do capitalismo italiano, caracterizado por uma composição social marcada pela fraqueza do industrialismo e pela falta de matérias-primas. Ao industrialismo se contrapõe a uma agricultura que, na multíplice articulação de diferentes camadas rurais, constitui a base econômica do país. Nessa dialética se coloca uma burguesia urbana bastante ampla, compostas pelas chamadas profissões liberais (advogados, empregados do Estado, engenheiros), comerciantes e artesões. Essa fraqueza explica porque o capitalismo industrial teve de constituir-se formando um bloco social com as camadas da grande propriedade agrária, num sistema de compromissos antinatural que irá garantir a supremacia de ambos nos ambientes a partir dos quais atuam. Um bloco baseado na solidariedade entre os interesses dos grupos privilegiados, mas com danos para os interesses gerais da produção e do mundo do trabalho que, travando a dialética entre classes geralmente contrapostas nas relações sociais capitalistas, impediu também o desenvolvimento parlamentar e liberal do jovem reino. Ele realizou um sistema de acumulação das riquezas proporcional ao empobrecimento de categorias sociais inteiras e regiões do país — o Sul em particular —, produzindo o atraso do desenvolvimento econômico, o déficit público, a exploração do trabalho e a emigração em massa dos italianos para o norte da Europa e para as Américas.

Nas *Teses*, a debilidade do Estado e da estrutura social que o suporta encontram origens bem definidas, representando já uma antecipação da leitura de *A questão meridional* e dos *Cadernos do cárcere*. A Itália tornou-se Estado unitário principalmente pela concomitância de situações favoráveis ao nível internacional, utilizadas com inteligência pelos liberais de Cavour. O fortalecimento do Estado nascido do *Risorgimento* aconteceu através de um compromisso não natural entre o capitalismo industrial e as classes proprietárias (latifundiários e pequena burguesia), e sobre as quais a nova nação podia exercer uma hegemonia muito limitada.

O compromisso, base da unidade nacional e que sustentava o bloco histórico das classes dirigentes, tinha seu fundamento no desenvolvimento desigual entre Norte e Sul, razão pela qual o enriquecimento do primeiro era inversamente proporcional ao empobrecimento do segundo, destinado a se tornar um mercado de exploração colonial interno. Este tipo de desenvolvimento aparecia para as populações meridionais realmente como uma situação colonial (Gramsci em vários artigos e nas *Cartas* o explica falando de sua terra, a Sardenha), assumindo a grande indústria setentrional o papel das metrópoles capitalistas. Os grandes proprietários agrários e a pequena burguesia do Sul tinham a mesma função das camadas sociais que nas colônias se aliavam às metrópoles para conservar a condição de subalternidade das classes trabalhadoras. Desde as origens do Estado unitário, a tarefa das classes dirigentes foi exatamente conservar a condição de sujeição dos subalternos.

Mas, em uma perspectiva histórica mais ampla, este compromisso acabava por revelar-se inadequado, pois representava um freio ao pleno desenvolvimento das forças produtivas, pondo-se como o principal fermento da mobilização das massas contra o Estado. O *Risorgimento* acabou por ser uma "revolução sem revolução", uma mudança baseada sobre relações passivas e conservadoras em que o ponto de unidade entre burguesia do Norte e latifundiários do Sul ficava na necessidade de impedir a irrupção das grandes massas populares. Por isso, em função das frequentes crises de hegemonia das classes dirigentes nacionais, a saída sempre foi buscada na regressão autoritária: concentração dos poderes no governo, limitação das liberdades individuais e coletivas, repressão violenta das lutas sociais por assédios militares. Em apenas sessenta anos de vida do jovem Estado unitário isso aconteceu com o governo Crispi, na gravíssima crise do 1898-1900, na entrada extraparlamentar da Itália na guerra (contra a orientação do Parlamento e da sociedade), com ascensão ao poder de Mussolini, imposta ao Parlamento pelo rei Vítor Emanuel III, embora o chefe do fascismo representasse só os 5% dos deputados na Câmara.

Na fase 1890-1900 pela primeira vez a burguesia se põe concretamente o problema de organizar a sua ditadura. Um período caracterizado por uma série de providências políticas e legislativas (por exemplo, o protecionismo alfandegário com a denúncia dos tratados comerciais com a França) que levam ao fortalecimento da aliança entre industriais e burguesia agrária, até subtrair as camadas rurais do controle, até então, exercido pelo Vaticano em chave antiunitária. Todavia, à consolidação desse bloco histórico correspondem os progressos das organizações operárias e a rebelião das massas rurais. E eis o lugar do fascismo no tradicional quadro das classes dirigentes italianas. Ele assume a forma de reação armada com a precisa tarefa de transtornar as organizações dos subalternos, garantindo assim a supremacia dos dominantes e a sobrevivência de classes improdutivas e parasitárias. Por isso o seu aparecimento foi favorecido e protegido sem distinção pelos velhos grupos dirigentes. Porém, como esclareciam as *Teses do Congresso de Lyon*, a verdadeira base social do fascismo era e continuava a ser a tradicional pequena burguesia urbana e a nova burguesia agrária (exatamente as classes improdutivas e parasitárias que o regime protegeu).

O ensaio sobre A *questão meridional*, embora escrito em condições muito difíceis para Gramsci, é fundamental para explicar o sucesso internacional da sua obra, pois ofereceu uma pauta interpretativa sobre as dinâmicas do desenvolvimento desigual entre Norte e Sul, por meio das relações coloniais e semicoloniais, sendo depois retomado para ler outras realidades históricas e territoriais, como as do Brasil. Além disso, ao descrever a natureza amorfa e desagregada das massas camponesas meridionais, Gramsci define já os termos essenciais da categoria dos grupos subalternos, depois desenvolvida nos *Cadernos do cárcere*, sendo assim importantes para o florescimento de novos âmbitos de pesquisas internacionais como os estudos subalternos, pós-coloniais e culturais.

Para entender a importância desse escrito, é preciso citar uma *Carta do cárcere* de 6 de junho de 1932, destinada à cunhada Tania Schucht, na qual Gramsci escreve que a partir de A *questão meridional* ele encaminhou um percurso de análise sobre o transformismo considerado não como simples fenômeno de corrupção, mas um preciso processo de formação das classes dirigentes italianas por meio de cooptação. Um fenômeno que o forçou a reconsiderar radicalmente a noção de Estado, compreendendo que essa entidade, nas realidades desenvolvidas, precisava ser ampliada para a análise das diferentes gradações de hegemonias por meio das quais se articula o domínio político sobre a sociedade.

> Se você estuda toda a história italiana desde 1815, pode ver que um pequeno grupo dirigente conseguiu metodicamente absorver no seu círculo todo o pessoal político que os movimentos de massa, de origem subversiva, exprimiam. De 1860 a 1876, o *'Partito d'Azione'*, *mazziniano* e *garibalino*, foi absorvido pela Monarquia, deixando um resíduo insignificante que continuou a viver como 'Partido Republicano' mas tinha mais um significado folclórico do que histórico-político. O fenômeno foi chamado transformismo, mas não se tratava de um fenômeno isolado; era um processo orgânico que substituía, na formação da classe dirigente, o que aconteceu na França durante a Revolução e com Napoleão, e na Inglaterra com Cromwell. Depois de 1876 o processo segue molecularmente. Assume uma dimensão imponente no pós-guerra quando parece que o grupo tradicional não tem condições de assimilar e dirigir as novas forças produzidas pelos acontecimentos (Gramsci, 1974, p. 232).

As peculiares condições de desenvolvimento da sociedade italiana, a sua história, a sua tradição, fizeram a questão camponesa assumir duas formas típicas e específicas: a questão meridional e aquela vaticana. Pôr-se a tarefa histórica de conquistar a maioria dos explorados significava por ele assumir socialmente esses problemas, ou seja, incorporar as exigências de classe das massas camponesas nas reivindicações do breve e do longo prazo. Essa é provavelmente a passagem em que Gramsci com maior clareza retoma criativamente os conceitos desenvolvidos por Lenin no III Congresso da Internacional Comunista, traduzindo-os para a concreta realidade italiana. É lá que Lenin levantou a necessidade dessa conquista hegemônica, levando o exemplo histórico dos bolcheviques que incorporaram o programa agrário dos socialistas revolucionários em 1917 até realizar uma reforma agrária pequeno-burguesa. Da mesma maneira, Gramsci, coloca o objetivo de incorporação da questão meridional e camponesa no programa revolucionário dos comunistas italianos.

Segundo Gramsci a classe operária italiana devia assumir a função de classe histórica geral dirigindo os camponeses e algumas categorias subalternas dos semiproletários urbanos, ou seja, abandonar cada rastro de mentalidade corporativa e sindical. Os seus membros deviam pensar como parte de uma camada capaz de dirigir seja os camponeses, seja os intelectuais. Essa era a única via para que a classe operária, ainda minoria social no país, pudesse encaminhar um processo revolucionário. Com a falta dessa função hegemônica aqueles grupos oscilantes, potencialmente sensíveis à radicalização, ficariam sob a direção conservadora da burguesia contribuindo para o seu domínio. Gramsci define o Sul como uma grande desagregação social, onde os camponeses não têm nenhuma coesão entre eles. Não conseguindo transformar as próprias aspirações em forma centralizada, o fermento deles ficava na dimensão endêmica da rebelião sem perspectivas. Em cima dessa desagregação se estruturava o aparelho de domínio do bloco agrário, capaz de sujeitar as massas camponesas nessa condição amorfa e desagregada.

> O estrato médio dos intelectuais recebe da base camponesa o impulso para a sua atividade política e ideológica. Os grandes latifundiários no campo político e os grandes intelectuais naquele campo ideológico centralizam e dominam todo este complexo de manifestações. Como é natural, é no campo ideológico que a centralização acontece com maior eficácia. Giustino Fortunato e Benedetto Croce representam, portanto, as chaves do sistema meridional, as maiores figuras da reação italiana (Gramsci, 1971, p. 28).

No sistema meridional, portanto, além dos grandes intelectuais, assumia uma destacada importância o papel dos intelectuais intermédios, pois eles realizavam a coligação entre o grande dono da terra e o camponês. Esse tipo de intelectual tem origem na pequena burguesia que geralmente vivia da renda das suas propriedades rurais alugadas, uma herança da velha sociedade, destinada a ser superada com o desenvolvimento das relações capitalistas, mas que na Itália sobreviveu graças a natureza atrasada do bloco histórico que a dominava. Essa estratificação parasitária foi depois investigada nas notas sobre *Americanismo e fordismo* exatamente para compreender algumas das fundamentais raízes econômico-sociais do fascismo.

O fascismo, assim como o fordismo, objeto do *Caderno 22*, foram duas respostas, profundamente diversas, encontradas pela burguesia no início do século XX, para sair da sua crise orgânica. A primeira é uma resposta profundamente reacionária, uma violenta defesa da ordem tradicional, do sistema das rendas parasitárias caraterístico da sociedade europeia. A segunda, uma resposta mais progressista e racional sobre o plano econômico-produtivo, embora marcada também pelas suas íntimas contradições, teria determinado a passagem do velho individualismo econômico à economia programática. Ou seja, o melhoramento dos maquinários, a construção de uma nova figura operária, a diminuição dos desperdícios na produção, tinha por objetivo precípuo a passagem de uma fase de custos crescentes para uma outra de custos decrescentes, embora com um aumento do capital fixo.

O americanismo e o fordismo revelam a necessidade de realizar um novo sistema de acumulação e distribuição do capital financeiro, fundado diretamente sobre a produção industrial, que se mostrasse livre dos filtros de intermediação parasitárias típicos da civilização europeia. Não foi por acaso que as tentativas de introduzir esse tipo de padrão de acumulação na Europa se chocaram com muitas resistências intelectuais e morais. "A Europa [escreve Gramsci] queria a barrica plena e a mulher bêbada, todos os benefícios que o fordismo produz no poder da concorrência, mas guardando o seu exército de parasitas que comem grandes massas de mais-valor". Essa contradição é a origem da "crise orgânica" que arrastou as nações europeias no pós-guerra. O fordismo, para atuar concretamente, precisa que não existam classes sem uma função produtiva. Ao contrário, a civilização europeia, em particular aquela do Sul, era caracterizada pelo proliferar dessas camadas na burocracia estatal, no clero, na propriedade da terra, no comércio espoliador, no exército. "Quanto mais é velha a história de um país, tão mais extensas são essas estratificações de massas preguiçosas e inúteis que vivem do patrimônio dos avós, destes parasitas da história econômica" (Gramsci, 1975, p. 2141).

Assim, o sistema das rendas parasitárias na propriedade da terra do Sul da Itália[2], produziu um modo de acumulação entre os mais monstruosos e doentios, porque era baseado sobre um nível de exploração da miséria agrária pesadíssimo, uma vez que para manter o elevado nível de vida das famílias dos senhores — acostumados como parasitas das rendas latifundiárias –, eram necessárias quantidades sempre mais imponentes de dinheiro, que

---

[2] E o fenômeno parece ser exatamente o mesmo na história do Brasil.

não permitiam nem a acumulação, nem a poupança, nem os investimentos produtivos no campo. O corporativismo, para além das afirmações demagógicas da ditadura, não foi um instrumento para ultrapassar os restos semifeudais dessa formação. Ele teve em primeiro lugar uma tarefa de polícia econômica, foi essencialmente um instituto para controlar e inibir os trabalhadores evitando o conflito entre capital e trabalho. Em segundo lugar, teve a função de garantir a sobrevivência dessas camadas improdutivas e parasitárias, a sua verdadeira base social:

> O Estado fascista, [...] cria novos rentistas, ou seja, promove as velhas formas de acumulação da poupança, e cria quadros sociais fechados. Na realidade, a orientação corporativa tem funcionado para suportar posições periclitantes das classes médias, não para eliminá-las, tornando-se uma máquina de conservação do existente e não uma mola de propulsão. Por quê? Porque a orientação corporativa está na dependência do desemprego: defende aos empregados um mínimo de vida que, se fosse livre a concorrência, ruiria também ele, provocando graves sublevações sociais; cria (no Estado) empregos de novo tipo, organizativo e não produtivo, aos desempregados das classes médias (Gramsci, 1975, p. 1258).

Ao contrário da Itália, os Estados Unidos não estavam sobrecarregados por esse lastro histórico das classes parasitárias e também nisso se pode buscar a razão da extraordinária capacidade de acumulação dos capitais naquele país, bem como do seu teor de vida claramente superior ao das classes populares na Europa. Mas também o fordismo tinha uma tarefa de polícia econômica, limitando a subjetividade social dos trabalhadores por meio da destruição de qualquer atividade criativa no trabalho. O processo de racionalização fordista necessitava da criação de um novo tipo de trabalhador, plasmado sobre as exigências da produção na cadeia de montagem que Taylor definiu como um "gorila treinado".

A análise sobre o bloco intelectual do Sul teve uma centralidade não só investigativa, mas era a premissa para a elaboração de um programa revolucionário finalizado com a destruição do bloco histórico tradicional agora representado pelo fascismo. Gramsci colocou dois pontos essenciais desta estratégia: dirigir as massas dos subalternos rurais e favorecer a formação de partidos camponeses autônomos das classes dominantes e produzir uma fratura orgânica entre os intelectuais para favorecer entre eles uma vertente partidária do bloco social revolucionário. A colaboração no *L'Ordine Nuovo* com o intelectual liberal Piero Gobetti teve exatamente essa função.

Segundo Gramsci, o êxito conservador e passivo do *Risorgimento* não fez mais do que enxertar na secular estrutura de poder do Sul, o domínio do capitalismo setentrional, o qual, após a unificação, soldou-se ao da burguesia agrária do Sul em um novo bloco histórico, cuja pedra angular residia, uma vez mais, na função exercida por intelectuais como Benedetto Croce e Giustino Fortunato. O valor nacional da questão meridional encontra um dos seus "momentos" fundamentais precisamente na complexidade do bloco histórico, determinado por meio da unificação político-territorial que se observara na Itália.

Em uma famosa carta endereçada do cárcere de Milão a Tania Schucht, em 19 de março de 1927, Gramsci começa a falar sobre a exigência de um trabalho de pesquisa "desinteressado", capaz de ocupá-lo intensamente. Esse trecho é uma ponte entre a análise de *A questão meridional*, o último ensaio de Gramsci antes de ser preso, e aquela dos *Cadernos* e contém o plano de trabalho para os anos de prisão.

Já no primeiro *Caderno* o argumento da relação entre Norte e Sul foi investigado com uma prospectiva histórica que compreende as dinâmicas da formação nacional da Itália no *Risorgimento*, bem como as funções dos intelectuais nos equilíbrios políticos de dominação e hegemonia. Gramsci fala de uma exploração semicolonial que não aparecia em toda uma literatura que pensava o atraso do Sul como obra da incapacidade orgânica, da inferioridade biológica, da barbárie congênita do homem meridional. Segundo essa teoria, o Sul não conseguia emancipar-se da miséria e do atraso por razões internas, genéticos-raciais, e não por responsabilidade das relações coloniais impostas. Um Sul "bola de chumbo ao pé do Norte", que impedia um progresso mais rápido para a modernidade industrial e a riqueza econômica.

Também no primeiro *Caderno* aparece analisado um tema que é orgânico em toda a obra de Gramsci, qual seja, a fraqueza das classes dirigentes italianas: a interrupção no desenvolvimento da civilização comunal e a falta de formação de um Estado unitário moderno, os limites do *Risorgimento*, a ausência de uma dialética parlamentar na idade liberal, o fenômeno do transformismo. Este último, para Gramsci, não é apenas um problema dos maus costumes políticos, mas um preciso processo de cooptação com o qual, do *Risorgimento* ao fascismo, as classes dominantes conseguiram a consolidação do seu poder por meio da decapitação dos grupos avessos ao Estado. Tais análises, que esboçam os termos de uma "biografia nacional", são essenciais tanto para a história quanto para a ciência política, e nelas estão contidas algumas tendências que ciclicamente se repetem na vida política italiana, especialmente nos seus períodos de crise. Todavia, a originalidade que elas encerram está na definição do Estado como uma sociedade civil bem organizada. Cada sistema de poder (também o fascismo) não se sustenta só com a utilização da força, mas também através do consenso, ou seja, a capacidade de formar politicamente, culturalmente e socialmente o que é consenso na opinião pública. E eis a função essencial dos intelectuais em uma sociedade moderna, o grande tema da sociedade civil, a função de articulação no âmbito de uma esfera mais ampla, também definida como Estado.

Na ciência política, Gramsci é universalmente reconhecido como o teórico da hegemonia, por haver desvelado a natureza multíplice do poder. Uma sociedade moderna avançada tem formas estratificadas de direção política articuladas em dois níveis: a "sociedade civil", que corresponde à função de hegemonia exercida pela classe dominante sobre a sociedade inteira; a "sociedade política", ou o Estado no sentido mais estrito do domínio direto, incluindo as funções de comando e "governo jurídico". A concepção usual de Estado é, para Gramsci, errada e limitativa porque, em geral, permanece presa ao aspecto do domínio, sem dar a devida importância ao aparato privado da hegemonia, ou sociedade civil. Desse modo se subestimam as funções políticas da cultura, das relações sociais e também econômicas. Sociedade política e sociedade civil não estão separadas e em oposição. A segunda existe em função da primeira, a sustenta e alimenta. A ideia mesmo de "opinião pública" está conectada à de hegemonia política, como ponto de contato da dialética entre sociedade política e sociedade civil, entre força e consenso. "A opinião pública é o conteúdo político da vontade política". Esta é uma função do domínio político que consiste em conformar a opinião pública preventivamente a determinadas escolhas impopulares do Estado, em organizar e centralizar alguns elementos da sociedade civil.

A luta pelo monopólio dos órgãos de opinião pública, através do controle de jornais, partidos e parlamento tem a finalidade de evitar uma divergência e uma divisão entre os dois níveis. Diferentemente do que aconteceu na Rússia czarista, no Ocidente o assalto ao poder estatal é inútil sem uma prévia conquista hegemônica da sociedade civil. Este é o sentido das famosas notas acerca da "guerra manobrada" e "guerra de posição" sobre as quais escrevi acima:

> No Oriente o Estado era tudo, a sociedade civil era primitiva e gelatinosa; no Ocidente entre Estado e sociedade civil, havia uma justa relação e a qualquer abalo do Estado logo se divisava uma robusta estrutura da sociedade civil. O Estado era só uma trincheira avançada, por trás da qual se situava uma robusta cadeia de fortalezas e casamatas; em medida diversa de Estado para Estado, se entende, mas exatamente isto pedia uma cuidada investigação do caráter nacional (Gramsci, 1975, p. 866).

Na Itália, atrás da crise de hegemonia do regime liberal, estava o inútil esforço pela guerra, com a sua carga de promessas não respeitadas, e o irromper de sujeitos sociais antes passivos. O fascismo foi a lógica consequência de uma condição de equilíbrio precário em que nenhum grupo, nem aquele conservador, nem aquele progressista, tinha força para a vitória final. O uso da força, aquela legal do Estado e aquela ilegal das esquadras paramilitares fascistas, foram o meio com que as velhas classes dirigentes tentaram fazer frente à morte da velha ordem impedindo de toda forma o nascimento do novo.

LUTA PARA UMA NOVA HEGEMONIA E ESPÍRITO DE CISÃO

Desde as suas primeiras experiências no movimento socialista, segundo Gramsci, a revolução tinha de ser entendida como um processo que se desenvolve na prática, dia a dia. Assim a obra de Lenin e o sistema dos sovietes assumiam um valor universal, porque indicavam um modo concreto para a transformação socialista da sociedade, antes ainda da ruptura dos equilíbrios dominantes. Esse modo processual de entender a revolução, reforçado pelo exemplo do soviete, tinha uma tarefa bem precisa: traduzir nacionalmente, para cada país, segundo as próprias possibilidades, o sistema no seu processo histórico. O problema maior em que se encontrava o movimento operário internacional era buscar nos desenvolvimentos produtivos as condições para a edificação da nova ordem, da nova sociedade, envolvendo nesse processo os atores principais da produção industrial. É uma ideia molecular da revolução que não pode prescindir do protagonismo dos produtores, por isso, o tema central em toda a atividade e elaboração de Gramsci, antes e depois de 1926, é a autonomia política e social do proletariado e dos subalternos.

Nessa temática está a razão da crítica às modalidades deterioradas de direção política, a relação dualística, bonapartista, das massas com os dirigentes, no Partido Socialista Italiano, no sindicato, na direção bordigista do PCI. Já para o jovem Gramsci, o marxismo podia ser uma modalidade nova de participação na vida política, um instrumento de liberação com o qual se resolveria o problema desta histórica divisão, através da autoeducação dos trabalhadores nos seus organismos associativos, como os conselhos de fábrica, e na assunção direta por parte deles da direção produtiva e política. Gramsci pôs o acento sobre a exigência de se lançar as bases do processo revolucionário na intimidade da vida produtiva, para evitar que fosse só uma chamada estéril à vontade, um mito nebuloso.

Inerente à história da Itália estão dois problemas centrais na elaboração gramsciana: o partido político, além da fratura entre dirigentes e dirigidos, que corresponde à divisão fundamental entre trabalho intelectual e manual. O interesse de Gramsci pelos escritos de Maquiavel — sobre a construção de um Estado nacional moderno como na França e na Espanha — se explica também pela questão de um moderno partido político para trabalhadores e subalternos.

O *Príncipe* tinha posto a tarefa da criação de um Estado moderno e unitário na Itália, em uma fase de total desagregação nacional. Assim, Gramsci se pôs o objetivo de escrever um novo príncipe, que encarasse politicamente o tema da fundação do Estado dos trabalhadores, em uma época de derrota e refluxo pelo movimento operário. Um moderno príncipe, como organismo coletivo que encarna plasticamente a vontade das massas populares, não uma pessoa individual.

A modernidade do príncipe estava na compreensão de que, sem o irromper das grandes massas na vida política, não era possível a formação de uma vontade nacional popular. Essa intuição estava contida na ideia da reforma da milícia popular, para substituir os mercenários por uma milícia nacional, através do ingresso das massas camponesas. Desde a restauração de 1815, toda a história mostrava, pelo contrário, o esforço das classes dominantes para impedir tal irrupção. A ideia gramsciana de um moderno príncipe tinha a tarefa de destruir o equilíbrio passivo e conservador, através da realização de uma profunda reforma intelectual e moral, ou seja, uma profunda reforma política e econômica, capaz de pôr fim à subalternidade das massas populares.

Mas uma completa reforma intelectual e moral pode ser realizada só com a transformação das relações dualísticas entre dirigentes e dirigidos, bem como a recomposição da fratura entre trabalho intelectual e manual. Para alcançar a tarefa do socialismo não é suficiente abolir as classes, é preciso reverter a ideia de hierarquia social. Ao contrário, as organizações do movimento operário tinham se revelado inadequadas para fazê-lo, reproduzindo no seu interior as mesmas tradicionais formas da arte política, atribuindo às massas populares um papel secundário e subalterno.

A distinção entre dirigentes e dirigidos, governantes e governados, é um elemento primordial e irredutível da política. Assim, o partido que tem o objetivo da eliminação da distinção das classes na sociedade, tem que começar desde a formação dos grupos dirigentes, com a consciência da necessidade de acabar com essa divisão, erroneamente considerada natural, mas devida apenas à divisão do trabalho.

Ao identificar a figura do intelectual, Gramsci nota que o erro mais grave está em pesquisar, como elemento caraterizante, a natureza da sua atividade, em vez da posição social do intelectual nas relações produtivas existentes. A característica fundamental de um operário não é a natureza manual do seu trabalho, porque se assim o fosse não seria diferente das outras formas de trabalho instrumental. São as condições produtivas e sociais que determinam o trabalho operário. Segundo Gramsci, todos os homens são intelectuais, mas nem todos os homens têm na sociedade a função de intelectual, porque historicamente se formam algumas categorias especializadas pelo exercício dessas atividades, em conexão com todos os grupos sociais mais importantes.

Na construção de uma "Nova Ordem" social tem que haver, como premissa essencial, a superação dessa fratura historicamente determinada, como consequência de uma divisão do trabalho sofrida pelas massas dos trabalhadores subalternos. A criação por parte das classes populares dos próprios intelectuais orgânicos é o elemento chave e também muito complicado das tendências desagregadas e episódicas da história das classes subalternas. A unificação deles só pode realizar-se com a conquista da vitória, porque as classes subalternas sofrem constantemente a iniciativa da classe dominante também quando se insurgem. Os grandes intelectuais nascidos no seio do marxismo, para Gramsci, não foram ligados ao povo, não saíam do povo, mas das classes dominantes, para onde voltavam nas viragens históricas. A criação dos intelectuais orgânicos nas classes subalternas é para Gramsci o problema central, para evitar que os movimentos sejam decapitados nas fases de crise. Esta operação não consiste na separação de alguns proletários da classe para fazê-los dirigentes, mas transformar o papel e a função intelectual trazida na produção material.

Já em um artigo no ano de 1924, escrito por ocasião da morte de Lenin, Gramsci (1971) falou das relações entre partido e massas na construção do socialismo, afirmando que cada Estado é uma ditadura e enquanto esse existir, haverá o problema da direção de um chefe. Todavia, no âmbito da transição ao socialismo, a questão mais importante é a natureza das relações que intercorrem entre ele e as massas, porque tais relações têm que ser orgânicas e não hierárquicas e militares. A fim de que o chefe e o partido não sejam uma excrescência, uma sobreposição violenta, é preciso que ambos sejam elementos da classe, parte da classe, representando seus interesses e aspirações mais vitais.

Para Gramsci, Mussolini, ao contrário, representava à perfeição todas as características mais negativas do chamado chefe carismático, acostumado a seduzir o povo, mas sem qualquer ligação verdadeira com esse. Segundo Gramsci, a política não é imaginável sem ambição, assim como não pode existir um chefe que não mire o exercício do poder, mas também o problema se coloca do seguinte modo: se a ambição do chefe se eleva ao ponto de organizar um deserto em torno de si, ou se o chefe olha a sua ambição em função da elevação geral.

A mesma observação vale para a chamada demagogia, que geralmente está associada à tendência de servir-se das massas, suscitando o entusiasmo delas, bem excitado e alimentado, só com a tarefa de perseguir as próprias pequenas ambições, que podem assumir as formas do parlamentarismo democrático e também do bonapartismo plebiscitário e autoritário. Mas se o chefe não considera as massas "carne para canhão", um instrumento bom para alcançar os seus objetivos e depois jogar fora, e ao contrário pretende fazê-las protagonistas históricas de um fim político orgânico e geral, a demagogia assume uma função positiva. A tendência do demagogo deteriorado é tornar ele mesmo insubstituível, fazendo acreditar que atrás dele há só o abismo. Por esse meio ele elimina cada possível concorrente, pondo-se diretamente em relação com as massas, para o qual contam o "plebiscito, a grande oratória, os golpes de cena, o aparato coreográfico fantasmagórico". O chefe político, não movido pela pequena ambição, trabalha para criar um estrato intermediário entre ele e a massa, para suscitar possíveis concorrentes, para elevar o nível de capacidade das massas, e criar elementos que podem substitui-lo na função de chefe em qualquer momento.

Ir além do cadornismo significa torcer os velhos esquemas "naturalísticos" da arte política, combater o preconceito de que a filosofia é difícil demais e reservada a uma categoria especializada de intelectuais. Cada homem é um filósofo[3], participa de uma determinada visão do mundo, adere àquela "filosofia espontânea" de que se compõe a linguagem do "senso comum" e do "bom senso" da "religião popular", no qual se manifestam as opiniões, as superstições, as crenças do folclore. Todavia, esta "filosofia espontânea"[4] é imposta aos indivíduos mecanicamente no ambiente externo dos seus grupos sociais desde o ingresso no mundo consciente. Portanto, a fim de que as classes subalternas consigam plena consciência de si, devem ir além da filosofia espontânea, alcançar o momento da crítica, para determinar sua transformação em sujeitos ativos e protagonistas do processo histórico.

Uma visão crítica e coerente necessita da plena consciência da sua historicidade, ou seja, carece que a concepção alternativa corresponda a determinados problemas estabelecidos pela realidade e sejam historicamente determinados. Ela nasce de um peculiar desenvolvimento das forças produtivas,

---

[3] Já no artigo "Socialismo e cultura" do *L'Ordine Nuovo*, de 1919, Gramsci escreve que "cada homem é um filósofo" antecipando a leitura dos *Cadernos*.

[4] Nas notas sobre o *Ensaio popular* de Bukharin, Gramsci define a "filosofia do senso comum" como a "filosofia dos não filósofos", quer dizer, a concepção de mundo absorvida acriticamente nos ambientes sociais onde se desenvolve a individualidade do homem médio. Essa filosofia não fica sempre igual no tempo e no espaço e é caracterizada por ser uma "concepção desagregada, incoerente, não consequente, conforme a posição social e cultural das multidões" (Gramsci, 1975, p. 1396).

enfrenta as outras visões de mundo. Mas a criação de uma visão orgânica e coerente tem que assumir um caráter unitário, deve desembocar na socialização das descobertas já feitas, fazê-las ações concretas, "elementos de ordenamento intelectual e moral das massas". Para Gramsci, a passagem da "classe em si à classe para si" é um processo que pode realizar-se só através da superação dos velhos esquemas naturalísticos da política, ou seja, abandonando o jeito dualístico de entender a direção, que transforma o intelectual num sacerdote encarregado de interpretar os sentimentos das massas populares para traduzi-los em diretivas essas que devem seguir mecanicamente e militarmente.

Gramsci descreveu a ditadura dos intelectuais como a mais persistente das superstições, porque condena as massas em uma condição imutável e violenta de subalternidade. Nessa contradição se concentram todas as relações de domínio e exploração da sociedade burguesa, se legitimam os vínculos de comando e obediência da eterna distinção entre dirigentes e dirigidos. A filosofia, o saber, as direções políticas são apresentados aos simples como conceitos por demais difíceis, que seria melhor delegar a um sacerdócio especializado.

A questão da interdição dos intelectuais grandes e intermédios, contrários à tendência das classes subalternas à unificação, fica presente em toda a obra do cárcere encontrando no *Caderno 25* talvez uma das suas mais eficazes sínteses. Nele Gramsci afirma que cada traço de iniciativa autônoma (política, social e cultural) por parte dos subalternos assume um valor inestimável, por causa da natureza "episódica e desagregada" da história deles, porque sofrem constantemente a iniciativa dos grupos dominantes, também quando se insurgem. Portanto, a tendência para a centralização orgânica e coerente da atividade deles, capaz de ir além da rebeldia sem perspectivas, ou da simples reivindicação econômica, fica sempre quebrada pela interdição das classes dominantes. Gramsci escreve, assim, que a subalternidade só pode acabar com a vitória permanente desses grupos, tanto que apenas com o cumprimento de um ciclo histórico pode-se afirmar se a iniciativa dos grupos subalternos foi vitoriosa. Mais precisamente, os grupos subalternos não podem unificar-se enquanto não tornarem-se Estado.

A unidade das classes dirigentes acontece no Estado, tanto que pode-se dizer que a história delas coincide com aquela dos Estados. Todavia, como já explicado, isso não se resolve simplesmente no âmbito jurídico e político das instituições: "a unidade histórica fundamental, para a sua concretização, é o resultado das relações orgânicas entre Estado, sociedade política e sociedade civil". A história dos grupos subalternos é uma função desagregada e descontínua da história da sociedade civil e da história dos Estados. Portanto, para o "histórico integral", o estudo dos grupos subalternos torna-se central, e Gramsci aponta alguns conceitos essenciais:

1) como os grupos subalternos se formam e desenvolvem em relação aos processos produtivos, a difusão quantitativa deles, as possíveis origens por grupos precedentes, incluída a eventual persistência de mentalidades, ideologias e afins; 2) as modalidades, explícitas ou primordiais, de adesão às forças políticas dos grupos dominantes; 3) o nascimento de novos grupos que exercem o papel de manter o consenso e inibir as classes subalternas; 4) a existência de organizações dos grupos subalternos no terreno das reivindicações econômico-corporativas; 5) a existência de novas formações que afirmam a autonomia dos subalternos, apesar da persistência dos velhos quadros; 6) a formação de forças capazes de afirmar integralmente a autonomia dos subalternos, isto é, a capacidade de construir os próprios intelectuais orgânicos.

O processo evolutivo de afirmação da consciência dos subalternos precisa ser investigado com a máxima atenção pela manifestação do chamado "espírito de cisão", e para todas as contradições provocadas pela presença de elementos dirigentes provenientes das classes dirigentes também entre os subalternos. Concluindo, a nota 49 do *Caderno 3* é talvez aquela em que com maior clareza Gramsci explica a tarefa histórica de uma conquista hegemônica por parte das classes subalternas:

> O que se pode contrapor, por parte de uma classe inovadora, a este complexo formidável de trincheiras e fortificações da classe dominante? O espírito de cisão, a progressiva conquista da própria personalidade histórica, espírito de cisão que deve ampliar-se da classe protagonista às classes aliadas e potenciais; tudo isso precisa de um complexo trabalho ideológico, a primeira condição é o exato conhecimento do campo para esvaziar o seu elemento de massa humana (1975, p. 333).

O trabalho ideológico, finalizado à construção de uma visão orgânica e coerente dos trabalhadores e dos subalternos, precisa ser associado a uma atividade política-organizativa. A criação de um partido-intelectual coletivo, como união funcional dos intelectuais orgânicos que, por meio de uma elaboração, além de direção ampla e colegial, consiga superar a fratura historicamente determinada entre dirigentes e dirigidos, atividades intelectuais e funções do trabalho manual-instrumental.

REFERÊNCIAS BIBLIOGRÁFICAS

GRAMSCI, Antonio. *La costruzione del Partito Comunista, 1923-1926*. Turino: Einaudi, 1971.

_____. *Lettere dal carcere*. Torino: Einaudi, 1974.

_____. *Quaderni del cárcere*. Torino: Einaudi, 1975.

A CONCEPÇÃO REVOLUCIONÁRIA DA POLÍTICA EM GRAMSCI: UMA ANÁLISE DO CADERNO 13[1]

GIOVANNI SEMERARO

PREMISSAS HISTÓRICAS E ANALÍTICAS DO CADERNO 13

Em 1933, quando está escrevendo o *Caderno 13*, Gramsci vive o auge da sua produção carcerária, mas encontra-se a um passo do colapso físico. No dia 19 de novembro de 1933, de fato, devido às condições de saúde duramente debilitadas, é transferido da casa penal de Turi para a enfermaria carcerária de Civitavecchia e daí, no dia 7 de dezembro do mesmo ano, para a Clínica Cusumano de Formia. Suspensas, suas anotações nos *Cadernos do cárcere* vão ser retomadas com muita dificuldade só em julho de 1934[2], quando procura encaminhar diversos cadernos especiais e também o *Caderno 18*, com o título "*Niccolò Machiavelli II*"[3]. No entanto, a partir de meados de 1935, o seu trabalho intelectual é interrompido definitivamente pelo agravamento irreversível da

---

[1] Texto derivado do curso "Maquiavel, o Estado e a Vontade Coletiva: um estudo do *Caderno 13* de Antonio Gramsci", ministrado no Programa de Pós-Graduação em Educação da UFF, no segundo semestre de 2016. Artigo originalmente publicado na *Movimento — revista de educação*, Niterói/RJ, ano 4, n. 6, p. 34-53, jan./jun. 2017.

[2] Conforme as cartas de Tatiana a Giulia de 15/02/1934 e 16/04/1934, bem como a Piero Sraffa de 16/02/1934, 08/05/1934 e 26/06/1934 (Schucht, 1997). Conforme, também, a carta de Gramsci a Tatiana de 22/07/1935 (Gramsci, 1996, p. 763-765).

[3] Caderno de 4 páginas, formado por 3 parágrafos que reúnem, essencialmente, anotações e referências bibliográficas transcritas do *Caderno 2*.
Ao longo deste texto utilizamos a edição crítica dos *Quaderni del carcere* (Gramsci, 1975), cuja referência será feita com a letra Q, seguida pelo número do parágrafo e o número da página.

doença, situação que o levará progressivamente à morte, ocorrida na clínica Quisisana em Roma, no dia 27 de abril de 1937.

O conjunto dessas circunstâncias e diversos indícios derivados da análise do texto[4], levam a pensar que Gramsci não tenha substancialmente alterado o que havia registrado no *Caderno 13* até o final de 1933[5]. Embora inacabado, como a maioria das suas anotações no cárcere, o monotemático caderno "especial" 13 (texto "C"), intitulado por Gramsci "*Noterelle sulla politica del Machiavelli*", apresenta um conjunto de temas que versam essencialmente sobre a política, a marca mais proeminente do seu pensamento e da sua trajetória de vida. Intensos e surpreendentes pela multiplicidade de questões e reflexões inovadoras, os 40 parágrafos que formam o *Caderno 13* se apresentam como testamento político de Gramsci, ao mesmo tempo, um legado e um campo aberto de investigações e de férteis inspirações para o nosso tempo.

Levando em conta a cronologia e a composição das anotações, percebe-se que o *Caderno 13* se coloca como a culminância do mais importante grupo dos *Cadernos especiais* 10, 11, 12 e 13, o coração da obra carcerária. De fato, a construção e a interligação desses cadernos revelam claramente a relação dialética e a inseparabilidade que Gramsci confere à filosofia-educação-política e à sua recíproca tradutibilidade. De certa forma, portanto, o *Caderno 13* traduz em termos políticos a elaboração da filosofia da práxis desenhada nos *Cadernos 10* e *11*, bem como a explicitação da concepção de intelectualidade e de educação retratadas no *Caderno 12*. Os temas desses cadernos, assim, formam um conjunto unitário, confirmado por frequentes expressões que sustentam a impossibilidade de separar "uma filosofia que é política e uma política que é filosofia" (Q 16, §9, p. 1860) e mostram que a educação efetiva consiste em formar cada cidadão como "intelectual orgânico" e "dirigente" (especialista + político) (Q 12, §3, p. 1551). Esta visão deixa claro que a filosofia, a educação e a função do intelectual não são esferas abstratas e separadas, mas estão indissociavelmente imbricadas com a política e são partes constitutivas das subjetividades políticas populares dedicadas a realizar a

---

[4] Na nota 30 do *Caderno 13* Gramsci menciona a revista *Critica Fascista* de 15 de agosto de 1932 e na nota 25 faz referência a uma revista e a um livro de 1933 e nas outras notas do *Caderno 13* não se mencionam referências acima dessas datas.

[5] Em relação à datação e estrutura do *Caderno 13* ver: Francioni e Cospito, 2009, p. 167-181.

práxis revolucionária e a engendrar uma inédita concepção de hegemonia, as duas artérias principais do pensamento de Gramsci. Ao estudar, portanto, o *Caderno 13* é preciso levar em consideração esse pano de fundo, porque, como no grande canteiro inacabado dos *Cadernos do cárcere* se esconde uma visão orgânica por trás da forma reticular e aforismática das notas (Francioni, 2009), também neste caso, indo além da impressão de questões justapostas, descobre-se uma articulação das partes que confere unidade de inspiração e uma lógica à multiplicidade de temas reunidos nessas 96 páginas.

Entre as diversas matérias aqui abordadas, predominam as referências a Nicolau Maquiavel, o autor que confere o título ao *Caderno 13*. Mas, o leitor não demora a perceber que, na interpretação inusitada e genial feita sobre o pensamento do "secretário florentino", exilado da sua cidade, aflora poderosamente a visão do "secretário do Partido Comunista Italiano (PCI)", exilado na prisão fascista. De fato, na leitura inovadora realizada por Gramsci, *O Príncipe* de Maquiavel deixa de ser uma pessoa e se torna "o partido moderno" e esse não é entendido como uma aglutinação fanática em torno de uma grande personalidade, do *condottiere* excepcional que galvaniza o povo[6], mas é a expressão concreta de uma classe politicamente organizada dentro de um complexo e contraditório contexto de "relações de força" (Q 13, §2, §17), no qual os dirigentes vivem em profunda e incindível simbiose dialética[7] com o protagonismo das massas populares:

> O moderno Príncipe, o mito-Príncipe não pode ser uma pessoa real, um indivíduo concreto, só pode ser um organismo; um elemento social no qual tenha início a concretização de uma vontade coletiva

---

[6] Em 1924, por ocasião da morte de Lenin, Gramsci já escrevia que "o líder, o Partido são elementos da classe operaria, são uma parte dessa classe, representam seus interesses e aspirações mais profundas e vitais" (Gramsci, 2004b, p. 236).

[7] A profunda simbiose entre teoria e ação política, intelectual e povo, partido e massa popular, é central no *Caderno 13* e se apresenta como grande *ouverture* no §1. A novidade da interpretação de Gramsci consiste, de fato, não só em colocar em evidência os elementos de "ciência política" de *O Príncipe*, mas também o caráter "vivente" do livro, a paixão de Maquiavel em relação ao povo, com o qual "se confunde" para deflagrar a "fundação do novo Estado". Sobre a locução *"si sente medesimezza"* utilizada por Gramsci no *Caderno 13*, §1, p. 1556, para indicar a profunda identificação do intelectual com o povo, confronte Frosini, 2013, p. 571 *et seq.* e Frosini, 2016, p. 25 *et seq.*.

reconhecida e afirmada parcialmente na ação. Este organismo é já dado no desenvolvimento histórico e é o partido político, a primeira célula na qual se resumem os germes de vontade coletiva que tendem a tornar-se universais e totais (Q 13, §1, p. 1558).[8]

A tônica, assim, que permeia essencialmente o *Caderno 13* é a criação de uma práxis política coletivamente vivenciada, organizada e democraticamente conduzida, em sintonia com os elementos mais originais e revolucionários que Gramsci havia introduzido ao delinear a filosofia da práxis e o projeto pedagógico. Se, de fato, nos *Cadernos 10* e *11* Gramsci apresenta uma inédita concepção de filosofia a ser elaborada a partir da realidade viva das classes subalternas e rompe com a tradição da filosofia elitista com a surpreendente tese de que "todos são filósofos" (Q 11, §12, p. 1375) e no *Caderno 12*, coerentemente, ao combater toda a educação dualista e mecânica, sustenta que "todos são intelectuais" (Q 12, §3, p. 1550), no *Caderno 13* mostra, de forma igualmente impactante, que a política é autêntica e revolucionária quando as massas populares, tradicionalmente excluídas do seu direito substantivo de expressar sua vontade, se tornam sujeitos ativos e aprendem a exercer a própria soberania. Tais posições rompem com a atávica concepção de política fundada sobre a teoria das elites[9] e conectam profundamente a construção do Estado à criação de uma nova civilização realizada pelos que sempre foram subalternizados e objeto de governo de uma minoria.

---

[8] A identificação do "moderno Príncipe" com o "partido político" aparece em diversas notas do *Caderno 13*. Conforme, por exemplo, o §21 "Continuação do 'Novo Príncipe'. Afirmou-se que protagonista do Novo Príncipe não poderia ser, na época moderna, um herói pessoal, mas o partido político [...] que pretende (e está racional e historicamente fundamentado para este fim) fundar um novo tipo de Estado". Nas páginas 1560 e 1561 Gramsci deixa clara a função dialética do partido como "ulterior desenvolvimento da vontade coletiva nacional popular", "ao mesmo tempo organizador e expressão" dessa vontade. Essa relação dialética entre partido e vontade popular será explicitada ainda mais no §23.

[9] Em relação às teorias elitistas, além de Croce, ver no Q 13, §6 a crítica de Gramsci a Gaetano Mosca e a seu livro *Elementi di scienza politica* sobre a confusão e elasticidade do conceito de classe política e indefinição entre cientista político e posições de classe. E a referência no Q 13, §29 a *Borghesia e proletariado* de Robert Michels (autor recorrente nos *Cadernos*), pela "análise imprecisa e gelatinosa, do ponto de vista só 'estatístico-sociológico'". Ver, a propósito: Bianchi, 2013, p. 198-200.

Gramsci, portanto, embora inicie suas reflexões a partir de Maquiavel, ultrapassa a perspectiva inaugurada pelo "pai da política moderna". Analisadas atentamente, as páginas do *Caderno 13* revelam, de fato, um salto substancial no modo de entender a política, o Estado, o poder e a formação da "vontade coletiva", indo além do conceito de "vontade geral" de Rousseau (1994) e das teorias políticas elaboradas pelo pensamento moderno e contemporâneo[10].

Com base na visão inaugurada por Marx, na verdade, Gramsci procura esboçar um ensaio político tipo *O Príncipe* para as classes subalternas. De fato, já no §10 "Marx e Maquiavel", do *Caderno 4* (1930), além de destacar a proximidade entre os dois autores "enquanto teóricos da política militante, da ação", Gramsci manifesta o propósito de escrever "um livro que extraísse das doutrinas marxistas um sistema ordenado de política atual do tipo *O Príncipe*. O assunto seria o partido político em suas relações com as classes e com o Estado" (Q 4, §10, p. 432). Um plano que volta a se manifestar no Q 8, §21: "*O moderno Príncipe*. Dentro deste título podem ser reunidas todas as ideias de ciência política que podem concorrer à formação de um trabalho de ciência política que seja concebido e organizado como um tipo de *O Príncipe* de Maquiavel" (Q 8, § 21, p. 951).

Mas, diversamente do pensador florentino, Gramsci deixa claro, desde o *Caderno 4*, que "A inovação fundamental introduzida por Marx na ciência política e histórica em relação a Maquiavel é a demonstração de que não existe uma 'natureza humana' fixa e imutável e que portanto a ciência política deve ser entendida no seu conteúdo concreto [...] como um organismo historicamente em desenvolvimento" (Q 4, §8, p. 430-431; Q 13, §20, p. 598-599). Tal inovação leva Gramsci a colocar em questão a relação piramidal do poder, considerada natural e imutável, e a formular a definição mais radical de democracia que elimina a separação e a superioridade estabelecida entre governantes e governados, dirigentes e dirigidos (Q 8, §191, p. 1056). Ao operar

---

[10] No § 4 do *Caderno 15*, significativamente intitulado *Maquiavel. Elementos de política* encontra-se a desafiadora reflexão de Gramsci: "Na formação dos dirigentes é fundamental a premissa: pretende-se que existam sempre governantes e governados ou pretende-se criar as condições nas quais a necessidade dessa divisão desapareça? Isto é, parte-se da premissa da divisão perpétua do gênero humano ou confia-se que esta é apenas um fato histórico correspondente a certas condições?" (1975, p. 1752).

essa reviravolta, Gramsci refunda a política não apenas sobre relações sociais sujeitas às mudanças na história, mas, principalmente, sobre a constituição do poder que se origina na práxis das classes subalternas. Nesse sentido, o *Caderno 13* apresenta-se como o esboço de um tratado político militante totalmente inovador, campo aberto para as atuações criativas dos dominados e a construção da sua hegemonia, em contraposição à consagração das teorias hierárquicas elaboradas pelas classes dominantes. Partindo de Maquiavel, portanto, o intuito de Gramsci é mostrar a ampliação dos horizontes promovida pelo "príncipe moderno" e a superioridade das perspectivas inauguradas por Marx (Q 4, §8, p. 431), "o novo Maquiavel" ou "o Maquiavel do proletariado" (como o definiu Benedetto Croce), que refunda a política sobre o protagonismo das classes trabalhadoras politicamente organizadas.

A surpreendente concepção política condensada no *Caderno 13* não desponta do nada, mas está já presente em numerosas anotações dos *Cadernos* e permeia toda a obra de Gramsci, desde seus escritos pré-carcerários até seus últimos anos de vida[11]. Salvo a nota 25, que é de redação única (texto "B"), de fato, o conjunto do *Caderno 13* é construído sobre a reelaboração das anotações dos *Cadernos Miscelâneos 1, 4, 7, 8 e 9* (textos "A"). Além disso, deve-se considerar que nem todas as notas dedicadas a Maquiavel na obra carcerária foram aproveitadas no *Caderno 13*. Ficaram de fora 12 parágrafos de redação única (textos "B") dos *Cadernos 3, 5, 6 e 8*; 13 parágrafos do *Caderno 14*; 13 parágrafos do *Caderno 15*; 6 parágrafos do *Caderno 17*.

DA LEITURA ORIGINAL DE MAQUIAVEL PARA A NOVA CONCEPÇÃO POLÍTICA

À diferença da interpretação de Benedetto Croce, a peculiaridade da leitura de Gramsci consiste em ter situado Maquiavel no seu tempo e ter mostrado como aquele pensamento político, em oposição à postura cosmopolita dos intelectuais renascentistas, rompe com o feudalismo e a constituição

---

[11] A dimensão da crescente importância desse autor nas reflexões de Gramsci nos escritos pré-carcerários e ao longo dos *Cadernos do cárcere* pode ser vista no estudo de Liguori (2013 e 2016). Para um estudo completo é de grande importância construir uma grade comparativa entre as anotações carcerárias esparsas e as que formam o Caderno 13.

das comunas e visa a criar uma unidade nacional em torno da monarquia absoluta "a forma política que permite e facilita um ulterior desenvolvimento das forças produtivas da burguesia" (Q 13, §12, p. 1572). Além do caráter de ciência política, Gramsci destaca o *élan* "mítico" de *O Príncipe*, o seu papel de "artífice" da "vontade coletiva" dispersa e dos elementos "democráticos" que fortalecem a aspiração do povo a se autodeterminar, a adquirir a "arte do governo" para criar a configuração do seu próprio Estado (Q 13, §20, p. 1599; Q 17, §27, p. 1928-1929). Dessa forma, Gramsci mostra que a radiografia técnica e crua do poder exposta por Maquiavel, voltada a desvendar os seus mecanismos secretos, explica o antimaquiavelismo dos reacionários. Mas, também, serve a educar politicamente "quem não sabe, a classe revolucionária do seu tempo, o 'povo' e a 'nação' italiana, a democracia cidadã" (Q 13, §20, p. 1600-1661). Ao mostrar ao povo como agir para alcançar conjunta e realisticamente seus objetivos, "a posição de Maquiavel poderia ser aproximada dos teóricos e políticos da filosofia da práxis" pelo seu caráter de "'realismo' popular, de massa" (Q 14, §33, p. 1691). A sintonia com a filosofia da práxis emerge não apenas porque essa, também, considera a política uma ciência autônoma e imanente que se contrapõe à religião e à concepção metafísica, mas, principalmente, pelo fato de que a ação política é parte integrante da formação das subjetividades modernas e prerrogativa de todos, principalmente, das massas populares portadoras do poder que democratiza, de fato, a sociedade.

Quando Gramsci, portanto, partindo de Maquiavel, aborda "a questão da política como ciência autônoma" (Q 13, §8; §10), em um enfrentamento que agora continua no terreno da política, se contrapõe a Croce que, com sua dialética dos distintos, operava uma separação entre a teoria política e a prática, entre a atividade superior do espírito (dos intelectuais) e o momento ideológico das paixões (dos militantes partidários). Gramsci, ao contrário, mostra que na práxis social há uma inseparável reciprocidade entre teoria e prática (práxis), entre pensamento e ação, filosofia e ideologia, entre liberdade e igualdade, criação e execução, qualidade e quantidade, componentes essenciais na formação integral do ser humano e na construção de uma sociedade orgânica.

Tais posições levam Gramsci a ultrapassar também a visão de Rousseau e de Hegel que, sem levar em considerações as contradições de classes, haviam apontado para a construção de uma sociedade como "comunidade" e para um Estado como máxima realização da liberdade e expressão suprema do espírito.

Indo além da visão romântica e idealista desses marcantes autores, com base na visão de Marx, Gramsci situa as questões políticas dentro das contradições sociais e da luta de classe e se adentra em problemáticas que permanecem de grande atualidade também para os nossos dias. Na verdade, das 40 notas, só 12 se referem a Maquiavel, as outras são dedicadas a temas cruciais da política moderna e contemporânea e à nova compreensão do poder na dialética das "relações de força" em sociedades avançadas e complexas. Nessas, o desenvolvimento da sociedade civil e as mobilizações dos setores populares obrigaram a rever o conceito tradicional de política. A liberdade, a multiplicidade de atividades e a diversidade de grupos sociais no mundo moderno suscitam o problema crucial de como conseguir formar uma "vontade coletiva" que possa fazer com que "um povo disperso e pulverizado" chegue a se unificar, a se autodeterminar e a "fundar um novo Estado". Por isso, ao longo do *Caderno 13*, Gramsci apresenta a política como "arte de imaginação criativa" que precisa ser aprendida pelas classes populares para conjugar inseparavelmente análise da realidade concreta e intervenção política, elementos da estrutura e da superestrutura, as múltiplas variáveis em jogo no campo de forças sociais e a construção de um "bloco histórico", de modo a conseguir a construção da hegemonia e a criação do próprio Estado.

Para Gramsci, portanto, a concepção política se estrutura sobre um inseparável entrelaçamento dialético de ciência e arte, razão e paixão, de ser e dever ser, de intelectual e povo, de partido e massa, de "pessimismo da razão e otimismo da vontade". Dessa forma, distancia-se tanto de autores como Benedetto Croce que separa a política da paixão e nega à organização política liberdade e criação (Q 13, §8; §10), como também de Georges Sorel que aponta para o mito "abstrato" do espontaneísmo da ação coletiva que dispensa a necessidade da direção, entendendo "todo plano pré-estabelecido como utópico e reacionário" (Q 13, §1, p. 1557). O "sindicalismo teórico" pregado por Sorel, sustenta Gramsci, é uma "atividade passiva e destrutiva", em vez de "ativa e construtiva" que deveria preparar um grupo subalterno a "tornar-se dominante, a desenvolver-se para além da fase econômico-corporativa a fim de alcançar a fase de hegemonia ético-política na sociedade civil e tornar-se dominante no Estado" (Q 13, §18, p. 1590).

Diversamente das teorias políticas vigentes no seu tempo, o caminho trilhado por Gramsci é a formação da vontade coletiva nacional-popular baseada na "consciência operosa da necessidade histórica, como protagonista de um real e efetivo drama histórico". Com isso, Gramsci rejeita não só toda forma "econômico-corporativa", politicamente, a pior das formas de sociedade feudal, a forma menos progressiva e mais estagnante (Q 13, §81, p. 1559), mas se contrapõe também a todo tipo de reformismo: "fabianismo, De Man, parte considerável do laborismo, [...] tendências social-democráticas em geral" e combate as teorias liberais que implementam uma "rotatividade dos partidos dirigentes no governo, não de fundação e organização de uma nova sociedade política e, menos ainda, de um novo tipo de sociedade civil" (Q 13, §18, p. 1590-1591). Explica-se, assim, a distinção que Gramsci faz entre "grande política" e "pequena política", mostrando que a primeira visa à "fundação de novos Estados" e é construída organicamente pelo protagonismo popular e a segunda se dissolve em questões mesquinhas e oportunistas e é dominada por ambições pessoais. E, com sua fina ironia, observa que "é grande política tentar excluir a grande política do âmbito interno da vida estatal e reduzir tudo a pequena política" (Q 13, §5, p. 1564).

Como foi já observado, embora não se deva reduzir todo o pensamento de Gramsci exclusivamente à política, o papel desta é central no conjunto do seu pensamento[12]. A visão revolucionária de política introduzida por Gramsci não se deduz só do confronto travado com as teorias elitistas, autoritárias, reformistas e liberais, mas, também, do combate contra o economicismo e as distorções operadas pelo marxismo determinista e positivista. Contra os que apostavam mecanicamente no processo inercial das forças produtivas e nas inevitáveis crises estruturais que favoreceriam automaticamente a ruptura com o sistema dominante, Gramsci resgata a visão histórico-dialética de Marx e aponta para o desenvolvimento da capacidade de iniciativa, da organização política e das forças criativas das classes subjugadas, como subjetividades ativas. Daqui, a importância que Gramsci confere à formação permanente da vontade coletiva dos subalternizados, à organização democrática do partido, à construção da hegemonia popular, à criação de uma nova concepção de Estado, à função dos intelectuais orgânicos, à filosofia da práxis, ao papel da ideologia como paixão unificadora, à educação e à cultura de caráter popular

---

[12] Conforme os verbetes "Ciência da política" e "Relações de força", de autoria de Carlos Nelson Coutinho, constante no Dicionário Gramsciano (Liguori; Voza, 2017, p. 117-119; p. 682-685).

(Q 13, §18). A prevalência dessas questões nos seus escritos tem levado alguns analistas a considerar Gramsci como um intelectual das superestruturas (Bobbio, 1994, p. 36-40). Mas, a visão clara e inquestionável que transparece na sua obra e nas notas do *Caderno 13* não deixa dúvidas quanto à sua concepção integral de mundo, quer dizer, à compreensão de que a realidade é formada pelos componentes inseparáveis e dialéticos de "matéria e forma", de estrutura e superestrutura, de unidade de teoria e prática (Q 13, §10, p. 1569), de uma "rica totalidade de múltiplas determinações e relações", como havia mostrado Marx. Nesta totalidade Gramsci inclui, também, as energias utópicas, uma vez que *O Príncipe* "foi a seu modo uma utopia" e que as utopias foram "as precursoras históricas dos jacobinos e da Revolução Francesa" (Q 25, §5, p. 2292) e da Revolução Russa (Gramsci, 2004a, p. 200-209). Na visão do ser humano, de fato, Gramsci não leva só em conta "o que é", mas também as aspirações populares para o que "pode vir a ser" (Q 11, §54, p. 1343). O "excessivo" realismo político que se limita a "o que é", observa Gramsci, leva, muitas vezes, à afirmação de que o homem de Estado deve só atuar no âmbito da "realidade efetiva", a não interessar-se pelo "dever ser", mas apenas pelo "ser". Isto significaria que o homem de Estado não deve ter perspectivas para além do tamanho de seu nariz. Este erro levou Paolo Treves a encontrar em Guicciardini, e não em Maquiavel, o "verdadeiro político". Cabe distinguir não só entre "diplomata" e "político", mas também entre cientista da política e político em ato (Q 13, §16, p. 1577).

A CONCRETIZAÇÃO DA VONTADE COLETIVA NA CRIAÇÃO DO NOVO ESTADO

Em sintonia com a concepção revolucionária de política e de partido, o *Caderno 13* dedica-se a mostrar a necessidade de construir uma "vontade coletiva nacional-popular" capaz de dar origem à "criação do novo Estado" (Q 13, §1, p. 1556). Este objetivo fundamental do "moderno Príncipe", em profunda simbiose com o poder popular, aparece insistentemente no §1 e se repete ao longo de todo o *Caderno 13*.

Não se deve esquecer que Gramsci escreve em um período de triunfo do fascismo, do nazismo e do stalinismo, regimes com forte apelo populista e manipulação das massas. Portanto, diversamente de Maquiavel que se colocava o problema de como construir um Estado nacional na Itália despedaçada e vulnerável às incursões estrangeiras, Gramsci se depara diante das formas totalitárias de um Estado estruturado sobre a força bruta e a demagogia. Daqui, a sua preocupação diante do "colapso perigoso" que a massa popular sofreu e a sua dedicação em apontar caminhos para a formação de uma vontade coletiva consciente, "criação de imaginação concreta" das classes subalternas, voltadas a desenvolver "mais elevados tipos de civilização" e à "fundação do novo Estado" (Q 13, §1, p. 1556).

A importância conferida por Gramsci ao Estado é visível nas 1.200 vezes que esse termo aparece nos *Cadernos do cárcere* e nas 129 menções em quase todos os parágrafos do *Caderno 13*. Em outro artigo analisamos a concepção de "Estado ético" nos *Cadernos do cárcere* (Semeraro, 2011) e, ao longo do curso, vimos como Gramsci aborda os diversos componentes estruturais e superestruturais que configuram o Estado no *Caderno 13*: em relação ao território (Q 13, §6; §9), à economia (Q 13, §18; §19), às forças armadas (Q 13, §3; §15; §17; §28), à soberania nacional (Q 13, §32; §34; §36), à sua "potência" (Q 13, §15; §19; §21; §32), aos outros Estados (Q 13, §2; §17), às instituições e aos aspectos jurídicos e burocráticos (Q 13, §27; §36), etc. Sem poder entrar no mérito de todos esses elementos, focalizamos apenas a configuração que o Estado assume quando é plasmado e dirigido pela vontade coletiva das classes subalternas, tema central desse nosso texto.

Desde o *Caderno 1*, em sintonia com o caráter de classe delineado por Marx, Gramsci deixa claro que o Estado é a forma concreta do poder de "uma classe que é dominante econômica e politicamente ao mesmo tempo" (Q 1, §150, p. 132). Em diversas notas da obra carcerária e do *Caderno 13*, no entanto, pontua que "o Estado é certamente concebido como organismo próprio de um grupo, destinado a criar as condições favoráveis à máxima expansão desse grupo, mas esse desenvolvimento e essa expansão são concebidos e apresentados como a força motriz de uma expansão universal, de um desenvolvimento de todas as energias 'nacionais'" (Q 13, §17, p. 1584). Para alcançar esse objetivo de caráter universal Gramsci explicita que "o Estado é todo o conjunto de atividades práticas e teóricas com as quais a classe dirigente não apenas justifica e conserva o seu domínio, mas, consegue obter o consenso ativo dos governados" (Q 15, §10, p. 1765). Em Gramsci, portanto, o aporte fundamental do "consenso ativo" dos governados não é um apêndice ou mera formalidade, mas decorrência imprescindível da sua concepção original de Estado "em sentido orgânico e mais amplo (Estado propriamente dito e sociedade civil)" (Q 6, §87, p. 762-763). Quer dizer, do "Estado (no significado integral: ditadura + hegemonia)" (Q 6, § 155, p. 811), complexo orgânico que articula "a vontade coletiva nacional-popular" expressa pelas organizações da sociedade civil, o sistema produtivo e as instituições públicas capazes de inervar e concretizar dinâmica e democraticamente o inteiro corpo social em todos os seus aspectos.

A visão abrangente e realista de Gramsci sobre o Estado, portanto, não se limita a retratá-lo só como aparelho para proteger o território e desenvolver suas riquezas, para garantir a ordem e a estabilidade, para modernizar suas estruturas e estabelecer relações com outros Estados. Diversamente das teorias políticas predominantes, nas anotações de Gramsci emerge insistentemente a concepção de um Estado dedicado também a criar condições para que "a vontade coletiva nacional-popular", ativa e permanente, possa se manifestar, se consolidar e se autodeterminar hegemonicamente. Nesta inovadora relação de reciprocidade dialética "o Estado tem e demanda o consenso, mas também 'educa' esse consenso" (Q 1, §47, p. 56). A função "educativa" do Estado, que visa articular um projeto unitário de nação e formar um corpo social como "homem coletivo", está disseminada ao longo dos 40 parágrafos do *Caderno 13* e torna-se, particularmente, explícita em alguns parágrafos: "a tarefa educativa e formativa do Estado tem sempre como finalidade criar novos e mais elevados tipos de civilização" (Q 13, §7, p. 1565-1566). E no §11 volta a dizer que se a tarefa do Estado "'educador' tende a criar um novo tipo ou nível de civilização [...] também neste campo, é um instrumento de 'racionalização', de aceleração e de taylorização, atua segundo um plano, pressiona, incita, solicita e 'pune'" (Q 13, §11, p. 1570-1571).

Como Maquiavel, Gramsci reconhece no Estado "a natureza dúplice do centauro maquiavélico, ferina e humana, da força e do consenso, da autoridade e da hegemonia" (Q 13, §14, p. 1576). Mas, a evolução da história moderna mostrava que a crescente pressão das massas populares para ser parte ativa da organização social tornara-se imprescindível na política: "a técnica política moderna mudou completamente após 1848, após a expansão do parlamentarismo, do regime associativo sindical e partidário, da formação de vastas burocracias estatais e 'privadas'" (Q 13, §27, p. 1620). Dessa forma, para Gramsci, o mundo moderno não é só o triunfo da burguesia, é também a época da formação de inéditos sujeitos coletivos populares que, com seu protagonismo e "reivindicações", desencadearam revoluções (Q 13, §23, p. 1603) e imprimiram outro rumo à história. Esse processo continua depois de 1870 quando:

> as relações internas e internacionais de organização do Estado tornam-se mais complexas e robustas; e a fórmula da 'revolução permanente', própria de 1848, é elaborada e superada na ciência política com a fórmula de 'hegemonia civil'. Ocorre na arte política o que se passa na arte militar: a guerra de movimento torna-se cada vez mais guerra de posição (Q 13, §7, p. 1566).

Por isso, Gramsci mostra que "por Estado é preciso entender além do aparelho governativo também o aparelho 'privado' de hegemonia ou sociedade civil" (Q 6, §137, p. 801). Nas complexas sociedades modernas, de fato, "entre Estado e sociedade civil havia uma relação equilibrada e no abalo do Estado se percebia logo uma robusta estrutura da sociedade civil. O Estado era apenas uma trincheira avançada, por trás da qual havia uma robusta cadeia de fortalezas e casamatas" (Q 13, §24, p. 1615). São muitas as notas de Gramsci nesse sentido, como por exemplo, Q 7, §16, p. 866; Q 13, §18, p. 1590; Q 15, §33, p. 1787; Q 12, §1, p. 1518; Carta a Tatiana em 7 de setembro de 1931 (Gramsci, 1996, p. 458-459).

Para o nosso objetivo, importa destacar que na dialética entre as duas componentes que formam o "Estado = sociedade política + sociedade civil, ou seja, hegemonia revestida de coerção)", Gramsci aponta como o crescente protagonismo dos grupos subalternos e a formação da sua "vontade coletiva", levará não a eliminar o Estado, mas a recriá-lo democraticamente, a reduzir progressivamente os seus elementos coercitivos e a refundá-lo sobre a capacidade de engendrar uma sociedade cada vez mais autodeterminada, na qual se instaura não só um "autogoverno dos produtores associados", mas se socializam também a política e todas as instituições públicas. Nessa perspectiva, "o elemento Estado-coerção pode ser imaginado ir se exaurindo na medida em que se afirmam elementos cada vez mais conspícuos de sociedade regulada (ou Estado ético ou sociedade civil)" (Q 6, §88, p. 763-764). Uma verdadeira democracia, de fato, se realiza "só nas sociedades nas quais a unidade histórica de sociedade civil e sociedade política é entendida dialeticamente (na dialética real e não apenas conceitual) e o Estado é concebido como superável pela 'sociedade regulada'" (Q 6, §65, p. 734). Por isso, no §30 do *Caderno 13* Gramsci aponta para a necessidade de um "consenso permanentemente ativo" que possa engendrar o *"self-government"* (Q 13, §30, p. 1626).

Quando, portanto, a vontade coletiva é reprimida, ignorada ou se dissolve e o autogoverno popular não se forma, ocorrem fenômenos regressivos e perigosos na política e na sociedade. A crítica de Gramsci, nessas circunstâncias, se faz muito dura tanto em relação à omissão e passividade popular, uma vez que a "opressão seria inexplicável sem o estado de desagregação social do povo oprimido e a passividade de sua maioria" (Q 13, §17, p. 1586), quanto diante da "mumificação e anacronismo" do partido (Q 13, §23, p. 1604) que perdeu sua vinculação "orgânica" com as reivindicações que "emanam das profundezas das massas" e se tornou incapaz de "levar em conta o movimento, que é o modo orgânico de revelar-se da realidade" (Q 13, §36, p. 1634). Ainda mais severa é sua a posição contra as instituições públicas que engendram modernas formas de "cesarismo" (Cf. Semeraro, 2017) e contra o "centralismo burocrático no Estado que indica que o grupo dirigente está saturado, transformando-se em um grupelho estreito que tende a criar seus mesquinhos privilégios, regulamentando ou mesmo sufocando o surgimento de forças contrastantes" (Q 13, §36, p. 1634).

Em situações como essas, para "os grupos socialmente subalternos", torna-se mais do que necessária a constituição de "uma força jacobina eficiente, precisamente aquela força que, nas outras nações, criou e organizou a vontade coletiva nacional-popular e fundou os Estados modernos" (Q 13, §1, p. 1560). Não importa a forma que essa força venha a assumir, se de partido, de frente de diversas organizações populares, de associações de movimentos sociais, desde que cumpra a função de "elemento de estabilidade para assegurar a hegemonia não a grupos privilegiados, mas aos elementos progressistas, organicamente progressistas em relação a outras forças afins e aliadas, mas heterogêneas e oscilantes" (Q 13, §36, p. 1634).

No final do genial e estratégico §17 dedicado à análise e desenvolvimento das "relações de força", Gramsci conclui afirmando que o mais importante é que se possa chegar a desencadear "uma atividade prática, uma inciativa de vontade" nas forças populares, estudando:

onde a força da vontade pode ser aplicada mais fecundamente [...], quais operações táticas, que tipo de campanha de agitação política, qual a linguagem melhor compreendida pelas multidões, etc. O elemento decisivo de toda situação é a força permanentemente organizada [...]; portanto, a tarefa essencial é a de se dedicar sistemática e pacientemente a formar, desenvolver, tornar cada vez mais homogênea, compacta, consciente de si essa força (Q 13, §17, p. 1588).

Como vimos, a revolução política avançada por Gramsci não consiste apenas na reformulação de *O Príncipe* e da concepção de Estado, cujo conteúdo efetivo é constituído pela concretização das "relações de força" em jogo nas sociedades contemporâneas (Q 13, §13, p. 1572). Acima de tudo, Gramsci mostra que a vértebra central da política e do Estado é constituída pela permanente formação e atuação da "vontade coletiva nacional-popular". Porque, além do fato de que a "escassa compreensão do Estado significa escassa consciência de classe" (Q 3, §46, p. 326), "as classes subalternas, por definição, não são unificadas e não podem se unificar enquanto não se tornarem 'Estado'" (Q 25, §5, p. 2288).

REFERÊNCIAS BIBLIOGRÁFICAS

BIANCHI, Alvaro. Antonio Gramsci e a ciência política italiana. In: SEMERARO, Giovanni *et. al.* (orgs.). *Gramsci e os movimentos populares*. 2 ed. Niterói: Eduff, 2013.

BOBBIO, Norberto. *O conceito de sociedade civil*. Rio de Janeiro: Graal, 1994.

COUTINHO, Carlos Nelson. Ciência da política. Relações de força. In: LIGUORI, Guido; VOZA, Pasquale. *Dicionário gramsciano (1926-1937)*. São Paulo: Boitempo, 2017.

_____. *De Rousseau a Gramsci. Ensaios de teoria política*. São Paulo: Boitempo, 2011.

FRANCIONI, Gianni. *Come lavorava Gramsci*, "Introduzione". In: GRAMSCI, Antonio. *Quaderni del carcere. Edizione anastatica dei manoscritti*. vol. 18. (a cura di Gianni Francioni). Roma-Cagliari: BibliotecaTreccani-L'Unione Sarda, 2009.

FRANCIONI, Gianni; COSPITO, Giuseppe. *Quaderno 13 (1932-1933). Note introduttive*. In: GRAMSCI, Antonio. *Quaderni del carcere. Edizione anastatica dei manoscritti*. vol. 18. (a cura di Gianni Francioni). Roma-Cagliari: Biblioteca Treccani-L'Unione Sarda, 2009.

FROSINI, Fabio. Luigi Russo e Georges Sorel: sulla genesi del 'moderno Principe' nei *Quaderni del carcere* di Antonio Gramsci. *Rivista Studi Storici*, n. 3, p. 545-590, Istituto Gramsci, Roma, lug-sett. 2013.

_____. *Maquiavel, o revolucionário*. Aparecida/SP: Ideias & Letras, 2016.

GRAMSCI, Antonio. Utopia. *Escritos políticos - Volume 1: 1910-1920*. Rio de Janeiro: Civilização Brasileira, 2004a.

_____. Lenin, líder revolucionário. *Escritos políticos - Volume 2: 1921-1926*. Rio de Janeiro: Civilização Brasileira, 2004b.

_____. *Lettere dal carcere 1926-1937*. vol. 2: 1931-1933. (a cura di Antonio A. Santucci). Palermo: Sellerio, 1996.

_____. *Quaderni del cárcere*. (a cura di Valentino Gerratana). vol. 4, Torino: Einaudi, 1975.

LIGUORI, Guido. Il Machavelli di Gramsci. *Palestra na Faculdade de Educação da UFF*. Niterói, 07/11/2013. Disponível em: <https://www.youtube.com/watch?v=ZtkT8cfziMo>. Acesso em: 18 mai. 2017.

_____. Quaderno 13 e Quaderno 18. *Seminario sulla storia dei Quaderni del carcere*, IGS Itália, 2016.

ROUSSEAU, Jean-Jacques. *Il contratto sociale*. Torino: Einaudi, 1994.

SCHUCHT, Tatiana. *Lettere 1926-1935*. (a cura di A. Natoli e C. Daniele). Torino: Einaudi, 1997.

SEMERARO, Giovanni. A "utopia" do Estado ético em Gramsci e nos movimentos populares. *Revista de Educação Pública*, Cuiabá, n. 44, p. 465-480, set/dez 2011.

_____. A crise econômico-política no Brasil: uma leitura a partir de algumas reflexões de Antonio Gramsci. *International Gramsci Society (IGS/Brasil)*. Disponível em: <http://igsbrasil.org/biblioteca/artigos/index.php?id=1>. Acesso em: 18 mai. 2017.

QUESTÕES TÁTICAS

LINCOLN SECCO

> *Os comunistas são contrários ao movimento dos arditi del popolo? De modo algum: eles desejam o armamento do povo, a criação de uma força armada proletária capaz de derrotar a burguesia [...]. Na História, com muita frequência os povos encontram-se diante de uma encruzilhada: ou deixar-se consumir de inanição, de esgotamento, dia após dia [...] ou então correr o risco de morrer combatendo, num supremo esforço de energia, mas também o risco de vencer, de interromper de um só golpe o processo de dissolução...*
>
> [ANTONIO GRAMSCI]

> *Toda luta política tem um substrato militar.*
>
> [ANTONIO GRAMSCI]

A vitória da Revolução Russa e a derrota da Revolução de Turim levariam Gramsci a pensar numa outra estratégia revolucionária para o Ocidente. Essa busca não passou por uma ruptura completa com a tática militar bolchevique.

A estratégia como um conjunto de objetivos e ações que visavam a conquista do poder; as táticas correspondentes a cada batalha; e a arte operativa que consistia em materializar os meios e ações e prever as possibilidades resultantes dos recontros eram contribuições do leninismo que dificilmente seriam ignoradas por qualquer marxista da geração de Gramsci. Além disso, ele assistiu não só à derrota militar dos conselhos de fábrica em Turim, mas também a uma tentativa de organização de resistência militar ao fascismo sobre a qual voltaria a refletir no cárcere.

No primeiro dia de agosto de 1922 dez mil fascistas sob o comando de Italo Balbo, cercaram Parma. Já haviam conquistado outras cidades, só que agora encontravam uma forte defesa nos moradores dos bairros pobres e nos *arditi del popolo*, liderados pelo deputado comunista Guido Picelli e pelo anarquista Antonio Cieri[1]. Os *arditi* eram formações de defesa proletárias. Em 6 de agosto, os fascistas abandonaram o cerco.

Diante de um movimento espontâneo e unitário de autodefesa proletária, os socialistas se declaram indiferentes. Eles tinham firmado em 3 de agosto de 1921 o pacto de pacificação com os fascistas. Os comunistas, por outro lado, não aderiram ao pacto, mas também desconfiavam dos *arditi* e ordenaram a saída dos comunistas daquela organização. O historiador Paolo Spriano (1967, p. 147) foi taxativo: "Difícil decidir se foi mais deletéria para a organização de uma resistência armada proletária que surgia de baixo o pacto dos socialistas [...] ou a desconfiança dos comunistas".

Os *arditi* (corajosos, ousados) surgiram para combater o fascismo no verão europeu de 1921. Eram tropas especiais criadas no exército italiano que faziam o papel tático da guerra de movimento: romper as defesas inimigas em profundidade e preparar o caminho para a infantaria. Corresponderiam às *Sturmtruppen* austríacas, só que essas eram unidades de infantaria regular e usavam camisas negras! Os *arditi* eram tropas de elite e isto lhes dava um espírito de corpo e um sentimento de missão. As armas dos *arditi* eram o mosquete de 1891 e a adaga, seu símbolo (Garofalo, s/d.).

Desmobilizados após a guerra, foram cortejados pelo fascismo. Uma parte deles participou com D'Annunzio da aventura de Fiume, quando ele liderou a tomada daquela região que ficara em posse austríaca após a guerra e continuava a ser reivindicada pelos nacionalistas italianos. Alguns aderiram

---

[1] Picelli (1889-1937) foi eleito pelo Partido Socialista, mas se tornou depois um deputado comunista independente. Exilou-se na União Soviética, deu aula de estratégia militar na Escola Leninista e morreu combatendo na Guerra Civil Espanhola. Suspeita-se ter sido eliminado pela polícia política comunista (NKVD). Cerri (1898-1937) também morreu combatendo na Espanha.

às tropas fascistas, outros formaram os *arditi del popolo*, tropas de combate armadas de defesa proletária.

Havia em suas fileiras anarco-republicanos, comunistas e socialistas. Mas os partidos não os apoiaram. O Partido Comunista preferiu criar suas próprias organizações armadas. Gramsci, em minoria, apoiou inicialmente os *arditi del popolo* contra a posição de Bordiga, então líder do recém fundado Partido Comunista. Thälmann afirmou depois que Lenin esteve a favor da posição de Gramsci.

ARDITISMO COMO CONCEITO

Pode-se dizer que entre a vivência do *arditismo* antifascista e a reflexão no cárcere, Antonio Gramsci tornou-se um crítico da possibilidade de simplesmente se repetir a formação tática de combate armado ao fascismo sem considerar o fato de que ele dispunha agora de trincheiras consideráveis na sociedade civil.

No cárcere ele voltou muito mais ao tema do *arditismo* de guerra, conforme a experiência do front ocidental na Guerra Europeia (1914-1918), definindo-o precisamente:

> O verdadeiro *arditismo*, isto é, o *arditismo* moderno é próprio da guerra de posição, assim como foi revelada em 1914-1918. Também a guerra de movimento e a guerra de assédio dos períodos precedentes tinham seus *arditi*, num certo sentido: a cavalaria ligeira ou pesada, os atiradores etc, as armas rápidas em geral tinham em parte a função dos *arditi*; assim, na arte de desorganizar as patrulhas havia o germe do *arditismo* moderno. Na guerra de assédio mais que na guerra de movimento estava este germe: serviços de patrulha mais extensos e especialmente arte de organizar missões, assaltos repentinos e inesperados com elementos selecionados (Gramsci, 1977, p. 120-121).

Notamos um movimento de distanciamento do que seria o *arditismo* "antigo" (enquanto metáfora da luta frontal contra o fascismo) e o "verdadeiro" combate. O substantivo é mantido e veremos depois como isso guarda um significado.

Vê-se, em seguida, que a técnica militar não é neutra e pode servir mais a uma classe social, menos a outra:

> [...] na luta política não se deve imitar os métodos de luta das classes dominantes sem cair em emboscadas fáceis. Nas lutas atuais tal fenômeno ocorre com freqüência: uma organização de Estado enfraquecida é como um exército enfraquecido: entram em campo os *arditi*, ou seja, organizações privadas armadas, que têm duas tarefas: usar a ilegalidade, enquanto o Estado parece manter-se dentro da lei, como um meio de reorganizar o próprio Estado. Acreditar que à atividade privada ilegal se possa opor outra atividade similar, ou seja, combater o *arditismo* com *arditismo* é uma coisa boba, é acreditar que o Estado permaneça eternamente inerte, o que nunca ocorre... O caráter de classe leva a uma diferença fundamental: a classe que deve trabalhar todos os dias em horário fixo não pode ter organizações permanentes e especializadas de assalto como uma classe que tem amplos recursos financeiros e não está ligada em todos os seus membros com um emprego estável. Em qualquer hora do dia ou da noite, essas organizações profissionais podem vibrar golpes decisivos e de surpresa (Gramsci, 1977, p. 121).

Evidente que ele não está disposto a esquecer que na Rússia o ataque frontal foi bem sucedido e por isso explica que:

> As táticas dos *arditi* não podem ter para certas classes a mesma importância de outras, para certas classes é necessária, por causa de seu próprio país, a guerra de movimento ou de manobra, que no caso da luta política, pode combinar um uso útil e talvez essencial de táticas de *arditi*. Mas fixar-se no modelo militar é tolice: a política deve, novamente, ser superior à parte militar e só a política cria a possibilidade da manobra e do movimento (Gramsci, 1977, p. 121).

Observe-se que na última frase há um termo elíptico, subentendido, mas que precisará ser dito em algum momento: só a política pode criar a possibilidade da... (guerra) de movimento. Gramsci destaca as seguintes formas de guerra: de movimento, de posição e subterrânea. De posição: boicote. De movimento: greve. Subterrânea: preparação clandestina das armas e elementos de assalto.

O *arditismo* enquanto substantivo está sempre presente. Se é verdade que não se combate o *arditismo* com o *arditismo*, pois um lado possui o amparo implícito do Estado (que opera na legalidade, mas a favor dos fascistas), por outro "formas de guerra de *partisans* devem ser desligadas do *arditismo* em questão, embora se julgam ter pontos de contacto. Estas formas de luta são específicas de minorias (fracas, mas exasperadas), contra maiorias bem organizadas: enquanto o *arditismo* moderno requer uma grande reserva, imobilizada por várias razões, mas potencialmente eficaz, que o sustenta e o alimenta com aportes individuais".

Note-se que ele reencontra o *arditismo* em fase superior. Ele não o rejeita, mas considera que se deve criar as condições políticas do *arditismo* moderno. Esse teve "a função técnica de tropa especial ligada à moderna guerra de posição" na Guerra Europeia (então ele desloca o discurso para a técnica militar). E teve uma função político-militar "nos países politicamente não homogêneos e débeis, em seguida, como uma expressão de um exército nacional pouco combativo".

Estaria Gramsci recusando o *arditismo* político e considerando-o apenas como técnica militar, desde que em exércitos de países com indústria avançada e Estado moderno?

CRISE MILITAR E REVOLUÇÃO PASSIVA

Durante a Guerra dos Trinta Anos (1618-1648) um pequeno grupo de 45 cavaleiros húngaros tiranizou Flandres por seis meses. Gramsci quis mostrar com essa história que mesmo na era das multidões a minoria ativa é essencial. Se ela logra ser seguida pela multidão, deve organizá-la. Se outra minoria ativa conseguir dispersá-la,

> todo o dispositivo se desagrega e se forma outro, novo, em que as velhas multidões nada contam [...]. Aquilo que se chamava massa se pulveriza, e uma nova massa se forma, ainda que de volume inferior à primeira, porém mais compacta e resistente, que tem a função de impedir que a primitiva massa se reconstitua [...]. Todavia, muitos continuam a se referir a esse fantasma do passado (Gramsci, 1977, p. 1789).

O Partido Socialista, incapaz de organizar a massa primitiva, deixou que esta fosse desagregada pela massa compacta fascista. Esta fora elaborada por uma pequena minoria ativa. Os socialistas, doravante banidos, ainda acreditam em fantasmas, ou seja, num proletariado revolucionário que se reduziu a uma sombra sem corpo. A recomposição fascista da massa é uma modalidade de revolução passiva.

Quando uma sociedade é civil? Quando se organiza. Ela é o lócus da hegemonia, da capacidade de dirigir aliados antes e depois da tomada do poder e de liquidar os adversários que não consentem a nova institucionalidade. O conceito de revolução passiva se refere a toda uma época histórica. Vejamos a periodização: 1789-1815, guerra de movimento; 1815-1870 ou 1917, guerra de posição, revolução passiva; 1917-1921, guerra de movimento.

Daí se entende que o fascismo, o americanismo e a social democracia se tornaram expressões diferenciadas da revolução passiva. Esta é o processo de revolução-restauração. "Revolução sem revolução" em que as transformações inerentes ao modo de produção não são lideradas pela classe antagônica, mas pelas velhas classes dominantes. O seu ritmo é fraco.

A revolução passiva desagrega molecularmente as classes políticas antagônicas. Mas não prescinde da violência "contra os que não consentem". As classes não podem ser eliminadas, por isso devem retroceder e se esterilizar no nível econômico-corporativo. O fascismo faz isso com todas as classes.

A democracia liberal oscila entre sua tendência ao "totalitarismo" em que a massa da população concorda passivamente com os limites do regime político existente e o corporativismo em que suas organizações reivindicatórias devem ficar confinadas. O fascismo é a exacerbação dos dois extremos: ele é profundamente corporativista e "totalitário"[2] a um só tempo.

---

[2] Refiro-me ao termo totalitário na forma descritiva em que surgiu na Itália nos anos 1920.

A ESTRATÉGIA MILITAR NO OCIDENTE

Gramsci conta que os operários de Turim propunham uma renovação técnica na produção e o líder empresarial da Fiat, Agnelli, percebeu isso. Mas a renovação das forças produtivas seria um conteúdo vivo e não inerte, pois envolvida por uma forma nova: o Conselho.

O conselho de fábrica foi a resposta à inutilidade do patronato na era dos monopólios em que a gerência se tornou impessoal. A iniciativa de produzir não podia mais depender da relação imediata com o capitão de indústria. Mas Gramsci perceberá mais tarde que a base de suas novas reflexões é a relação que aparece na página 858 da edição Gerratana de seus *Cadernos*: *Struttura e superstruttura*.

Ali ele critica a posição que atribui a Rosa Luxemburgo: a de aproveitar o "elemento econômico imediato (crises, etc.)" para a insurreição. Tal elemento seria como a artilharia na batalha campal, cujo objetivo era abrir uma lacuna na defesa inimiga para o grosso das tropas avançarem e obter a supremacia estratégica. Naturalmente, diz Gramsci, na ciência histórica isto não se aplica. Ele atribui a Rosa um determinismo econômico combinado à espera de um milagre.

Na Guerra Europeia (1914-1918) as trincheiras não eram possíveis no *front* do Báltico até o Mar Negro, com grandes zonas úmidas e arborizadas. Assim, a Rússia teve sucessos efêmeros na guerra de manobra no setor austríaco e na Prússia, porém faltava-lhe um sistema organizativo e industrial do território na sua retaguarda para garantir o tiro rápido dos canhões, das metralhadoras e dos fuzis.

Nos Estados mais avançados onde a *"società civile"* tornou-se estrutura complexa e resistente ao "elemento econômico imediato", as "superestruturas da sociedade civil são como o sistema das trincheiras na guerra moderna". Um ataque de artilharia destruía as trincheiras, mas atrás delas havia defesas mais eficazes.

Deixemos de lado o erro de Gramsci na crítica a Rosa Luxemburgo, pois a crise não se resumia para ela "ao elemento econômico imediato" e tinha saídas na conquista de fronteiras externas e internas não capitalistas que reacendiam a demanda efetiva. O que importa é que ele critica a ideia da manobra permanente.

Para Gramsci (1977, p. 974), em acordo com Clausewitz, "a guerra é um momento da vida política, é a continuação, em outras formas, de uma determinada política." Mas ele acrescenta: cabe explicar, portanto, como a paixão pode se tornar dever.

DO CONSELHISMO AO NOVO ARDITISMO

Depois de outubro de 1917 o leninismo fornecia o modelo militar. O Comintern (Internacional Comunista) era um organismo complexo com várias seções de apoio como: socorro vermelho, secretariado feminino, internacional sindical vermelha, etc. Sua estrutura se baseava nos congressos, plenos, *presidium* e departamentos. Não era à toa que se considerava o Estado Maior da Revolução.

Entretanto, não se questiona uma organização sem se interrogar sobre a sua linguagem. O Estado Maior foi uma "invenção" da Revolução Francesa. É uma estrutura de exércitos grandes e modernos que cuidam de pessoal e administração; inteligência; operações; logística; planejamento; comunicações; instrução; finanças e cooperação civil-militar. Seria tal estrutura técnica neutra?

O Estado Maior correspondeu à emergência do Estado Nacional francês sob Napoleão Bonaparte. Não a uma estrutura soviética e a uma democracia de base. Esta por muitas razões, que não convêm discutir aqui, soçobrou nas contingências da Guerra Civil. Na Europa Ocidental experiência semelhante foi derrotada e mais tarde absorvida pelo capitalismo.

O conselho de fábrica na Itália não era propriamente uma cópia do soviete, já que "a força dos conselhos é construída nas entranhas do tecido social" como controlador da produção e, por extensão, da sociedade inteira (Staccone, 1991, p. 37). É a desestruturação molecular do modo de produção capitalista.

Há uma confusão a respeito desse termo. O "molecular" pode ser entendido como gradual; mas também pode ser lido como destruição disseminada pela base. O que o aproxima da ideia de uma revolução a partir de baixo e que poderia vencer em diferentes pontos.

Como demonstrou Hughes Portelli, na época de *L'Ordine Nuovo* Gramsci não conhecia ainda o partido leninista e suas conclusões eram as dos comunistas dos conselhos. Para estes a Revolução seria um fenômeno espontâneo das massas e elas criariam suas próprias instituições. O partido seria um mero órgão de educação, quiçá uma forma federativa de grupos que tomam o Estado pela base no interior mesmo da sua tessitura: a sociedade civil. No entanto, Gramsci tinha consciência da eficácia histórica dos bolcheviques e de seu papel perfeitamente adequado ao terreno em que atuaram.

Curzio Malaparte, mais tarde intelectual fascista, transformou a insurreição bolchevique numa técnica. Ele lembrou que o movimento de Turim, do qual Gramsci participou, contou com uma situação revolucionária, deputados de esquerda no parlamento, sindicatos socialistas, paralisação da atividade econômica, ocupação das fábricas e a resignação da Burguesia. Nem mesmo a vontade de tomar o poder faltou, dizia ele. Mas ninguém sabia como dar o golpe decisivo. Para Malaparte (1921, p. 21), a lição de Trotsky não era uma estratégia revolucionária, mas uma tática insurrecional. E os conselhos na Europa Ocidental não a possuíam!

Isso nos traz de volta o tema do *arditismo*. A sua forma "antiga" representa uma luta de minorias: "caráter militar do golpe de Estado exige um período de luta pela formação e consolidação do poder". Assim no caso Francês, onde a hegemonia política é muito forte e possui muitas reservas (os intelectuais eram concentrados em academias, universidades, grandes jornais e revistas), o *arditismo* tinha uma função tática (Gramsci, 1977, p. 9 e p. 59-60).

Logo, estamos mais ou menos em terreno seguro: o *arditismo* não passa de um vanguardismo do Terceiro Período na política[3]. Antes de ser expressão de uma força, ele é sintoma da fraqueza do partido comunista. Mais um movimento de distanciamento do *arditismo* e da guerra manobrada numa época em que ela só poderia levar a derrotas.

Isto fica mais evidente no momento em que ele destaca a força do exército francês na Primeira Guerra:

---

[3] Na visão da Terceira Internacional, já sob Stalin, o Primeiro Período: Revolução Russa (1917). Segundo Período: Estabilização Capitalista (1923). Terceiro Período (1928) seria o da crise geral do capitalismo e da política ofensiva do proletariado.

> [a] infantaria francesa formada majoritariamente de cultivadores diretos, isto é, de homens com certa reserva muscular e nervosa que torna mais difícil o colapso físico adquirido na vida de trincheiras [...]; além disso, os alimentos na trincheira eram melhores que em outros países. E o passado democrático, rico de lutas, tinha criado o cidadão no duplo sentido que o homem do povo [...] era considerado por seus superiores, isto é, não era *sfottuto* e maltratado por ninharias (Gramsci, 1977, p. 1641).

No plano político-militar o *arditismo* velho foi o do exército italiano na Primeira Guerra: Estado burocrático e sem soldados cidadãos. Outro teria sido o francês. Veremos agora que, despojado do adjetivo "velho" o *arditismo* poderá ser recuperado em forma superior para a Revolução Social.

A TÁTICA MODERNA

Não seria crível que o autor das epígrafes deste artigo tenha abandonado a importância da tática. Essa palavra é costumeiramente usada na política com o advérbio "meramente". Tal coisa teria importância meramente tática. O valor de tal ação foi apenas tático... Mas nenhuma Revolução, mesmo "molecular" pode ter êxito sem que haja vitórias táticas. Ter capacidade de manobrar no terreno continua sendo indispensável ao êxito estratégico.

Gramsci sabia que o "elemento militar imediato" podia demonstrar-se decisivo. Numa nota em que discute a guerra futura (guerra total), ele cita a importância do submarino, do avião bombardeiro, do gás e de recursos químicos e bacteriológicos: "colocando a questão em seus termos-limites, por absurdo, é possível dizer que Andorra pode produzir meios bélicos como gás e bactéria que podem até destruir a França inteira" (1977, p. 1916 e p. 1622).

Para além do raciocínio puramente abstrato (*ad absurdum*), o *arditismo* moderno permaneceu necessário no interior de uma estratégia de guerra de posições. Para a Revolução Russa bastou o ataque frontal no início. Para a Revolução no Ocidente talvez ele fosse, para Gramsci, imprescindível no "final".

REFERÊNCIAS BIBLIOGRÁFICAS

GAROFALO, Damiano. Arditi del popolo: storia della prima lotta armata al fascismo (1917-1922). s/d, p. 1-15. Disponível em: <http://www.comunismo-ecomunita.org/wp-content/uploads/2010/04/Arditi_del_popolo.pdf>. Acesso em: 17 jan. 2017.

GRAMSCI, Antonio. *Quaderni del carcere* (a cura di Valentino Gerratana). Torino: Einaudi, 1977.

_____. *Escritos políticos - Volume 2: 1921-1926*. Rio de Janeiro: Civilização Brasileira, 2004.

MALAPARTE, Curzio. *Technique du Coup D`État*. Paris: Bernard Grasset, 1921.

SPRIANO, Paolo. *Storia del Partito Comunista Italiano*. v. I. Torino: Einaudi, 1967.

STACCONE, Giuseppe. *Gramsci-100 anos: revolução e política*. Petrópolis: Vozes, 1991.

A VIOLÊNCIA POLÍTICA NO PENSAMENTO DE GRAMSCI: SUBVERSÃO E HEGEMONIA

LEANDRO GALASTRI

> *Everywhere I hear the sound
> of marching, charging feet, boy,
> 'Cause summer's here and the time is
> right for fighting in the street, boy*
>
> [MICK JAGGER/KEITH RICHARDS]

APRESENTAÇÃO

Embora o tema da Revolução Russa em si não seja tratado de forma direta neste texto, uma importante dimensão da luta de classes, suscitada historicamente pelos bolcheviques liderados por Lenin, de forma finalmente vitoriosa, o é: a possibilidade, as condições e a necessidade de uma dimensão anti-institucional no âmbito das lutas das classes trabalhadoras contra o Estado capitalista. O objetivo será, então, explorar nos escritos de Gramsci as reflexões que tratem dessa questão específica. Existe, no conjunto de seus escritos carcerários e pré-carcerários, passagens historiográficas e reflexões teóricas sobre a problemática da violência política que, reunidas e articuladas teoricamente, podem servir para demonstrar um método gramsciano de análise do tema.[1] Há uma lacuna a esse respeito nos estudos brasileiros sobre a obra de Antonio Gramsci e aqui apresento, de forma parcial, os primeiros resultados de pesquisa em andamento.

INTRODUÇÃO

Nos últimos anos, uma sequência de levantes, insurreições, insurgências e resistências tem se juntado, nos registros da história recente, aos massivos movimentos antiglobalização que pareciam ter alcançado seu auge na virada do século. Desde a Primavera Árabe, que derrubou governos na Tunísia, Líbia, Egito e Iêmen, passando pelos massivos protestos, greves e ocupações contra a crise econômica na Espanha e na Grécia, pelo movimento *Occupy* nos Estados Unidos e chegando inclusive às Jornadas de Junho de 2013 no Brasil, as reações populares antissistêmicas e a revolta de massas contra o *status quo* têm trazido para a ordem do dia, entre outros, o tema das formas anti-institucionais da política feita pelos "de baixo". Penso que o texto gramsciano pode fornecer aportes e ferramentas teóricas, ainda não suficientemente exploradas nesse quesito, para se refletir, compreender e avaliar formas anti-institucionais de luta popular na chave analítica da noção de violência política.[2]

---

[1] A violência política será definida aqui, num sentido mais abrangente, como toda iniciativa política organizada de caráter anti-institucional que envolva desafio e/ou resistência ativa à legalidade vigente. Veja-se, por exemplo, o verbete "Resistência", de autoria de Nicola Matteucci, constante no Dicionário de Política (Bobbio; Matteucci; Pasquino, 1998, p. 1114). Segundo Matteucci, "a resistência ativa é diferente da passiva: enquanto esta se limita a não colaboração, a sabotar passivamente [...] as iniciativas do inimigo, aquela o ataca com o fim de o desmoralizar, estando a sua máxima manifestação na guerrilha de características diversas [...]".

[2] Ver nota 1.

Meu pressuposto baseia-se na observação de que, para o pensador italiano, as relações políticas de força compreendem fases em que a violência política adquire protagonismo. Em suma, ela seria, também, meio de construção hegemônica.[3] Tomo aqui a expressão "violência política" como definição de toda iniciativa política organizada de caráter anti-institucional que envolva desafio e/ou resistência ativa à legalidade vigente.[4] Diante da força de coerção estatal, a violência será entendida como ruptura, ou a tentativa de ruptura total ou parcial da institucionalidade garantida, em última instância, pela coerção do Estado.

As reivindicações populares direcionadas ao aparelho estatal têm limites claros, que são aqueles estabelecidos pela própria estrutura jurídica e institucional. Tal estrutura, enquanto consolidação do moderno Estado capitalista, tem por função garantir, direta ou indiretamente, a reprodução social das condições materiais e simbólicas para a manutenção das elites políticas, grupos de interesse, classes e frações de classes economicamente dominantes em suas posições de controle. Assim, historicamente, parte considerável das mudanças sociais demandadas pelos grupos e classes subalternas tem origem, necessariamente, em iniciativas que ocorrem à margem ou em detrimento da legalidade vigente no Estado capitalista — embora muitas delas tenham sido, posteriormente, assimiladas pela estrutura institucional,

---

[3] O conceito de hegemonia alinhava praticamente toda a malha categorial desenvolvida nos *Cadernos do cárcere*. A hegemonia é um processo de controle social — é a direção política, cultural e ideológica de determinada sociedade — exercido pelas classes e frações de classes dominantes de determinada formação social sobre as classes e grupos subalternos. O exercício da hegemonia por aquelas classes dominantes envolve simultaneamente elementos de coerção e de consentimento ativo ou passivo. Os primeiros teriam como *locus* privilegiado a dimensão do Estado em seu sentido estrito, ou "sociedade política" nos termos de Gramsci. Ou seja, a instância da burocracia administrativa estatal e das forças armadas. Os segundos seriam protagonistas na dimensão da "sociedade civil", aquela composta pelos "aparelhos privados de hegemonia" (escolas, igrejas, sindicatos, partidos, meios de comunicação, associações de categorias profissionais liberais, etc.). Esta dimensão teria por função garantir a reprodução dos valores, das ideias políticas, econômicas e sociais, da cultura, enfim, da concepção de mundo daquelas classes dominantes no seio das camadas populares. Por sua vez, é justamente organizando uma concepção particular de mundo, no âmbito de aparelhos próprios de luta hegemônica, ou eventualmente no interior das instituições dominantes vigentes, explorando suas contradições, que as classes e grupos subalternos têm condições de se voltar contra a situação de subalternidade.

[4] Ver nota 1.

como demonstra a história do movimento operário dos últimos dois séculos.[5] É para a análise sistemática de tais manifestações coletivas de desafio, resistência ou enfrentamento das estruturas jurídico-políticas do moderno Estado capitalista (ou, como as chamo aqui, violência política) que espero encontrar pistas nas passagens gramscianas analisadas.

Para evitar mal-entendidos semânticos, que poderiam ser interpretados como pura e simples apologia da agressão física, é necessário demorar-me um pouco, ainda uma vez, sobre o que está sendo chamado aqui de "violência política". Ela existe em função de sua contraparte dialética, a força estatal. Trata-se de uma relação recíproca de um par de fenômenos que se desenvolvem num mesmo plano social (choque de interesses entre elites políticas, grupos sociais, classes e frações de classes), mas em sentido inverso: força e violência[6]. Cada uma possui sua expressão nas dimensões material e simbólica. A força estatal se expressa na dimensão simbólica da coerção jurídica, garantida materialmente pelo recurso oficial às armas. A violência política possui sua expressão material nas ações coletivas organizadas ou espontâneas que desafiam a legalidade vigente. Mas não é apenas tal desafio que qualifica essas ações como "políticas". Do contrário, como diferenciá-las das transgressões comuns? É necessário que exista uma "causa" em questão para cuja realização exige-se de imediato a subversão parcial ou completa daquela institucionalidade estrutural das relações de força. Esta "causa", o motor subjetivo da violência política, também pode ser apreendida da maneira

---

[5] Sobre as sublevações operárias movidas por reivindicações posteriormente assimiladas à institucionalidade vigente ver Przeworski (1989, p. 161-202) e Coggiola (2010, p. 15).

[6] É a distinção estabelecida por Georges Sorel entre "força" e "violência", com base no chamado "espírito de cisão" que nos será útil aqui. O "espírito de cisão", conceito soreliano assimilado também por Gramsci (2001, p. 333) seria a permanente disposição moral do proletariado em reconhecer-se como classe separada, antagônica e irreconciliável com a burguesia (1992, p. 110). O "espírito de cisão" seria capaz de difundir no proletariado a capacidade de exercício da violência contra a força, ou seja, a disposição permanente para ações coletivas de caráter hostil à institucionalidade estatal vigente. A perspectiva ampla encerrada na ideia de "espírito de cisão" é um dos principais esteios teóricos no qual busco assentar a proposta de definição de violência política adotada nessa pesquisa.

como a representou o filósofo francês Georges Sorel: o conceito de "mito"[7]. Eis sua dimensão simbólica.

As reflexões a seguir, portanto, tomam como objeto principal algumas passagens de Gramsci a respeito das relações de força na guerra e na política.

GRAMSCI E A VIOLÊNCIA POLÍTICA: PRIMEIROS FUNDAMENTOS TEÓRICOS[8]

É preciso apontar que Gramsci confere à noção de violência um lugar político de culminância das relações de força em sociedade.[9] Na análise dos dife-

---

[7] "Ao longo desses estudos constatei algo que me parecia tão simples que eu acreditara não dever insistir muito: os homens que participam dos grandes movimentos sociais representam sua ação imediata sob a forma de imagens de batalhas que asseguram o triunfo de sua causa. Propus chamar de *mitos* essas construções, cujo conhecimento é tão importante para o historiador: a greve geral dos sindicalistas e a revolução catastrófica de Marx são mitos. Dei como exemplos notáveis de mitos os que foram construídos pelo cristianismo primitivo, pela Reforma, pela Revolução Francesa [...]; procurei mostrar que não se deve analisar tais sistemas de imagens como se decompõe uma coisa em seus elementos, que é preciso tomá-los em bloco como forças históricas e, sobretudo, não comparar os fatos consumados com as representações aceitas antes da ação" (Sorel, 1992, p. 41).

[8] Existe uma importante tendência interpretativa da obra de Gramsci, no exterior e também Brasil, caracterizada por apresentá-lo como um autor cuja contribuição ao pensamento político se limitaria à discussão de caminhos principalmente institucionais e gradualmente reformadores, voltados seja à uma eventual e futura superação do modo de produção capitalista, seja para transformações políticas e sociais progressistas no âmbito da ordem burguesa vigente. Assim, independentemente da viabilidade política e prática de uma e outra proposta, a discussão teórica tem descurado as importantes contribuições e reflexões de Gramsci para o estudo, a pesquisa e o debate da violência política. Tal lacuna permanece nos estudos brasileiros sobre a obra de Gramsci. As leituras que fazem de Gramsci exclusivamente um teórico do gradualismo das reformas institucionais impedem a exploração mais abrangente do potencial analítico de sua obra. Impedem que se esclareça devidamente, por exemplo, a íntima articulação de seu pensamento com aquele de Lenin, presente em estado prático com relação a temas centrais para Gramsci, como o Estado, o partido, o problema da transição socialista e o conceito de hegemonia. A análise da violência política em seus escritos se inscreve, assim também, nessa problemática ignorada pelas leituras predominantes nas academias brasileiras.

[9] Gramsci, por exemplo, afirma que "as lutas políticas entre as forças sociais são a manifestação concreta das flutuações de conjuntura do conjunto das relações sociais de força, em cujo terreno ocorre a passagem destas a relações políticas de força, para culminar na relação militar decisiva" (2001, p. 1588).

rentes níveis de relações de força em determinada formação social, ele indica o mais elevado como aquele que já adquiriu característica de relação de força "militar":

> I) uma relação de forças sociais estreitamente ligada à estrutura, objetiva, independente da vontade dos homens, que pode ser medida com os recursos das ciências exatas ou físicas [...]. II) um momento sucessivo que é a relação de forças políticas, ou seja, a avaliação do grau de homogeneidade, de autoconsciência e de organização alcançado pelos vários grupos sociais [...]. III) o terceiro momento é aquele da relação de forças militares, imediatamente decisivo em cada caso (o desenvolvimento histórico oscila continuamente entre o primeiro e o terceiro momento, com a mediação do segundo) [...] (Gramsci, 2001, p. 1583-1586).

A passagem acima tem estreita relação, na obra carcerária, com a notória reflexão de Gramsci sobre a distinção entre o que ele chama de "guerra de posição" e "guerra de movimento". Trata-se de um dos principais momentos dos escritos do cárcere sobre a questão aqui analisada. É sobretudo na análise do terceiro momento, acima citado, que adquire maior relevância o debate sobre as estratégias de "posição" e "movimento". A metáfora militar da "guerra de posição" é tomada por Gramsci a partir do fenômeno da guerra de trincheiras que prevaleceu na Primeira Guerra Mundial, tendo como marco inicial o fim da Batalha do Marne em setembro de 1914, quando nem as tropas franco-britânicas nem as alemãs haviam logrado imporem-se respectivamente recuos importantes, enterrando-se, cada um dos lados, em trincheiras que se estenderiam ao longo de todo o front e determinariam a imobilidade das posições, num equilíbrio de forças que também se instalaria no front leste (Rússia) um pouco mais tarde e perduraria durante a maior parte da guerra (Krumeich; Audoin-Rouzeau, 2004, p. 301-303). Ora, a metáfora criada por Gramsci (2001, p. 859 e p. 1614) a partir da análise da tática russa na Primeira Guerra não é gratuita, e precisa ser considerada em toda sua precisão. Segundo Bianchi,

> A analogia entre luta política e estratégia militar começou a ser desenvolvida já no *Primo Quaderno*, como parte de uma discussão sobre a direção política e militar no *Risorgimento* italiano. [...] Fica claro que já

neste primeiro momento, Gramsci concebia de modo unitário as funções técnico-militares e políticas, o que era fundamental para sua elaboração a respeito das relações de forças político-militares (2008, p. 199).

Ficam condicionadas à guerra de posição aquelas forças políticas (e/ou militares) levadas à situação de quase imobilidade, seja devido a um equilíbrio resultante da equivalência das forças em presença, seja devido à consolidação de larga superioridade da força adversária, que reduz a(s) outra(s) a uma espécie de resistência recuada. Desse raciocínio fica a conclusão de que a chamada guerra de posição não é uma escolha estratégica que permanece à disposição das forças em embate, mas é uma situação a qual essas forças são levadas independentemente de sua vontade.

Guerra de posição, em todo caso, não parecia ser a tática em voga por parte dos trabalhadores urbanos e rurais na Itália dos primeiros anos do século XX. Com a industrialização crescendo e o número de operários urbanos aumentando, a organização política destes já acenava, por meio de greves sucessivas, com uma intensa luta de classes que em breve evoluiria para violentos conflitos com as forças da ordem.[10] A violência política dos subalternos tornava-se uma evidente preocupação para as elites urbanas e rurais, em razão da qual, em fevereiro de 1901, ao assumir o Ministério do Interior italiano, Giolitti diria em discurso à Câmara dos Deputados: "Não temo nunca as forças organizadas, temo muito mais as inorgânicas, porque sobre aquelas a ação do governo pode exercer-se legítima e utilmente e contra os movimentos inorgânicos pode-se apenas fazer uso da força". Giolitti manifestaria, ainda, um estratégico desejo por alguma forma de integração das massas trabalhadoras à vida administrativa do Estado, para que não ficassem "sujeitas à influência dos que acham que, por virtude de sua exclusão, às classes populares não resta outra defesa, contra as possíveis injustiças das classes dominantes, senão o uso da violência" (Giolitti *apud* Dias, 2004, p. 88 e p. 101).

Eis o momento dos primeiros pulsos do desenvolvimento industrial italiano, que marcará as análises teóricas não apenas dos escritos iniciais

---

[10] A respeito das organizações e movimentos dos trabalhadores urbanos e rurais da Itália nos primeiros anos do século XX conferir Antonioli (1997), Gianinazzi (2006), Colarizi (2007) e Dias (2000).

de Gramsci, mas norteará também suas reflexões carcerárias. Porém, além das incontornáveis influências do contexto político, social e econômico, Gramsci desenvolverá também uma profunda interlocução com o ambiente intelectual italiano e suas influências conformadoras. É assim que o tema da violência política aparece anunciado, nos *Cadernos do cárcere*, nos momentos de debate e assimilação crítica que Gramsci empreende com as obras de pensadores como Maquiavel e Georges Sorel, por exemplo. Nas reflexões sobre Maquiavel a questão da violência insurrecional aparece de forma indireta, já que a remissão é a problemática maquiaveliana da necessidade de formação e consolidação de um Estado nacional italiano. Para atingir tal objetivo, segundo Maquiavel (2004, p. 21-73), o príncipe deveria ter o caráter e as virtudes necessárias para reunir em torno dele o consenso e a vontade popular, suportes indispensáveis para a utilização da força física coercitiva sempre que adequada aos propósitos da razão de Estado.

Gramsci (2001, p. 1555-1565) assimila tal problemática aplicando-a para a necessidade da constituição de um partido político que tenha as características de um "moderno príncipe", ou seja, que reúna para si aquele consenso e uma vontade "nacional-popular" em torno da constituição de uma concepção de mundo de novo tipo, uma nova proposta de hegemonia, agora elaborada pelas massas subalternas. Infere-se que o uso da coerção pelo moderno príncipe, sempre que necessário no âmbito da luta política das massas subalternas, fica legitimado por consenso e vontade nacional-popular sobre os quais o partido se baseia. Aqui se encontra indiretamente referida, portanto, a questão da violência política.

Para que o moderno príncipe possa desempenhar tal tarefa, ele deve ser:

> a exemplificação histórica do 'mito' soreliano, ou seja, de uma ideologia política que se apresenta não como fria utopia nem como raciocínio doutrinário, mas como uma criação de fantasia concreta, que opera sobre um povo disperso e pulverizado para nele suscitar e organizar a vontade coletiva (Gramsci, 2001, p. 1556).

A ideia de "mito" toma-a Gramsci de empréstimo a Georges Sorel, filósofo francês do início do século XX e autor do importante livro *Reflexões sobre a violência* publicado em 1908 na França. Sorel, que com esse texto dava uma contribuição definitiva à corrente do sindicalismo revolucionário, fora objeto da atenção de Gramsci desde os escritos de juventude do italiano. Ao longo dos escritos do cárcere a presença de Sorel é central por meio da mobilização de conceitos importantes utilizados por Gramsci, como "reforma moral e intelectual", "bloco histórico" e "espírito de cisão". São todas formulações sorelianas que Gramsci assimilará de forma crítica nos seus *Cadernos do cárcere*.

O que mais interessa neste trabalho, concernente a Georges Sorel, é sua contribuição decisiva para a discussão sobre a violência política por meio de sua já citada obra *Reflexões sobre a violência*. Para Sorel (1975, p. 23), a violência ocorrida com o surgimento do cristianismo, da Reforma Protestante e da Revolução Francesa teria formado momentos históricos equivalentes, porque funcionaria como "mito", isto é, como conjunto de imagens percebidas instantaneamente, intuições, capazes de evocar com a força do instinto o sentimento de luta. Sorel parecia divisar, na violência proletária, uma espécie de ação resgatadora da condição moral de uns e outros, burgueses e proletários. Paradoxalmente a uma visão da história que se orientasse pelo pressuposto da luta de classes, sustentava que a violência proletária fortaleceria a burguesia decadente, incitando-a a assumir seu papel histórico por excelência, que outro não seria senão revidar à violência proletária com a força e a voragem capitalistas dignas das burguesias mais avançadas do mundo. O socialismo de conciliação, ou o socialismo parlamentar, entorpeceria os sentimentos revolucionários do proletariado e acomodaria a burguesia num estágio histórico indigno de seu nome:

> Tudo pode ser salvo se, pela violência, ele (o proletariado) conseguir consolidar de novo a divisão em classes e devolver à burguesia um pouco de sua energia. [...] A violência proletária, exercida como uma manifestação pura e simples do sentimento de luta de classes, aparece assim como algo belo e histórico (Sorel, 1992, p. 110).

Em suma, o pensador francês concebia a violência como maneira de manter viva a cisão entre as classes, bem como meio de empreender constantemente a reforma moral do proletariado.

À violência estatal Sorel atribui o termo "força", sem apresentar contribuições originais quanto ao conceito de Estado em si. Quanto ao mesmo conceito em Gramsci, importantes trabalhos recentes têm chamado a atenção e enfatizado a centralidade da definição mais sofisticada presente nos *Cadernos do cárcere* como a unidade orgânica "coerção + consenso", que comporia, finalmente, o exercício da hegemonia, sendo anunciada por Gramsci da seguinte forma já notória[11]:

> [...] deve-se notar que na noção geral de Estado entram elementos que estão relacionados à noção de sociedade civil (no sentido, se poderia dizer, que Estado = sociedade política + sociedade civil, ou seja, hegemonia couraçada de coerção) (Gramsci, 2001, p. 763-764).

Nesse sentido temos que, com relação ao termo "coerção" remetido àquela unidade, a perspectiva é sempre da hegemonia já constituída como Estado. Importa, portanto, explorar de forma sistemática o elemento e o conceito de "coerção" relativo à prática dos grupos e classes subalternos, voltada para a constituição de sua proposta alternativa de hegemonia, ou seja, suas formas próprias de violência política.

VIOLÊNCIA: GUERRA E POLÍTICA

Na perspectiva do materialismo histórico, a guerra é concebida, em geral, como a precipitação de um conflito entre as classes dirigentes internacionais. Mas provoca também uma agitação interna, dado que não deixa de ser a expressão armada de um conflito de classe. Em última instância, como observa Lenin em "Imperialismo, fase superior do capitalismo", uma disputa internacional pela expansão dos capitais monopolistas. A guerra, também para Gramsci (2001, p. 1141), está subordinada a objetivos políticos inerentes ao Estado capitalista enquanto instrumento do capital monopolista.[12]

---

[11] Entre as obras mais recentes nas quais encontramos importantes reflexões sobre o conceito de Estado em Gramsci estão Morton (2007) e Thomas (2009).

[12] A percepção da guerra como um fenômeno subordinado à política já se encontra formulada em profundidade por Clausewitz em seu notório tratado sobre a guerra (1979). Gramsci demonstra conhecer as ideias do general prussiano, embora não haja evidências de que tivesse lido o autor diretamente.

Embora se origine nas lutas dos grupos dominantes de uma nação, a guerra tende a implicar toda a população, envolvendo assim interesses antagônicos e atraindo para si questões relativas à manutenção do *status quo*, à luta de classes e à reprodução do Estado (Gramsci, 2001, p. 1141). Daí o problema da hegemonia não estar apartado do fenômeno da guerra.

Com base no pressuposto acima, algumas ideias podem ser desenvolvidas sobre a relação entre guerra, luta de classes e hegemonia. Racionalmente considerado, o objetivo do conflito militar não é o aniquilamento completo ou destruição total do inimigo ou adversário político, mas está no que se vislumbra, por todas as partes envolvidas, como a situação pós-conflito, ou seja, nos planos para um novo equilíbrio de forças. Para tal novo equilíbrio, é necessária a presença de uma classe social que se faça hegemônica, que seja capaz de utilizar os resultados da vitória militar para consolidá-lo tanto no plano interno quanto naquele das relações interestatais. Como aponta Ciccarelli (2009, p. 376), "a ausência de tal condição mínima de racionalidade da ação militar é, para Gramsci, sintoma da ausência da direção política da guerra e, portanto, da debilidade de uma determinada classe dirigente".

Gramsci observa que a estrutura produtiva influi diretamente sobre a organização da guerra e sobre a composição social dos exércitos. A conclusão óbvia é que tal estrutura, assim, tem peso decisivo sobre a natureza da direção política do conflito. Esta última observação tem importância incontornável na análise da guerra que podemos extrair do pensamento de Gramsci. Lembre-se que ele faz uma aprofundada análise das relações gerais de força presentes em determinada formação social, já citada acima neste texto (Gramsci, 2001, p. 1141 e p. 1583-1586). Como observa então Gramsci, fazendo uma profícua releitura do "Prefácio de 1959" da *Contribuição para a crítica da economia política* de Marx, toda relação de forças se desenvolve no âmbito de condições materiais que "podem ser mensuradas com os sistemas das ciências exatas e físicas". Esta "relação de forças sociais estreitamente ligada" à estrutura será tão mais ferozmente defendida e atacada pelos grupos sociais que se opõem quanto maior o "grau de homogeneidade, de autoconsciência e de organização" alcançado por tais grupos. Essa é a força dialética capaz de trazer guerra para o interior da luta de classes em determinada formação social. Por isso, "a classe dirigente deve procurar manter o melhor equilíbrio político e social possível para que as novas ocasiões de conflito não levem à derrocada de sua hegemonia" (Ciccarelli, 2009, p. 377). Também neste caso, além disso, "a direção militar deve estar sempre subordinada à direção política, ou seja, o plano estratégico deve ser a expressão militar de determinada política geral" (Gramsci, 2001, p. 2051-2052).

Na passagem que encerra o parágrafo acima, como se sabe, Gramsci está tratando diretamente da guerra, de tática e estratégia, e de como a guerra é, ou deva ser, subordinada à política da classe social que a conduz, ou a seus representantes. Mas não se pode negar que esse raciocínio possua também alguma relação com a dimensão da coerção estatal na guerra de classes interna. Toda coerção, toda força estatal se volta contra os grupos, classes e frações de classes que não se convencem de sua situação subalterna. E a estrutura voltada para a função repressiva o faz não apenas no exercício de fato de sua função precípua, mas na perene promessa dessa. A espada pende constantemente sobre a cabeça das classes trabalhadoras. Tal ameaça também é "pedagógica". "Ensina" a aceitar a hegemonia vigente. Por isso mesmo, necessita de mecanismos autônomos de reprodução, tal qual àqueles aparelhos privados da sociedade civil. Vejamos o que embasa, cria e justifica esses mecanismos.

Há elementos importantes para se pensar sobre o que aludimos acima, por exemplo, no §48 do *Primo Quaderno*, um texto A reelaborado no §37 do *Caderno 13* com outras passagens de primeira redação. Nessas passagens Gramsci observa como se aprofunda a hegemonia jacobina das classes urbanas ampliando-se e aprofundando-se a base econômica com o desenvolvimento industrial e comercial. E aponta que "neste processo alternam-se insurreições e repressões, ampliações e restrições do sufrágio político, liberdade de associação e restrição ou anulação desta mesma liberdade", etc. (2001, p. 58). Gramsci segue descrevendo o processo sinuoso, irregular, feito de saltos, avanços e retrocessos, assimétrico e desigual, da tentativa jacobina de consolidação de sua hegemonia:

> [...] com equilíbrio diverso entre forças armadas recrutadas e corpos armados profissionais (polícia, gendarmeria); com a dependência desses corpos profissionais de um ou outro poder estatal (do judiciário, do ministro do interior ou do ministro da guerra); com a maior ou menor parte das normas deixada ao costume ou à lei escrita, pelo que se desenvolvem formas consuetudinárias que podem ser abolidas em virtude de lei escrita; com separação real maior ou menor entre os

regulamentos e as leis fundamentais, com o uso maior ou menor de decretos-lei que se sobrepõem à legislação ordinária e a modificam em certas ocasiões, forçando a 'paciência' do parlamento (Gramsci, 2001, p. 58).

Na sequência aparece o conhecido raciocínio segundo o qual o exercício "normal" da hegemonia, num sistema representativo parlamentar, é caracterizado por uma combinação mais ou menos equilibrada entre força e consenso, etc.. Essas ocorrências históricas tornam saliente o fato da coerção (seja como a espada pendente sobre as cabeças populares ou como o exercício efetivo da força) como presença constituidora da formação, construção, consolidação da nova hegemonia. As leis, a estrutura jurídica, a institucionalidade vigente são permanentemente flexibilizadas, ajustadas, corrigidas, por vezes mesmo ignoradas, na turbulência da consolidação do poder da nova classe que se pretende hegemônica.

Nesse processo é preciso considerar a possibilidade de uma hegemonia de classe se formar, além da intensa difusão ideológica de uma determinada concepção de mundo e das concessões materiais à classes aliadas e adversárias, também pelo estímulo à constituição do espírito de corpo aos determinados setores de funcionários que se tornam verdadeiras "castas" corporativas com interesses próprios de grupo. Tais "castas" o são, evidentemente, não em seu sentido sociológico clássico, como um grupo de indivíduos inamovíveis de sua condição por nascimento, mas como um conjunto de posições no âmbito da administração do Estado reservadas a indivíduos de certas classes sociais e outros que para ali ascendam e tornem-se defensores dos mesmos valores e posições[13]. A própria possibilidade de ascensão, embora restrita, é elemento de hegemonia. Tudo isso, no entanto, remete ainda ao exercício da coerção para a consolidação hegemônica de uma classe social que já é dominante, ou

---

[13] De toda forma, a ascensão, numa sociedade persistentemente desigual, é exceção, não regra. Sobre a questão das castas e estamentos, observa Weber (s/d., p. 225) que "toda diminuição no ritmo de mudanças nas estratificações econômicas leva, no devido tempo, ao aparecimento de organizações estamentais e contribui para a ressurreição do importante papel das honras sociais". Há valia em se considerar, portanto, que o aparato de violência, enquanto mais uma dimensão da burocracia dirigente, possua papel reprodutor da hegemonia também na consolidação de seu espírito de corpo, para além da efetivação de sua atividade fim.

seja, já está de posse do aparelho estatal. Vejamos a seguir os fundamentos possíveis da luta hegemônica a partir da prática da violência "ilegal", anti-institucional, ou dos grupos subalternos.

ARDITISMO

A "violência ilegal" ocorre, assim, nos choques com determinadas formas de institucionalidade. Está presente na guerra interestatal, na guerra de classes, na guerra civil. Noções como *arditismo*, guerra *partigiana* e *brigantaggio* são usadas por Gramsci em contextos referentes a essas dimensões. Duas importantes passagens dos *Cadernos* para se analisar as observações de Gramsci sobre a relação entre política e violência se encontram já no *Primo Quaderno*, § 133 e 134, dois textos B[14]. Nesses parágrafos, escritos entre fevereiro e março de 1930[15], há relevantes considerações sobre o *arditismo* e a guerra *partigiana*, bem como a única vez nos *Quaderni* em que Gramsci (2001, p. 122) acrescenta uma terceira definição às formas de guerra, além da tipologia posteriormente consagrada nas noções interdependentes de guerra de posição e guerra de movimento: a guerra subterrânea, como "a preparação clandestina de armas e de elementos combativos de assalto".[16]

---

[14] Textos de redação única, ou seja, não revistos ou retomados por Gramsci em novas elaborações. Os textos A são aqueles de primeira redação, posteriormente retomados e, com frequência, reelaborados em textos C, conforme classificação de Valentino Gerratana em sua edição crítica de 1975. Os textos C compõem, com frequência, os *Cadernos especiais*, aqueles que possuem alguma unidade temática, denominados assim pelo próprio Gramsci.

[15] Gianni Francioni (1984) propôs uma periodização cronológica diferente da apresentada pela edição crítica de Gerratana, buscando demonstrar uma complexa e detalhada reconstrução do itinerário do pensamento gramsciano nos diferentes *Cadernos*. Francioni propõe uma perspectiva não linear, em que os escritos da prisão são considerados em concomitância com as *Cartas* de Gramsci, apontando que as mesmas devem ser lidas conjuntamente com os *Cadernos*. Assim, a análise de Francioni será um guia importante para entender os contextos específicos, teóricos e cronológicos, da elaboração gramsciana.

[16] "A resistência passiva de Gandhi é uma guerra de posição, que se torna guerra de movimento em certos momentos e guerra subterrânea em outros: o boicote é guerra de posição, as greves são guerra de movimento, a preparação clandestina de armas e de elementos combativos de assalto é guerra subterrânea" (Gramsci, 2001, p. 122).

Para Gramsci (2001, p. 123), a guerra *partigiana* é uma forma de luta "de minorias fracas, mas exasperadas, contra uma maioria bem organizada". Ela é conduzida por fora dos exércitos regulares. Dessa forma, essa minoria ativa e protagonista não pode ser definida como "organizações armadas privadas" como os *arditi*, pois sua atividade se desenvolve contra um exército e, portanto, contra um Estado (Ciccarelli, 2009, p. 386). O *arditismo*, por seu lado, é uma forma "ilegal" de atuação de um exército, ou seja, forma adotada por um Estado que se encontra momentaneamente inerte, enfraquecido no campo de batalha. A guerra *partigiana* típica não ocorre nos campos de batalha ou nas formas "oficiais" de combate. Pode adotar iniciativas em terrenos diversos e com formas militares estranhas às da guerra "oficial".

O fenômeno do *brigantaggio*[17] aparece tratado por Gramsci (s/d., p. 754) de forma importante no *Caderno 19*, sobre o *Risorgimento*, e há uma menção relevante na carta 422 das *Cartas do cárcere*, de 12 de novembro de 1933. Ele é entendido por Gramsci como um "movimento caótico, tumultuado e com traços de ferocidade dos camponeses para se apoderar da terra" (2001, p. 2046). Assim, o fenômeno se deveria à ausência de uma classe social capaz de unificar o restante do país em torno de um projeto comum para a cidade e o campo (Agostino, 2009, p. 84).

O *brigantaggio* é resultante da explosividade das classes camponesas em grau agudo de pobreza. Lembra Gramsci (s.d., p. 755) que "as agitações locais, particularmente comuns na Itália Meridional" eram "uma continuação atenuada do chamado *brigantaggio* que grassou no *Mezzogiorno* entre 1860 e 1870; depois de 1870, continuaram os assaltos às sedes municipais, as lutas armadas entre os municípios pelos direitos de pastagem, etc.". Ou seja, o *brigantaggio* italiano do começo do século XX é remetido por Gramsci ao mesmo fenômeno que se propagou no sul camponês italiano na década de 1860, no bojo das convulsões do processo de unificação.

O *brigantaggio*, assim, aparece caracterizado como um levante de maiorias camponesas empobrecidas, de caráter descentralizado e difuso, estando ausentes a organização e a disciplina política de projeto político estratégico

---

[17] Em nota à edição brasileira das *Cartas do cárcere*, Carlos Nelson Coutinho observa: "O '*brigantaggio*', mais do que banditismo puro e simples, designa um complexo fenômeno de rebelião política e social de base camponesa, às vezes manipulado por setores conservadores e clericais. Depois da formação do Estado unitário, ele se alimentou muitas vezes das esperanças frustradas de reforma agrária, sendo duramente reprimido pelo novo poder central" (Gramsci, 2005, p. 378).

de amplo horizonte. Já a guerra *partigiana* é ação de minorias enfraquecidas, mas ativas e "exasperadas", contra uma "maioria bem organizada". O *arditismo*, por sua vez, é fenômeno político-militar estudado por Gramsci primeiro como tipo específico de tática militar no campo de batalha, depois analisado em suas consequências enquanto tática política na dimensão da luta de classes. Esta noção possui uma interessante dialética na reflexão gramsciana, sobre a qual vale a pena nos determos por mais algumas linhas.

Nos escritos do cárcere Gramsci (2001, p. 12) aprofunda o uso da noção de *arditismo* como recurso de guerra política e militar (embora o faça enfatizando a necessidade de se considerar as diferenças e nuances entre uma e outra prática, comparando as artes política e militar apenas como "estímulo ao pensamento"). Para Gramsci (2001, p. 121), o "*arditismo* moderno" nasce como recurso de guerra de posição, como tática de sabotagem e incursão por trás das trincheiras inimigas, efetuadas por pequenas patrulhas que atuavam como "arma especial".

Na luta política moderna, o Estado usa o *arditismo* (a "ilegalidade") como meio para sua própria reorganização, enquanto, na aparência, permanece na legalidade. Gramsci condena, no entanto, as mesmas iniciativas por parte das classes trabalhadoras:

> Crer que à atividade privada ilegal se possa contrapor outra atividade semelhante, ou seja, combater o *arditismo* com *arditismo*, é uma tolice. Significa crer que o Estado permaneça eternamente inerte, o que não acontece nunca, sem mencionar outras condições diversas (Gramsci, 2001, p. 121).

A seguir, Gramsci refuta a possibilidade de que as classes trabalhadoras possam constituir grupos especializados de ataque, devido à própria impossibilidade de se afastar de sua jornada de trabalho fixa para constituir grupos profissionalizados de assalto. Estaria claro então que isto não pudesse fazer parte do método regular e sistemático de luta política das classes trabalhadoras? Gramsci (2001, p. 1675) não trata esse limite como uma camisa de força tática. Lembre-se da distinção entre o "voluntarismo que teoriza a si mesmo como forma orgânica de atividade histórico-política" daquele que é concebido apenas como "momento inicial de um período orgânico de preparação e desenvolvimento". Veja-se de forma mais completa a passagem que compara a luta *partigiana* com a prática do *arditismo*:

Os *comitadjis*, os irlandeses e as outras formas de guerra de guerrilha [*partigiana*] devem ser separados da questão do *arditismo*, embora pareçam ter pontos de contato com ele. Essas formas de luta são próprias de minorias (fracas mas exasperadas) contra maiorias bem organizadas, enquanto o *arditismo* moderno pressupõe uma grande reserva, imobilizada por várias razões, mas potencialmente eficiente, que o sustenta e o alimenta com aportes individuais (Gramsci, 2001, p. 123).

Nesse último sentido, no entanto, a guerra *partigiana* (guerra de guerrilha) e o *arditismo* moderno podem ser aproximados em termos de tática e métodos. A "grande reserva" potencialmente eficiente, "que o sustenta e alimenta com aportes individuais" poderia ser constituída por um proletariado politicamente organizado. O principal trabalho continuaria sendo, neste caso, a organização política das massas trabalhadoras.

Gramsci (1967, p. 541-542) já havia tratado diretamente da questão em um artigo do *L'Ordine Nuovo* de julho de 1921, "*Gli 'arditi del Popolo'*". Os *arditi del popolo* são um interessante fenômeno de defesa armada do proletariado. Os *arditi* originais eram grupos de assalto formados por voluntários, que atuavam paralelamente, por fora das atividades regulares de seus exércitos durante os combates nas trincheiras da Primeira Guerra. Gramsci, como se viu, considera que tais grupos atuavam para compensar a inabilidade e a debilidade a que estavam reduzidos os exércitos nas trincheiras. Tais grupos não possuíam vínculo orgânico com as tropas recrutadas, ou tropas de linha, o que causaria um permanente problema de estratégia e um vácuo de liderança nesses exércitos, separando-se a "massa" das tropas de sua "elite".[18]

---

[18] Explica Carlos Nelson Coutinho, em nota à edição brasileira dos *Cadernos do cárcere*, que "o termo *arditi* refere-se aqui aos grupos de assalto compostos basicamente por voluntários. Significando literalmente "os que têm ousadia, audácia, coragem", a expressão ganha destaque durante a Primeira Guerra Mundial. Os termos *arditi* e *arditismo* adquirem outra conotação depois da guerra, quando veteranos dessas tropas formam uma associação de *arditi* e se revelam nacionalistas apaixonados. Muitos deles integram os *Fasci di Combattimento* de Mussolini. Em 1921, alguns grupos de esquerda constituem os *arditi del popolo* para se oporem às esquadras fascistas" (Gramsci, 2002, p. 379-380). Em nota à edição brasileira dos *Escritos Políticos*, Carlos Nelson Coutinho continua: "O movimento dos *arditi del popolo* (literalmente: "os corajosos do povo") surgiu na primavera de 1921, com a finalidade de organizar a defesa contra a violência do esquadrismo fascista, e logo contou com numerosas formações armadas, integradas por comunistas, socialistas, anarquistas, republicanos e sem partido. O movimento, contudo, foi desautorizado por todos os partidos proletários. Embora vários comunistas tenham aderido aos *arditi del popolo*, o Comitê Executivo do PCI condenou o movimento, dizendo que os comunistas deviam ter formações armadas próprias" (Gramsci, 2004, p.447-448).

Ainda no texto citado, refletindo sobre a derrota das ocupações de fábrica consumada em setembro do ano anterior, Gramsci aponta a responsabilidade do Partido Socialista Italiano, ou de suas hesitações e falta de clareza quanto aos objetivos políticos do movimento. É interessante, nesse momento, a forma como ele aborda a ideia do proletariado em armas. Primeiro, considera que um movimento de reação popular organizado não deve se deparar com limites previamente estipulados. Isso seria "o mais grave erro de tática que se pode cometer" (Gramsci, 1967, p. 541). Em seguida, faz uma reflexão que ainda conheceria profundo alcance teórico em seus escritos carcerários:

> é necessário compreender, é necessário insistir na compreensão de que, hoje, o proletariado não está apenas contra uma associação privada, mas contra todo o aparelho estatal, com sua polícia, seus tribunais, seus jornais que manipulam a opinião pública ao bel-prazer do governo e dos capitalistas [...] Quando o povo trabalhador sai da legalidade e não encontra a virtude de sacrifício e a capacidade política necessária para conduzir até o fim sua ação, é punido com o fuzilamento em massa, com a fome, o frio, a inanição que mata lentamente a cada dia (Gramsci, 1967, p. 541-542).

Gramsci conclama o Partido Socialista a mudar de atitude e tirar do torpor e da indecisão "as massas que ainda seguem o partido".[19] Apela para que não sejam impostos limites à ação dessas massas a fim de que o povo italiano não sofra "uma nova derrota e um novo fascismo multiplicado por cada vingança que a reação implacavelmente aplica sobre os titubeantes e indecisos, depois de ter massacrado a vanguarda do assalto" (Gramsci, 1967, p. 542).

Veja-se que Gramsci não cai na armadilha blanquista que aqui poderia ser comparada ao *arditismo* "puro", à elite militar e militante que descura a necessidade do suporte de retaguarda, do apoio das massas trabalhadoras à

---

[19] Gramsci, como é notório, inspirava-se então nos recentes eventos revolucionários na Rússia. Sobre o processo da cisão comunista italiana em relação ao reformismo socialista e a postura de Lenin a respeito, ver Del Roio (2005, p. 26): "Em função da postura do reformismo diante da guerra imperialista e de sua influência sobre as massas, para Lenin a cisão com essa corrente precede no tempo e em importância a cisão com o esquerdismo, embora, de acordo com o momento histórico-político, seja necessário selar compromissos com essas vertentes. Mas, enquanto combate com veemência o esquerdismo no comunismo alemão, Lenin sustenta de maneira crítica o esquerdismo no socialismo italiano, diante da necessidade de apressar uma já tardia cisão [com o reformismo]".

sua causa heroica. Mas ele se coloca francamente favorável também à luta por fora da legalidade, ao desafio à institucionalidade vigente, desde que respaldada em bases populares de massa, desde que a conduza a vanguarda de um amplo contingente de trabalhadores politicamente organizados contra o Estado capitalista em questão:

> os comunistas são contrários ao movimento dos *arditi del popolo*'? Pelo contrário: eles aspiram ao armamento do proletariado, à criação de uma força armada proletária que tenha condições de derrotar a burguesia e de garantir a organização e o desenvolvimento das novas forças produtivas geradas pelo capitalismo (Gramsci, 1967, p. 542).

Uma "força armada proletária" que possa derrotar a burguesia não é exatamente uma possibilidade frequente na história da luta contra o capital. Mas em meados de 1921 ainda se podia alimentar, embora a partir de então cada vez menos, esperanças numa sublevação continental, e Gramsci certamente levava em conta tal variável. O que importa enfatizar aqui, em todo caso, é que se trata de uma das formas de luta "contra todo o aparelho estatal" imaginadas por Gramsci: o desafio violento à estrutura institucional vigente, desde que respaldado num trabalho político de organização dos trabalhadores.

CONSIDERAÇÕES FINAIS

Como afirmamos anteriormente em relação aos comentários de Gramsci (2001, p. 58) sobre a consolidação do Estado revolucionário francês, as leis, a estrutura jurídica, a institucionalidade vigente são permanentemente flexibilizadas, ajustadas, corrigidas, por vezes mesmo ignoradas, na turbulência da consolidação do poder da nova classe que se pretende hegemônica. Essa "turbulência" segue até que a nova classe logre a consolidação histórica da concepção de mundo e da estrutura institucional conformes ao seu modo de vida. Mas, até aqui, trata-se da consolidação do poder de Estado de uma classe revolucionária que já o alcançou. Ocorre, porém, que aquela relação conflituosa com a institucionalidade vigente também se verifica na atividade política das frações dos grupos subalternos que resistem à hegemonia de determinada classe social.

As tradições de luta e resistência dos grupos subalternos desenvolvem-se numa relação de permanente contradição com a estrutura institucional do Estado capitalista. Práticas típicas daquela resistência incorrem constantemente no desafio às regras estatais. Sob o pressuposto pétreo do sagrado direito à propriedade, as leis do Estado capitalista protegem o latifúndio, as grandes corporações e as instituições financeiras de quaisquer medidas substanciais que os obriguem a participar de qualquer mínimo processo de socialização da riqueza socialmente produzida e privadamente acumulada por eles. Não há, portanto, como lutar contra o latifúndio e as grandes corporações industriais e financeiras sem se chocar com as instituições do Estado capitalista. Pelo menos não na dimensão da estratégia política de construção de nova hegemonia anticapitalista.

Assumido o pressuposto acima, a observação histórica pode demonstrar que a organização política independente, própria daquelas frações dos grupos subalternos que constantemente se preparam para o choque cotidiano com as regras e o funcionamento do Estado capitalista, cria uma tradição de práticas de luta.[20] Historicamente, as greves de massas, as ocupações e lutas no campo, a prática organizacional dos conselhos de fábrica e conselhos de operários e soldados, os princípios educativos alternativos que unificam trabalho e ensino numa perspectiva totalizante a respeito da produção de determinado modo de vida, a experiência revolucionária de milícias populares, etc., enfim, todo esse conjunto de práticas de luta e resistência merece um estudo voltado para a demonstração de seu potencial criador de embriões de uma nova concepção de mundo, nova moral, germes de reforma moral e intelectual e de nova hegemonia. Ou seja, a demonstração de que a violência política, que nada mais é do que a luta que desafia a estrutura institucional do Estado capitalista, pode criar sementes de nova hegemonia.

---

[20] Em seu livro *From mobilization to revolution*, Charles Tilly (1978) considera a violência revolucionária como etapa possível de constituição de parâmetros para a imposição de mudanças sociais e a partir "de baixo". Tilly é autor central no estudo das chamadas teorias da ação coletiva e movimentos sociais. Parte de uma perspectiva que não se avizinha à filosofia da práxis gramsciana. De todo modo, aqui nos interessa, especificamente, considerar o desenvolvimento, por parte do autor, de uma abordagem histórica que procura resolver a questão de como as grandes mudanças estruturais alteram as formas anteriores de ação coletiva. Para os nossos propósitos, pode-se perguntar se o fenômeno inverso não se verificaria igualmente: a violência política dos "de baixo" criando tradições de luta e valores específicos de uma concepção de mundo e formas de vida que condicionem novas mudanças estruturais.

REFERÊNCIAS BIBLIOGRÁFICAS

AGOSTINO, Antonella. Briganti, brigantaggio. In: LIGUORI, Guido; VOZA, Pasquale. *Dizionario Gramsciano*. Roma: Carocci, 2009. p.84-85.

ANTONIOLI, Maurizio. *Il sindacalismo italiano: dalle origini al fascismo*. Pisa: BFS, 1997.

BIANCHI, Alvaro. *O laboratório de Gramsci: filosofia, história e política*. São Paulo: Alameda, 2008.

BOBBIO, Norberto; MATEUCCI, Nicola; PASQUINO, Gianfranco. *Dicionário de Política*. Brasília: UnB, 1998.

CICCARELLI, Roberto. Guerra partigiana. In: LIGUORI, Guido; VOZA, Pasquale. *Dizionario Gramsciano*. Roma: Carocci, 2009. p. 385-386.

_____. Guerra. In: LIGUORI, Guido; VOZA, Pasquale. *Dizionario Gramsciano*. Roma: Carocci, 2009. p. 376-379.

CLAUSEWITZ, Carl Von. *Da Guerra*. São Paulo: Martins Fontes, 1979.

COGGIOLA, Osvaldo. Introdução. In: MARX, Karl; ENGELS, F. *Manifesto Comunista*. São Paulo: Boitempo, 2010. p. 9-36.

COLARIZI, Simona. *Storia del Novecento Italiano*. Milano: BUR, 2000.

DEL ROIO, Marcos. *Os prismas de Gramsci: a fórmula política da frente única (1919-1926)*. São Paulo: Xamã, 2005.

DIAS, Edmundo Fernandes. Do giolittismo à guerra mundial — primeira parte. *Textos Didáticos*, n. 39, Campinas, 2004.

FRANCIONI, Gianni. *L'Officina gramsciana: ipotesi sulla strutura del "Quaderni del carcere"*. Napoles: Bibliopolis, 1984.

GIANINAZZI, Willy. Le syndicalisme révolutionnaire em Italie (1904-1925): les hommes et les luttes. *Mil neuf cent*. n. 24, p. 95-121, 2006.

GRAMSCI, Antonio. *Lettere dal cárcere (1926-1937)*. Edizione elettronica a cura dell'International Gramsci Society, s/d.

_____. *Cartas do Cárcere (1931-1937)*. Rio de Janeiro: Civilização Brasileira, 2005.

_____. *Escritos Políticos (1921-1922)*. Rio de Janeiro: Civilização Brasileira, 2004.

_____. *Cadernos do Cárcere - Volume 3: Maquiavel, notas sobre o Estado e a política*. Rio de Janeiro: Civilização Brasileira, 2002.

_____. *Quaderni del carcere: edizione critica dell'Istituto Gramsci.* (a cura di Valentino Gerratana), 4 vol. Torino: Giulio Einaudi, 2001.

_____. *Socialismo e fascismo (L'Ordine Nuovo 1921-1922)*. Torino: Giulio Einaudi, 1967.

KRUMEICH, Gerd; AUDOIN-ROUZEAU, Stéphane. Les batailles de la Grande Guerre. In: AUDOIN-ROUZEAU, Stéphane; BECKER, Jean-Jacques. *Encyclopédie de la Grande Guerre: 1914-1918*. Paris: Bayard, 2004. p. 300-303.

LENIN, Vladmir Ilitch. *Imperialismo, fase superior do capitalismo*. São Paulo: Global, 1987.

MAQUIAVEL, Nicolau. *O Príncipe*. São Paulo: Martins Fontes, 2008.

MORTON, Adam David. *Unravelling Gramsci*. London: Pluto Press, 2007.

PRZEWORSKI, Adam. *Capitalismo e socialdemocracia*. São Paulo: Companhia das Letras, 1991.

SOREL, Georges. *Reflexões sobre a violência*. São Paulo: Martins Fontes, 1992.

THOMAS, Peter D. *The Gramscian moment: philosophy, hegemony and Marxism*. Leiden/Boston: Brill, 2009.

TILLY, Charles. *From mobilization to revolution*. New York: Random House, 1978.

WEBER, Max. *Ensaios de Sociologia*. Rio de Janeiro: Zahar, s/d.

REVOLUÇÃO RUSSA E REVOLUÇÃO PASSIVA: UMA ANÁLISE GRAMSCIANA

VICTOR LEANDRO CHAVES GOMES
ANA LOLE

INTRODUÇÃO

O processo revolucionário russo de 1917 foi recepcionado por Gramsci com intenso entusiasmo. Representava, em sua concepção, o alvorecer de uma nova era para a humanidade. Era natural para o jovem italiano, recém-convertido ao socialismo, se debruçar sobre o tema da revolução na medida em que se acreditava no nascimento do suposto "homem novo".

No entanto, com seu amadurecimento intelectual Gramsci vai percebendo que nem toda revolução gera uma nova consciência moral. O advento da modernidade revela ao filósofo sardo que existem revoluções que realizam transformações na própria gênese humana, mas, paradoxalmente, há outro arcabouço capaz de promover mudanças mantendo a ordem vigente, denominado por ele de "revolução passiva".

Analisar esse tipo de revolução em que o novo e o velho parecem coexistir passa a ser um dos mais ambiciosos projetos intelectuais de Gramsci, a partir do seu período carcerário. No sentido propriamente gramsciano, a principal tarefa da revolução tem um caráter pedagógico. Precisa ser capaz de combinar racionalidade e universalidade para estabelecer uma nova direção intelectual e moral.

Aqui, pretendemos contrapor o evento revolucionário russo em toda sua pujança, às análises de Gramsci acerca da revolução passiva. Demonstrando não apenas as patentes diferenças entre esses processos, mas propondo uma reflexão sobre a centralidade da política no pensamento gramsciano, bem como sua inegável vocação transformadora.

A REVOLUÇÃO RUSSA PARA O JOVEM GRAMSCI

Gramsci escreve em *Il Grido del Popolo*, de 29 de abril de 1917, que a Revolução Russa está para além de um fato, ela é um ato proletário, que irá desembocar naturalmente no regime socialista. O filósofo sardo entende que o processo revolucionário na Rússia envolve "fatores espirituais" da ação do proletariado, ou seja, o aspecto moral. Como exemplo, ele diz que "também a guerra foi feita pelos proletários e nem por isso foi um evento proletário. [...] É necessário que o fato revolucionário se revele, além de fenômeno de poder, também um fenômeno de costumes, um fato moral" (Gramsci, 2004a, p. 100).

Na visão de Gramsci:

> A Revolução Russa ignorou o jacobinismo. A revolução teve de abater a autocracia, não teve de conquistar a maioria com violência. O jacobinismo é um fenômeno puramente burguês: ele é característico da revolução burguesa na França. A burguesia, quando fez a revolução, não tinha um programa universal: ela servia a interesses particularistas, os interesses da sua classe, e servia a tais interesses com a mentalidade fechada e estreita de todos os que visam a metas particularistas. O fato violento das revoluções burguesas é duplamente violento: destrói a velha ordem, impõe a nova. A burguesia impõe sua força e suas ideias não apenas à casta anteriormente dominante, mas também ao povo que ela agora se empenha em dominar. Trata-se de um regime autoritário que substitui outro regime autoritário (2004a, p. 101).

Nessa fase, ainda muito influenciando por Sorel, Gramsci entendia que a revolução proletária deveria ser realizada com a força moral advinda do próprio proletariado, não necessitando, pois, contar com uma direção política e intelectual. O jacobinismo era entendido como um traço marcadamente burguês, um "fenômeno de minorias".

Por conta da dificuldade de acesso às informações sobre o que acontecia na Rússia, havia da parte de Gramsci uma desconsideração acerca das condições materiais nas quais a revolução se processava. Contudo, para ele, o fato de não existir jacobinismo na Rússia, torna supostamente impossível a formação de qualquer minoria despótica. Após o processo intelectual de maturação desenvolvido no período carcerário, bem como a incorporação cada vez maior do marxismo às suas reflexões políticas, algumas categorias teóricas — como o jacobinismo — passaram por uma profunda revisão. Assim, nos *Cadernos do cárcere*, Gramsci incorpora o jacobinismo vinculando-o às reflexões a respeito da estratégia política das classes subalternas.

Mesmo com os sovietes — conduzidos por bolcheviques — assumindo o poder revolucionário, em novembro de 1917, Gramsci (2004a, p. 117) reconhecia, em publicação no *Il Grido del Popolo* de 24/11/1917, que não havia "nenhuma notícia precisa sobre os últimos acontecimentos da Revolução Russa". Não obstante, o que houve na Rússia impactou o mundo de diversas maneiras. A revolução não pode ser compreendida como a mera substituição de um poder por outro, mas sim como um evento capaz de criar "uma nova atmosfera moral", instaurou "não só a liberdade física, mas também aquela do espírito".

Nesta leitura idealista que o jovem Gramsci faz da Revolução Russa, percebe-se que o evento foi uma manifestação quase espontânea da vontade coletiva, muito mais do que demonstração de alguma lei do desenvolvimento histórico:

> A Revolução Russa destruiu o autoritarismo e o substituiu pelo sufrágio universal, estendendo-o também às mulheres. Substituiu o autoritarismo pela liberdade, a constituição pela livre voz da consciência universal. [...] Porque eles [os revolucionários russos] perseguem um ideal que não pode ser apenas de poucos, já que estão seguros de que, quando todo o proletariado russo for por eles [jacobinos] interpelados, a resposta não poderá ser dúbia: ela está na consciência de todos e se transformará em decisão irrevogável tão logo possa se expressar num ambiente de liberdade espiritual absoluta, sem que o sufrágio universal seja pervertido pela intervenção da polícia e pela ameaça da forca ou do exílio. [...] Os revolucionários socialistas não podem ser jacobinos: eles têm hoje na Rússia somente a tarefa de impedir que os organismos burgueses (a *duma*, os *zenmstva*) pratiquem o jacobinismo com o objetivo de tornar equívoco o desafio do sufrágio universal e de fazer com que o fato violento seja revertido em benefício de seus interesses (Gramsci, 2004a, p. 101-102).

O acontecimento russo gerou aquilo que o filósofo sardo chamava de "incêndio revolucionário" que se alastra e "incendeia novos corações e cérebros, transformando-os em tochas ardentes de nova luz [...]. A revolução avança até a sua completa realização. Ainda está distante o tempo em que será possível um relativo descanso. E a vida é sempre revolução". (Gramsci, 2004a, p. 107). Há neste momento, no que concerne a Gramsci, a convicção de que a vontade social do povo russo foi estabelecida graças à propagação do discurso socialista. Discurso este que, claro, só foi possível disseminar-se em razão do fenômeno revolucionário. Em 24/12/1917, no artigo "A Revolução contra *O Capital*", o filósofo sardo esclarece que:

> a pregação socialista faz viver dramaticamente, num só instante, a história do proletariado, suas lutas contra o capitalismo, a longa série dos esforços que ele deve fazer a fim de se emancipar culturalmente dos vínculos do servilismo que o tornavam abjeto, a fim de se tornar nova consciência, testemunho atual de um mundo futuro (2004a, p. 128).

A cultura bolchevique, portanto, passa a ser muito importante e estratégica. Por basear-se na filosofia historicista essa cultura propicia que os revolucionários concebam a ação política, a história, como um "processo infinito de aperfeiçoamento, não como mito definitivo e cristalizado numa fórmula especial". Além disso, no texto "A Educação Política na Rússia", Gramsci entende que os poderes estatais russos desenvolvem uma imensa "obra educativa" e, segundo ele, "trabalham para que os cidadãos sejam cultos, empenham-se na realização daquela república de sábios e de pessoas corresponsáveis que é o objetivo necessário da revolução socialista, já que é condição necessária para a realização integral do programa socialista" (2004a, p. 190).

Tudo isso faz da Revolução Russa:

> [...] o mais grandioso fenômeno até agora produzido pela ação humana. O homem *malfeitor comum* se tornou, na Revolução Russa, o homem tal como Emanuel Kant, o teórico da moral absoluta, havia pregado, ou seja, o homem que diz 'fora de mim, a imensidade do céu; dentro de mim, o imperativo da minha consciência'. O que essas pequenas notícias nos revelam é a libertação dos espíritos, é a instauração de uma nova consciência moral. É o advento de uma ordem nova, que coincide com tudo o que nossos mestres nos haviam ensinado. E, mais uma vez, a luz vem do Oriente e se irradia sobre o velho mundo ocidental, que se espanta com isso e só sabe retrucar com os banais e tolos chistes de seus jornalistas venais (Gramsci, 2004a, p. 103-104).

O processo revolucionário na Rússia, a nova experiência dos sovietes, bem como a expressiva liderança de Lenin marcaram o trajeto intelectual de Gramsci rumo ao marxismo. Por ocasião da morte do líder revolucionário russo, Gramsci publica, em março de 1924, no *L'Ordine Nuovo*, considerações acerca do "companheiro Lenin", aquele que considerava como "o iniciador de um novo processo de desenvolvimento da história". Um verdadeiro líder que encontrou uma "sociedade em decomposição, uma poeira humana sem ordem nem disciplina" e foi capaz de reconstruir e reorganizar a Rússia "desde a fábrica até o governo, sob a direção e o controle do proletariado". Gramsci entendia que Lenin, em função das relações que estabeleceu com o partido da classe operária, soube compreender que "a ditadura do proletariado é expansiva, não repressiva", pois só dessa maneira consolida-se "um contínuo movimento de baixo para cima, um contínuo intercâmbio através de todas as capilaridades sociais" (2004b, p. 237 e p. 240).

A REVOLUÇÃO RUSSA A PARTIR DO CÁRCERE

Novos problemas foram propostos à teoria política a partir da magnitude histórica da Revolução Russa. Todavia a conjuntura neste país havia mudado. A morte de Lenin, a perseguição a Trotsky, além da ascensão de Stalin, provocaram profundas alterações na condução do processo revolucionário. Aquele socialismo científico encaminhado pelos sovietes no alvorecer da revolução transformara-se em mero determinismo burocrático. Aquele suposto "homem novo" que a Revolução Russa almejava criar foi de certa maneira exterminado pelo burocratismo stalinista.

Preocupado com os rumos tomados pela revolução, em 1926, Gramsci (2004b, p. 389) escreveu à Internacional Comunista, quando esta pretendia expulsar Trotsky, Zinoviev e Kamenev, "companheiros", dizia o filósofo sardo, "vocês estão hoje destruindo o que construíram; estão degradando e correm o risco de anular a função dirigente que o PC [Partido Comunista] da URSS havia conquistado".

Ao buscarmos amparo no pensamento gramsciano, convém não perder de vista um fator biográfico que é ao mesmo tempo de grande relevância no âmbito teórico. Em novembro de 1926, no exercício de seu mandato de deputado, Gramsci foi preso em razão da sua oposição ao regime fascista liderado por Benito Mussolini. Condenado a mais de vinte anos de prisão e obtendo a liberdade condicional após cumprir dez anos da pena em inúmeros estabelecimentos carcerários italianos, não chegaria a experimentar a plena liberdade.

Logo nos primeiros meses de cárcere, em carta de 19/03/1927, Gramsci (2005, p. 128) confidenciava à sua cunhada, Tatiana Schucht: "estou atormentado [...] por esta ideia: de que é preciso fazer algo *für ewig*. [...] Em suma, segundo um plano preestabelecido, gostaria de me ocupar intensa e sistematicamente de alguns temas que me absorvessem e centralizassem minha vida interior".

Ora, Gramsci é um autor e dirigente político que experienciou a tragédia da derrota do movimento operário, bem como a vitória do fascismo. Como atesta Losurdo (1998, p. 45), Gramsci "foi obrigado a desistir da esperança de uma rápida e definitiva reiteração revolucionária para, em lugar disso, aprofundar a análise do caráter complexo e contraditório e da longa duração do processo de transformação política e social". Nas palavras do próprio filósofo sardo: "na guerra militar, alcançado o objetivo estratégico — destruição do exército inimigo e ocupação do seu território –, chega-se à paz. [...] A luta política é muitíssimo mais complexa" (Gramsci, 2000, p. 124). Assim, no entendimento gramsciano, tem-se a chamada "guerra de posição" que:

> [...] exige enormes sacrifícios de massas imensas de população; por isto, é necessária uma concentração inaudita de hegemonia e, portanto, uma forma de governo mais 'intervencionista', que mais abertamente tome a ofensiva contra os opositores e organize permanentemente a 'impossibilidade' de desagregação interna [...]. Tudo isso indica que se entrou numa fase culminante da situação político-histórica, porque na política a 'guerra de posição', uma vez vencida, é definitivamente decisiva. Ou seja, na política subsiste a guerra de movimento enquanto se trata de conquistar posições não-decisivas e, portanto, não se podem mobilizar todos os recursos de hegemonia e do Estado; mas quando, por uma razão ou por outra, estas posições perderam seu valor e só aquelas decisivas têm importância, então se passa à guerra de assédio, tensa, difícil, em que se exigem qualidades excepcionais de paciência e espírito inventivo (Gramsci, 2000, p. 255).

A prisão foi a forma encontrada pelos fascistas de frear a postura investigativa e revolucionária das reflexões gramscianas. No entanto, Gramsci simplesmente não parava de pensar:

> A mesma transformação (que ocorreu na arte militar) deve ocorrer na arte e na ciência política, pelo menos no que se refere aos Estados mais avançados, onde a 'sociedade civil' tornou-se uma estrutura muito complexa e resistente às 'irrupções' catastróficas do elemento econômico imediato (crises, depressões, etc.); as superestruturas da sociedade civil são como o sistema das trincheiras na guerra moderna. [...] O último fato deste gênero na história da política foram os acontecimentos de 1917. Eles assinalaram uma reviravolta decisiva na história da arte e da ciência da política. Trata-se, portanto, de estudar com 'profundidade' quais são os elementos da sociedade civil que correspondem aos sistemas de defesa na guerra de posição (2000, p. 73).

Ao contrário de Lenin, Gramsci vive na pele o horror fascista, bem como a estabilização do capitalismo. Os *Cadernos* de fato sublinham o obstáculo ao desenvolvimento tecnológico e industrial constituído pela presença, na Europa, de "detritos das velhas camadas em decomposição" (Gramsci, 2001, p. 280). Elaborado em 1934, "Americanismo e fordismo" foi escrito na conjuntura que sucedeu à crise de 1929, quando se firmam as bases do que Gramsci chamou de "economia programática". Expressão utilizada pelo filósofo sardo para se referir ao planejamento socialista da economia, tal como vinha sendo empreendido pela União Soviética. Para ele, tanto o americanismo quanto o fascismo — considerados como formas de "revoluções passivas" que respondem à Revolução Russa de 1917 — acolhem elementos de programação econômica na tentativa de conservar o capitalismo. Lembrando que uma revolução denominada como "passiva" se contrapõe a um evento histórico gerado pela "acumulação molecular de elementos destinados a produzir 'explosão', ou seja, uma revolução de tipo francês" (Gramsci, 2001, p. 242).

Gramsci promove uma dura crítica à economia europeia com seus Estados de supraestruturas parasitárias, celebrando, simultaneamente, o que há de moderno e tendente à universalização no fordismo-taylorismo da experiência norte-americana. O filósofo sardo atribui à velha camada plutocrática europeia as diversas tentativas de introduzir aspectos do americanismo e do fordismo no continente. Assim, essa casta pretende conciliar o inconciliável, ou seja, a antiga e anacrônica estrutura social-demográfica europeia com uma forma moderníssima de produção e de modo de trabalhar oferecida pelos norte-americanos (Gomes, 2015, p. 64-65). Ao contrário da América, a "tradição", a "civilização" europeia caracteriza-se pela existência de classes criadas pela riqueza e complexidade da história passada, que deixou um grande número de sedimentações passivas através dos fenômenos de saturação e fossilização do pessoal estatal, dos intelectuais, do clero e da propriedade fundiária.

Devido à ausência de um passado feudal penoso os Estados Unidos não têm grandes "tradições históricas e culturais", é esta uma das principais razões de sua formidável acumulação de capital, apesar do nível de vida de suas classes populares ser superior ao europeu. A inexistência de "[...] sedimentações viscosamente parasitárias, legadas pelas fases históricas passadas, permitiu uma base sadia para a indústria e, em especial, para o comércio" (Gramsci, 2001, p. 247).

Nesta linha de abordagem, Gramsci afirma que:

> Num outro terreno e em condições bem diversas de tempo e lugar, este fenômeno russo pode ser comparado ao nascimento da nação americana (Estados Unidos): os imigrantes anglo-saxões são também uma elite intelectual, mas sobretudo moral. Refiro-me, naturalmente, aos primeiros imigrantes, aos pioneiros, protagonistas das lutas religiosas e políticas inglesas, derrotados, mas nem humilhados nem rebaixados em sua pátria de origem. Eles trazem para a América, em suas próprias pessoas, além da energia moral e volitiva, um certo grau de civilização, uma certa fase da evolução histórica europeia que, transplantada no solo virgem americano por tais agentes, continua a desenvolver as forças implícitas em sua natureza, mas com um ritmo incomparavelmente mais rápido do que na velha Europa, onde existe toda uma série de freios (morais, intelectuais, políticos, econômicos, incorporados em determinados grupos da população, relíquias dos regimes passados que não querem desaparecer) que se opõem a um processo rápido e equilibram na mediocridade qualquer iniciativa, diluindo-a no tempo e no espaço (1999b, p. 27-28).

A racionalização americana, no entendimento de Gramsci (2001, p. 248), "determinou a necessidade de elaborar um novo tipo humano, adequado ao novo tipo de trabalho e de processo produtivo". O perfil mental pragmático e técnico deste suposto "homem novo" converte-se naquilo que Gramsci

(2001, p. 295) entende como "uma particular sensibilidade para a quantidade, ou seja, para as cifras. [...] O pragmatismo deriva precisamente dessa mentalidade que não valoriza nem capta o abstrato". Aliás, rigorosamente a antítese do tipo humano que a Revolução Russa deveria criar.

Na medida em que deveria haver uma conscientização dos trabalhadores para melhor aderirem a um complexo processo de mudança, Gramsci percebe que a racionalização norte-americana determinou a necessidade de se conceber um novo tipo humano apático. Ou melhor, regido por uma "nova ética" que fosse adequada ao novo modelo de trabalho e de processo produtivo (Gomes, 2015, p. 66).

O peso implacável da produção econômica norte-americana impunha à Europa uma transformação radical de sua estrutura econômica "demasiadamente antiquada", o que, no entanto, ocorreria de qualquer modo, ainda que com o ritmo lento, mas que, ao contrário, se apresenta desde logo como uma consequência imediata da "prepotência americana". O elemento de "nova cultura" que se difunde a partir do americanismo não é propriamente um novo tipo de civilização "é algo que pode ser deduzido do fato de que nada mudou no caráter e nas relações dos grupos fundamentais: trata-se de um prolongamento orgânico e de uma intensificação da civilização europeia, que apenas assumiu uma nova epiderme no clima americano" (Gramsci, 2001, p. 280-281).

A originalidade da teoria gramsciana ao mesmo tempo em que promove uma dura crítica a aspectos parasitários da cultura europeia, enaltece a vocação universalista do fordismo-taylorismo norte-americano. Mas não é só isso. Tanto o americanismo quanto o fascismo — modelos de "revolução passiva" — foram reações à Revolução Russa de 1917. Mesmo trancafiado no cárcere, Gramsci foi capaz de realçar com precisão de que maneira o americanismo e o fascismo promoveram mudanças no intuito de manter a ordem capitalista praticamente inalterada.

Ao longo dos *Cadernos* há um empenho intelectual para mostrar que a Rússia com o seu imenso peso político, econômico e militar faz parte da Europa e não da Ásia. Com o impacto da revolução bolchevique, a influência russa no continente europeu estaria destinada a crescer como um contraponto às supracitadas reações burguesas. O filósofo sardo afirma, textualmente, que "muitos não conseguem calcular a mudança histórica que ocorreu na Europa em 1917 e a liberdade que os povos ocidentais conquistaram" (2000, p. 226).

REVOLUÇÃO PASSIVA: UMA REFLEXÃO POLÍTICA

Gramsci trabalhou muito o conceito de "revolução passiva" em suas anotações carcerárias sobre o *Risorgimento* — processo histórico de unificação do Estado italiano. O filósofo sardo entendia que tal ferramenta teórica era de extrema valia para uma análise acerca do processo histórico de formação do Estado nacional italiano, sem uma revolução política de característica jacobina. Neste sentido, Gramsci (2002, p. 209-210) afirma que: "o conceito de revolução passiva me parece exato não só para a Itália, mas também para os outros países que modernizaram o Estado através de uma série de reformas ou de guerras nacionais, sem passar pela revolução política de tipo radical-jacobino". Evidencia-se, pois, o contraponto da burguesia às ações revolucionárias, demonstrando que a história é repleta de soluções políticas "pelo alto".

Para Gramsci a formação do Estado moderno marca o nascimento da própria modernidade. E a revolução passiva era uma ferramenta teórica eficaz para a compreensão do advento da modernidade capitalista na maioria dos países capitalistas europeus (Bianchi, 2008, p. 257). Nessa perspectiva, o tema da revolução passiva dependeu em larga medida dos estudos gramscianos que cotejaram a Revolução Francesa e o *Risorgimento*.

Como destaca Bianchi, ao romper com a estreiteza econômico-corporativa que caracterizava as antigas classes feudais, a burguesia foi capaz de criar as condições necessárias para absorver toda a sociedade em seu universo econômico produtivo. E conseguiu tal feito por meio da afirmação de uma igualdade abstrata que se sustentava na esfera de um mercado, em tese, acessível a todos. Ao mesmo tempo, através de uma liberdade igualmente abstrata e calcada no âmbito dos direitos civis supostamente iguais para todos, ampliou as fronteiras da política, incorporando à esfera estatal as classes subalternas (Bianchi, 2008, p. 258). Para Gramsci, a expressão máxima deste movimento de ampliação econômica e política havia sido o jacobinismo:

> Se é verdade que os jacobinos 'forçaram' a mão, é também verdade que isso aconteceu sempre no sentido do desenvolvimento histórico real, porque eles não só organizaram um governo burguês, ou seja, fizeram da burguesia a classe dominante, mas fizeram mais: criaram o Estado

burguês, fizeram da burguesia a classe nacional dirigente, hegemônica, isto é, deram ao novo Estado uma base permanente, criaram a compacta nação francesa moderna (2002, p. 81).

O estabelecimento da hegemonia por meio da revolução era o que o filósofo sardo denominava "jacobinismo de conteúdo". Segundo Bianchi (2008, p. 259), o conteúdo do jacobinismo era definido "pelo máximo desenvolvimento das energias privadas nacionais, ou seja, pela constituição e fortalecimento da sociedade civil e pela criação de uma ampla rede de instituições através das quais o consenso moral e ético era permanentemente organizado". Neste diapasão, Gramsci entende que é essencial estudar:

> [...] a iniciativa jacobina de instituir o culto do 'Ser Supremo', que surge, portanto, como uma tentativa de criar identidade entre Estado e sociedade civil, de unificar ditatorialmente os elementos constitutivos do Estado em sentido orgânico e mais amplo (Estado propriamente dito e sociedade civil), numa desesperada tentativa de dominar toda a vida popular e nacional, mas surge também como a primeira raiz do moderno Estado laico, independente da Igreja, que procura e encontra em si mesmo, em sua vida complexa, todos os elementos de sua personalidade histórica (2000, p. 244).

O alargamento da base histórica desse Estado moderno foi condição fundamental para sua própria constituição. Para realizar sua hegemonia sobre toda a população, a burguesia incorporou demandas, assimilou economicamente grupos sociais, transformou sua cultura na expressão cultural de toda a sociedade. A ampliação da base histórica do Estado foi, pois, acompanhada pela expansão econômica e política da própria burguesia (Gomes, 2016, p. 4).

Enquanto promoveu avanços em toda a sociedade, libertando-a das amarras do passado, a burguesia — por intermédio dos jacobinos — exerceu sua hegemonia ampliando as bases sociais do Estado e constituindo novas esferas de atividade econômica. No entanto, ao atingir seus limites, típicos da própria ordem burguesa, o chamado "bloco ideológico" que sustentava essa hegemonia começou a ruir e prontamente o consenso espontâneo foi substituído por medidas estatais coercitivas e golpistas (Bianchi, 2008, p. 260).

Aquele universalismo burguês que havia se manifestado ao longo do processo revolucionário, na verdade, se revelava um universalismo particularista. Ao impedir o acesso das classes subalternas à política e retomar uma concepção meramente coercitiva do Estado, evidenciavam-se os limites da expansão social e política promovida pela burguesia.

Bianchi (2008, p. 261) ressalta que enquanto esses limites, na França, surgiram no auge da revolução, em 1793, na Itália manifestaram-se logo no início, em 1848. Na Itália não havia um partido como o de Robespierre, portador de um "espírito jacobino" que almeja tornar-se dirigente.

Para imprimir ao *Risorgimento* uma direção popular e democrática, o *Partito d'Azione* necessitava assumir uma função jacobina e implementar um programa de governo que pudesse unificar os anseios da nação. Seus dirigentes, Mazzini e Garibaldi, não pertenciam às classes altas e, por conseguinte, não poderiam desempenhar uma atração espontânea sobre estas, como os moderados do Piemonte foram capazes de fazer.

Com os limites históricos do *Partito d'Azione* evidenciados, coube aos moderados exercer espontaneamente a função dirigente no *Risorgimento*. Assim, com a inexistência de um "jacobinismo de conteúdo" na Itália, houve uma difusão dos estratos intelectuais capazes de consolidar ideologicamente a nação, além de garantirem o predomínio das funções de dominação mediante a difusão de mecanismos de coerção.

Desta maneira, o processo de conformação de um moderno Estado nacional na península italiana permanecia inconcluso. O horizonte político resultante é descrito com exatidão por Gramsci:

> A hegemonia do Norte teria sido 'normal' e historicamente benéfica se o industrialismo tivesse tido a capacidade de ampliar seus quadros com um certo ritmo, para incorporar cada vez mais novas zonas econômicas assimiladas. Esta hegemonia seria, então, a expressão de uma luta entre o velho e o novo, entre o progresso e o atraso, entre o mais produtivo e o menos produtivo; ocorreria uma revolução econômica de caráter nacional (e de amplitude nacional), ainda que seu motor fosse temporária e funcionalmente regional. Todas as forças econômicas seriam estimuladas e à divisão se seguiria uma unidade superior. No entanto, não foi assim. A hegemonia se apresentou como permanente; a divisão se apresentou como uma condição histórica necessária por um tempo indeterminado e, portanto, aparentemente 'perpétua' para a existência de uma indústria setentrional (2002, p. 153).

A despeito disso, não há como negar que os moderados foram capazes de exercer uma função hegemônica com eficácia, mas é indispensável qualificá-la. A direção era exercida sobre uma base social estreita: a própria burguesia industrial, a burguesia agrária meridional e os dirigentes do *Partito d'Azione*. A dominação propagava-se por toda a nação e abarcava tanto o conjunto das classes dominantes como as subalternas. Deste modo, "a função hegemônica plena não pode [...] ser confundida com uma hegemonia plena tal como a realizada pelos jacobinos" (Bianchi, 2008, p. 266).

Os limites da hegemonia dos moderados foram caracterizados por Gramsci pelo fenômeno político do transformismo:

> Pode-se dizer que toda a vida estatal italiana, a partir de 1848, é caracterizada pelo transformismo, ou seja, pela elaboração de uma classe dirigente cada vez mais ampla [...], com a absorção gradual mas contínua, e obtida com métodos de variada eficácia, dos elementos ativos surgidos dos grupos aliados e mesmo dos adversários e que pareciam irreconciliavelmente inimigos. Neste sentido, a direção política se tornou um aspecto da função de domínio, uma vez que a absorção das elites dos grupos inimigos leva à decapitação destes e a sua aniquilação por um período frequentemente muito longo. A partir da política dos moderados, torna-se claro que pode e deve haver uma atividade hegemônica mesmo antes da ida ao poder e que não se deve contar apenas com a força material que o poder confere para exercer uma direção eficaz: de fato, a brilhante solução desses problemas tornou possível o *Risorgimento* nas formas e nos limites em que ele se realizou, sem 'Terror', como 'revolução sem revolução', ou seja, como 'revolução passiva' (2002, p. 63).

Gramsci mobilizou conceitos como "revolução passiva", "revolução sem revolução" e "revolução-restauração"[1] para expressar não apenas os limites,

---

[1] Sobre o conceito de "revolução-restauração" do historiador francês Edgar Quinet, Gramsci escreveu: "Deve-se examinar se a fórmula de Quinet pode ser aproximada da de 'revolução passiva' de [Vincenzo] Cuoco; elas exprimem, talvez, o fato histórico da ausência de uma iniciativa popular unitária no desenvolvimento da história italiana, bem como o fato de que o desenvolvimento se verificou como reação das classes dominantes ao subversivismo esporádico, elementar, não orgânico, das massas populares, através de 'restaurações' que acolheram uma certa parte das exigências que vinham de baixo; tratam-se, portanto, de 'restaurações progressistas' ou 'revoluções-restaurações', ou, ainda, 'revoluções passivas'. (Gramsci, 1999a, p. 393).

mas principalmente as formas do *Risorgimento*, que plasmaram a constituição do Estado nacional italiano. A revolução passiva é, portanto, uma transformação "pelo alto", que compreende dois momentos: "o da 'restauração' (na medida em que é uma reação à possibilidade de uma transformação efetiva e radical 'de baixo para cima') e o da 'renovação' (na medida em que muitas demandas populares são assimiladas e postas em prática pelas velhas camadas dominantes)" (Coutinho, 1999, p. 198). Neste sentido, a concepção de revolução passiva, em especial, passava a ocupar uma posição estratégica no empreendimento gramsciano de reconstrução da filosofia da práxis[2]:

> *Risorgimento* italiano. Sobre a revolução passiva. Protagonistas os 'fatos', por assim dizer, e não os 'homens individuais'. Como, sob um determinado invólucro político, necessariamente se modificam as relações sociais fundamentais e novas forças efetivas políticas surgem e se desenvolvem, as quais influenciam indiretamente, com pressão lenta mas incoercível, as forças oficiais, que, elas próprias, se modificam sem se dar conta, ou quase (Gramsci, 2002, p. 328).

Ao contrapor a França e a Itália, além de jacobinos e moderados, Gramsci conseguiu desenvolver um modelo histórico para análise do processo de construção dos Estados nacionais europeus. A maior ou menor radicalidade do processo revolucionário, o contraste entre atividade e passividade, forneciam os critérios mediante os quais era possível compreender as diferentes formas de chegada à modernidade (Gomes, 2016, p. 7).

No caso italiano, o atraso cultural e econômico da classe burguesa impedia a progressiva expansão da base social do Estado através da incorporação das classes subalternas. Concebia-se o povo prioritariamente como o inimigo e rechaçava-o da estrutura de forças dirigentes. Vale ressaltar que "era esse mesmo atraso cultural e econômico que levava essa classe a acreditar pouco em suas próprias forças e a confiar à velha aristocracia as funções de direção política" (Bianchi, 2008, p. 267).

---

[2] O termo 'filosofia da práxis' não é um expediente linguístico, mas uma concepção que Gramsci assimila como unidade entre teoria e prática. Esta unidade serve para o filósofo sardo delinear uma série de conceitos científicos capazes de interpretar o mundo que lhe era contemporâneo. Em suas próprias palavras, "a filosofia da práxis 'basta a si mesma'. Contém em si todos os elementos fundamentais para construir uma total e integral concepção de mundo". (Gramsci, 2000, p. 225).

CONSIDERAÇÕES FINAIS

Uma das tarefas essenciais da revolução é promover uma nova consciência moral. A Revolução Russa de 1917 almejou criar um "homem novo", enquanto as respostas burguesas "passivas" ao acontecimento russo — o americanismo e o fascismo — foram capazes de transformar dentro da ordem, se contrapondo ao modelo jacobino de tipo francês. Tudo isso demonstra que os processos revolucionários acontecem num tempo histórico e são marcados por rupturas, permanências, mudanças e particularidades.

A perspectiva revolucionária de Gramsci reside na possibilidade de consolidação da hegemonia pelos grupos subalternos, tornando-os dirigentes e dominantes. A classe revolucionária detentora de uma nova direção intelectual e moral será capaz de promover a união orgânica das forças sociais, sem distinção entre Norte e Sul, Ocidente e Oriente, cidade e campo, progresso e atraso.

O legado gramsciano contribui não apenas para refletirmos quanto ao passado, mas, principalmente, se mostra capaz de renovar o panorama revolucionário para o tempo presente, que envolve a luta incessante pela democracia e pelo socialismo.

O processo revolucionário russo catalisou todas as contradições e, pela ação política das classes sociais e/ou de suas vanguardas, gerou uma nova forma de sociabilidade. Além de demonstrar que o capitalismo não era uma naturalidade histórica, a experiência russa representou, para os trabalhadores, "em escala planetária, a possibilidade máxima de articulação de resistência e de capacidade de transformação" (Dias, 1996, p. 28).

A novidade que a Rússia imprimiu na história marcou não somente o imaginário e as práticas operárias ao longo do século XX, a revolução também trouxe pânico para o conjunto das burguesias ao elucidar "que o capitalismo não era uma fatalidade que se devia sofrer passivamente" (Dias, 1996, p. 28).

REFERÊNCIAS BIBLIOGRÁFICAS

BIANCHI, Alvaro. *O Laboratório de Gramsci: filosofia, história e política*. São Paulo: Alameda, 2008.

COUTINHO, Carlos Nelson. *Gramsci: um estudo sobre seu pensamento político*. Rio de Janeiro: Civilização Brasileira, 1999.

DIAS, Edmundo Fernandes. Capital e trabalho: a nova dominação. *A ofensiva neoliberal: reestruturação produtiva e luta de classes*. Brasília: Sindicato dos Eletricitários de Brasília, 1996. p. 7-54.

GOMES, Victor Leandro C. *Por que os homens não se rebelam? aquiescência e política em Antonio Gramsci*. Rio de Janeiro: Letra Capital, 2015.

_____. Revolução Passiva: uma solução à brasileira. *Práxis e Hegemonia Popular*, Rio de Janeiro, n. 1, p. 1-13, dez. 2016.

GRAMSCI, Antonio. *Cadernos do Cárcere - Volume 1: introdução ao estudo da filosofia. A filosofia de Benedetto Croce*. Rio de Janeiro: Civilização Brasileira, 1999a.

_____. *Cadernos do Cárcere - Volume 2: os intelectuais, o princípio educativo e jornalismo*. Rio de Janeiro: Civilização Brasileira, 1999b.

_____. *Cadernos do Cárcere - Volume 3: Maquiavel, notas sobre o Estado e a política*. Rio de Janeiro: Civilização Brasileira, 2000.

_____. *Cadernos do Cárcere - Volume 4: temas de cultura, ação católica, americanismo e fordismo*. Rio de Janeiro: Civilização Brasileira, 2001.

_____. *Cadernos do Cárcere - Volume 5: o Risorgimento e notas sobre a história da Itália*. Rio de Janeiro: Civilização Brasileira, 2002.

_____. *Escritos políticos - Volume 1: 1910-1920*. Rio de Janeiro: Civilização Brasileira, 2004a.

_____. *Escritos políticos - Volume 2: 1921-1926*. Rio de Janeiro: Civilização Brasileira, 2004b.

_____. *Cartas do cárcere - Volume 1: 1926-1930*. Rio de Janeiro: Civilização Brasileira, 2005.

LOSURDO, Domenico. Gramsci e a revolução. *Tempo*. Rio de Janeiro, v. 3, n. 5. 1998. p. 45-73.

A URSS STALINISTA NA ANÁLISE DOS CADERNOS DO CÁRCERE[1]

GIUSEPPE VACCA

I

As notas reunidas no *Caderno 22* "Americanismo e fordismo" são cada vez mais reconhecidas pelo seu significado estratégico no desenvolvimento do pensamento político de Gramsci. As atenções dos estudiosos sobre essas notas datam do início dos anos 1970 e se concentraram predominantemente nos aspectos da teoria da hegemonia, revelando a rede de conceitos que a constitui (Cf. Nardone, 1970; Salvadori, 1971; Buci-Glucksmann, 1976; Badaloni *et al.*, 1977; Showstach Sasson, 1980; Femia, 1981; Paggi, 1984). Assim foram delineadas a originalidade e a riqueza da concepção gramsciana do marxismo, entendido como "ciência da política e da história" (Paggi, 1984). Especialmente após a publicação da edição crítica dos *Cadernos*, as notas sobre "Americanismo e fordismo" provaram-se essenciais na elaboração, seja das principais categorias analíticas gramscianas ("guerra de posição" e "revolução passiva"), seja das principais categorias estratégicas do seu pensamento político, confirmando uma "chave de leitura" proposta por Franco De Felice no início dos anos 1970.

A conexão com o americanismo revela toda a capacidade heurística do conceito de revolução passiva. Isto constitui o paradigma da análise diferenciada do desenvolvimento histórico mundial entre as duas Guerras. A generalização máxima do conceito de revolução passiva, como se sabe, está numa passagem célebre do *Caderno 15*:

---

[1] Artigo originalmente publicado na revista *Crítica Marxista*, Roma, n. 3/4, p. 129-146, 1988. Traduzido do italiano por Telma Cristiane Sasso de Lima. Revisão técnica de Marcos Del Roio.

O tema da 'revolução passiva' como interpretação do período do *Risorgimento* e de qualquer época complexa de transformações históricas. Utilidade e perigos de tal tema. Perigo de derrotismo histórico, ou seja, de indiferentismo, porque a formulação geral do problema pode fazer crer num fatalismo etc.; mas a concepção permanece dialética, isto é, *pressupõe e até postula como necessária uma antítese vigorosa e que ponha intransigentemente em campo todas as suas possibilidades de explicitação*. Portanto, não teoria da 'revolução passiva' como programa, como foi nos liberais italianos do *Risorgimento*, mas como critério de interpretação, na ausência de outros elementos ativos de modo dominante (Gramsci, 1975, p. 1987, grifo nosso).

Esse trecho parece ecoar preocupações já manifestadas por Gramsci (1971, p. 473) no relatório ao Comitê Central de 06 de fevereiro de 1925 sobre a "questão Trotsky". Ao interligar as duas passagens, foi justamente sublinhada a mudança "de juízo com o qual [antes da prisão Gramsci] tendia a interpretar a fase aberta pela derrota do movimento operário no Ocidente" e foi chamada a atenção sobre a distância entre o conceito de revolução passiva e o conceito de estabilização relativa característico das posições do Comintern (De Felice, 1977, p. 167). Parece-me que se pode ir além.

Se o conceito de revolução passiva está indicando "como, sob um determinado invólucro político, necessariamente se modificam as relações sociais fundamentais e novas forças políticas efetivas surgem e se desenvolvem, as quais influenciam indiretamente, como pressão lenta mas incoercível, as forças oficiais, que, elas próprias, se modificam sem se dar conta, ou quase" (Gramsci, 1975, p. 1818-1819); isto é, se a caracterização de todo um período histórico feita na chave interpretativa da revolução passiva indica que a antítese fundamental não foi suprimida, mas neutralizada; se o valor teórico geral da categoria reside em indicar a transição para uma nova forma de mudança, e, portanto, também as modificações que são determinadas na "estrutura" (nas relações sociais de produção) ocorrem molecularmente e não, necessariamente, pela iniciativa das forças antagônicas fundamentais, mas de outros grupos sociais[2]; se tudo isso é verdadeiro, a caracterização do período histó-

---

[2] Consultar §61 do *Caderno 10* que é uma referência importante sobre a "concepção de Estado de acordo com a função produtiva das classes" (1975, p. 1359-1361).

rico posterior à Primeira Guerra Mundial na chave interpretativa da revolução passiva implica, evidentemente, uma mudança de avalição sobre a Revolução de Outubro. De fato, no mesmo *Caderno 15* (exatamente na sequência das páginas que compreendem as formulações mais gerais do conceito de revolução passiva citadas acima), a respeito de eventuais "estudos voltados a detectar analogias entre o período posterior à queda de Napoleão e o período posterior à Guerra de 1914-1918", Gramsci anota:

> [...] parece que o aspecto mais importante a ser estudado seja este que se chamou 'revolução passiva', problema que não aparece nitidamente porque falta um paralelo à França de 1789-1815. E, no entanto, todos reconhecem que a guerra de 1914-1918 representa uma ruptura histórica, no sentido de que toda uma série de questões se acumulavam molecularmente antes de 1914, 'se sobrepuseram umas às outras', modificando a estrutura geral do processo anterior: basta pensar na importância que assumiu o fenômeno sindical, termo geral sob o qual vêm à tona diferentes problemas e processos de desenvolvimento de importância e significação variada (parlamentarismo, organização industrial, democracia, liberalismo etc.), mas que, obviamente, reflete o fato de que uma nova força social se constituiu, tem um peso não desprezível etc. (1975, p. 1824).

Parece-me que a noção de revolução passiva modifica a periodização da "ruptura histórica" representada pela guerra de 1914-1918, não apenas em relação ao nexo crise-guerra-atualidade da revolução (que tinha justificado o nascimento e a expansão do movimento comunista internacional nos anos 1920), mas em referência a completa transição da "economia de mercado" para a "sociedade neocorporativa" (Cf. Polanyi, 1974; Maraffi, 1981). No geral, a periodização do século XX muda, dando ênfase ao período compreendido da Revolução de Outubro até a Grande Guerra.

Limito-me ao relato de apenas um indicador: o deslizamento da tematização sobre a relação entre Estados Unidos e Europa contida no *L'Ordine Nuovo* para as notas sobre "Americanismo e fordismo". Inicialmente no *L'Ordine Nuovo* a "necessidade" da revolução proletária (a revolução é "imposta", não "proposta") (Gramsci, 1987, p. 203-207) resultaria do caráter "catastrófico" do deslocamento do eixo econômico do mundo capitalista da Europa para os Estados Unidos:

O mito da guerra — a unificação do mundo numa Sociedade de Nações — se tornou realidade na maneira e na forma que poderia ser no regime de propriedade privada e nacional: no monopólio mundial exercido e explorado pelos anglo-saxões. A vida econômica e política dos Estados é estreitamente controlada pelo capitalismo anglo-americano: todos os produtos, todas as rotas terrestres, fluviais e marítimas, o solo e o subsolo, todo o complexo de produção e comércio do mundo é controlado pelo capitalismo anglo-americano. A guerra pela liberdade dos povos, no âmbito dos Estados, resultou na perda de soberania e de independência dos Estados e de sua população. A Itália, como todos os outros Estados do mundo, tornou-se um Estado proletário porque é explorada na sua totalidade pelo capitalismo anglo-americano. É a morte do Estado tal como ele é, da sua soberania e independência, pois o capitalismo nacional é reduzido à condição de vassalo. Assim como o operário não é autônomo na indústria, dentro da oficina, também os capitalistas italianos não são autônomos dentro do Estado que é sua oficina porque dele depende a sua existência como capitalistas. O Estado nacional está morto, transformado em um campo de influência sob o monopólio de mãos estrangeiras. O mundo está "unificado" no sentido de que se cria uma hierarquia mundial que disciplina e controla tudo autoritariamente, aumentando extremamente a concentração de propriedade privada, todo o mundo forma um *trust* nas mãos de algumas dezenas de banqueiros, empresários do comércio marítimo e industriais anglo-saxões (Gramsci, 1987, p. 20).

Nos *Cadernos*, ao contrário, seja na avaliação do americanismo em si, seja na análise da pressão que dele emana para "racionalizar" a "composição demográfica", os "métodos de trabalho" e a organização social da velha Europa são radicalmente diversos e em certos aspectos refutados[3]. A guerra

---

[3] Acerca do problema: "se o tipo de indústria e de organização do trabalho e da produção próprio da Ford é 'racional', isto é, se pode e deve generalizar-se, ou se, ao contrário, trata-se de um fenômeno mórbido a ser combatido com a força dos sindicatos e com a legislação", Gramsci responde "que o método Ford é 'racional', isto é, deve se generalizar". A "racionalidade" do taylorismo e do fordismo resultou — de acordo com Gramsci — da eficácia desses métodos em permitirem às indústrias "driblarem a lei da taxa de queda de lucro". Em geral, afirma Gramsci, "pode-se dizer que [...] o americanismo e o fordismo resultam da necessidade imanente de chegar à organização de uma economia programática e que os diversos problemas [analisados por Gramsci na mesma obra] deveriam ser os elos da cadeia que marcam precisamente a passagem do velho individualismo econômico para a economia programática" (Gramsci, 1975, p. 2173 e p. 2139).

de 1914-1918 confirma-se como "ruptura histórica" apenas "no sentido de que havia uma série de questões sendo acumuladas molecularmente antes de 1914 e, ao se empilharem, modificaram a estrutura geral do processo precedente". A mudança é morfológica, mas não (não mais) dependente do ocorrido na Revolução de Outubro, por extensão e pela intensificação dos fenômenos e processos preexistentes à guerra. Dentre eles, Gramsci destaca, conforme vimos, "a importância que assumiu o sindicalismo" incluindo "o parlamentarismo, as organizações industriais, a democracia, o liberalismo etc."; conclui que a principal novidade evidenciada pela guerra foi "que ao ser constituída uma nova força social, seu peso não é insignificante etc.". Consequentemente, são a extensão e a incidência dos "processos" — que "estão resumidos" no "sindicalismo" — que alteram a estrutura geral do processo anterior. Existe a mudança morfológica, mas para impulsionar "os problemas e os processos de desenvolvimento" preexistentes à "ruptura histórica" causada pela guerra e pela Revolução de Outubro[4].

II

O primeiro tema que reverbera na interpretação do pós-guerra foi a visão gramsciana da União Soviética (URSS): as características de seu desenvolvimento e seu papel internacional na primeira década do governo stalinista.

Ao se corresponder com Togliatti em carta de outubro de 1926, Gramsci chama a atenção para a fragilização do papel revolucionário da URSS no cenário internacional. São notas famosas, mas que vale a pena reexaminar: "hoje, passados nove anos desde a Revolução de Outubro de 1917", escreveu ele, "não é mais a tomada do poder pelos bolcheviques o aspecto que pode revolucionar as massas ocidentais, porque já é um fato consumado com suas consequências; o proletariado hoje está ativo, ideológica e politicamente, e com a convicção (se houver) de que pode construir o socialismo uma vez que

---

[4] Sobre esse assunto é fundamental o §5 do *Caderno 15*: "Passado e presente. As crises" (Gramsci, 1975, p. 1755-1759).

já tomou o poder" (Gramsci, 1971, p. 136-137). Essa possibilidade, no entanto, foi comprometida não apenas pela linha da oposição (abordaremos ela em breve), mas devido à fragmentação do grupo bolchevique e da "nacionalização russa", particularizando toda a discussão:

> Camaradas, [escreveu Gramsci], vocês têm sido, nestes nove anos de história mundial, o elemento organizador e impulsionador das forças revolucionárias em todos os países: o papel que vocês assumiram não tem precedente que se equipare na história da humanidade, seja em amplitude ou em profundidade. Mas, hoje, vocês estão destruindo sua própria obra, degradando e arriscando perder a função dirigente que o Partido Comunista da URSS conquistou através do ímpeto de Lenin. Parece que a paixão violenta com a qual enfrentam os assuntos russos os faz perder de vista os aspectos internacionais neles implicados, vocês esquecem que seus deveres de militantes russos apenas podem e devem ser cumpridos no âmbito dos interesses do proletariado mundial (Gramsci, 1971, p. 128).

Nos *Cadernos*, a função analítica e a periodização que Gramsci confere à ideia de revolução passiva pressupõe a convicção de que a característica revolucionária da URSS fosse incorporada em escala mundial. Então, levanta a questão da necessidade de avaliar como isso afeta o progresso e as características do Estado soviético. Numa importante passagem sobre a "fase econômico-corporativa do Estado" há uma referência clara à URSS stalinista.

> Se é verdade que nenhum tipo de Estado pode deixar de atravessar uma fase de primitivismo econômico-corporativo, disso se deduz que o conteúdo da hegemonia política do novo grupo social que fundou o novo tipo de Estado deve ser predominantemente de ordem econômica: trata-se de reorganizar a estrutura e as relações reais entre os homens e o mundo econômico ou da produção. Os elementos de superestrutura [prossegue Gramsci] só podem ser escassos e seu caráter será de previsão e de luta, mas com elementos 'de plano' ainda escassos: o plano cultural será principalmente negativo, de crítica ao passado, tenderá a fazer esquecer e a destruir: as linhas da construção serão ainda 'grandes linhas', esboços, que poderiam (e deveriam) ser modificados a cada momento, para ser coerentes com a nova estutura em formação (Gramsci, 1975, p. 1053).

O que pensa Gramsci? Provavelmente, sobre a pobreza do modelo de planificação centralizada adotado pela URSS e a debilidade de seus fundamentos teóricos: os esquemas de reprodução do Volume II d´*O Capital*. Há uma passagem muito clara que devemos retomar. Os textos originais do "marxismo soviético" sobre os quais recai a crítica de Gramsci nos *Cadernos* são, como se sabe, *Ensaio Popular* de Bukharin e o *Précis d´économie politique* (*L´économie politique et la théorie de l´economie sovietique*) de Lapidus e Ostrovitianov (traduzido por Victor Serge, 1929)[5]. Na primeira nota crítica dedicada a esse texto, Gramsci observa que a teoria do valor não pode ser a base da política econômica em uma economia planificada. É essencial para "corrigir a função dos capitalistas em conjunto" e "quando o gestor da economia é a propriedade", para tornar o trabalho "consciente do seu conjunto, notadamente do fato de que é um 'conjunto' e de que, como 'conjunto', determina o processo fundamental do movimento econômico", o conceito de "trabalho socialmente necessário" deixa de corresponder aos "propósitos práticos a alcançar" no momento em que o trabalho mudou de posição.

> Para a economia clássica, ao contrário, tem importância não o conceito abstrato e científico de valor (ao qual ela busca chegar por outro caminho, mas apenas para fins formais, de sistema harmônico no plano lógico verbal e, a isso chega, ou crê chegar, através de pesquisas psicológicas, mediante a utilidade marginal), mas o conceito mais concreto e mais imediato de lucro individual ou de empresa; por isso, tem importância o estudo da dinâmica do 'trabalho socialmente necessário', que assume várias colocações teóricas: de teoria dos custos comparados, de equilíbrio econômico estático e dinâmico.

Nessa acepção, mais que fixar o conceito de "trabalho socialmente necessário",

> [...] todo o interesse está na fase dinâmica da formação do 'trabalho socialmente necessário' local, nacional, internacional, e nos problemas que as diferenças dos 'trabalhos analíticos' põem nas várias fases

---

[5] Trata-se "da primeira edição oficial do manual soviético de economia, publicado em 1928". Cf. Carr e Davies, 1972, p. 444.

de tais trabalhos. É o custo comparado, ou seja, a comparação do trabalho 'particular' cristalizado nas várias mercadorias, que interessa à economia clássica.

Mas, Gramsci se opõe aos autores do *Précis*:

> [...] esta pesquisa não interessa também a economia crítica? E é 'científico' que, num trabalho como o *Précis*, não sejam também tratados esses nexos de problemas? A economia crítica [observa Gramsci] tem diversas fases históricas e, em cada uma delas, é natural que o acento caia no nexo teórico e prático historicamente predominante [...] quando o próprio trabalho se tornar gestor da economia, também ele deverá, por causa dessa mudança fundamental de posição, preocupar-se com as utilidades particulares e com as comparações entre essas utilidades, com o objetivo de extrair delas iniciativas de movimento progressista.

A crítica à insuficiência dos "elementos de plano" na construção do socialismo na URSS, portanto, afeta a concepção e as escolhas pelas quais foi introduzido o caminho da planificação. O *Précis* de Lapidus e Ostrovitianov foi publicado em 1928, as observações de Gramsci datam entre 1932 e 1935[6] e se referiam às primeiras experiências de planificação de acordo com as conclusões da passagem estudada. "De resto, o que são as 'emulações' [questiona ele aos dois autores] se não um modo de preocupar-se com esse nexo de problemas e de compreender que o movimento progressista ocorre graças a 'impulsos' particulares, ou seja, um modo de 'comparar' os custos e de insistir em sua contínua redução, identificando e mesmo suscitando as condições objetivas e subjetivas nas quais isso é possível?" (Gramsci, 1975, p. 1261-1262). Refere à campanha de "emulação socialista", lançada simultaneamente ao plano quinquenal, e não se pode ter dúvidas sobre os objetivos políticos da controvérsia posta por Grasmci (Cf. Deutscher, 1968, p. 147 *et seq.*; Boffa, 1976, p. 431 *et seq.*).

Para que a URSS correspondesse a uma "fase econômico-corporativa do Estado" também requer que os "elementos da superestrutura" fossem ainda

---

[6] Para conhecer as datas destas citações (e das notas dos *Cadernos* em geral), consultar Francioni, 1984.

"escassos". O que, para Gramsci, isso significa na vida intelectual do país? Pode-se obter respostas generalizando algumas outras observações dedicadas ao *Précis*.

> Não se soube manter a relação entre a economia política e a economia crítica em suas formas orgânicas e historicamente atuais. Em que as duas correntes de pensamento se distinguem na colocação do problema econômico? Distinguem-se atualmente, nos termos culturais atuais, e não mais nos termos culturais de oitenta anos atrás? Nos manuais de economia crítica, isso não aparece (por exemplo, nos *Précis*); [...] Em geral, este ponto é dado não só por conhecido, mas por aceito sem discussão, nenhuma das duas coisas sendo verdade.

Isso verificado na vida intelectual soviética é gravíssimo. "Desta forma, ocorre que" — observa Gramsci, lembrando que o *"Précis"* é um "manual oficial", consequentemente, se constitui numa "formação básica da cultura difundida aos jovens soviéticos" — "só os espíritos gregários e que fundamentalmente não se interessem pela questão são introduzidos no estudo dos problemas econômicos, com o que se torna impossível qualquer desenvolvimento científico. O que espanta é o seguinte" — anota ele — "como um ponto de vista crítico, que requer o máximo de inteligência, de ausência de preconceitos, de vivacidade mental e de inventividade científica, tornou-se o monopólio de ruminações de cérebros limitados e mesquinhos, que só pela posição dogmática conseguem manter um lugar, não na ciência, mas na bibliografia marginal da ciência. Uma forma de pensar fossilizada [conclui Gramsci] é o maior perigo nestas questões: é de preferir uma certa impetuosidade desordenada à defesa filistina das posições culturais constituídas" (Gramsci, 1975, p. 1805-1806).

No âmbito da "escassa" vida intelectual de "elementos de superestrutura" significa, portanto, incapacidade para construir a hegemonia. O que isso significa no campo político? Se a URSS stalinista é considerada uma "fase econômico-corporativa do Estado" operário, qual a forma política que a caracterizaria (positivamente)? Gramsci parece sugerir a ideia de "cesarismo". Adverte que se trata de "uma premissa ideológica controversa" e não de "um cânone da interpretação histórica". Elaborada em relação as antigas e as modernas experiências nos regimes de poder em torno de grandes personalidades heroicas, na contemporaneidade — previne Gramsci (1975, p. 1939) — "se pode dar uma solução cesarista também sem um César, sem uma grande personalidade 'heroica' e representativa". Em seu lugar, podem cumprir a mesma função "partidos políticos inteiros e outras organizações econômicas ou de outro gênero", especialmente os "governos de coalizão".

Referida à URSS, a proposta não alude ao nascente "poder personalizado" em Stalin (Cf. Boffa, 1976, p. 442-445), mas para o modelo institucional que ganhava corpo e se colocava entre o partido e o Estado[7]. Sua definição decorre do conteúdo social que o partido-Estado adquire e a função histórica que realiza. Primeiramente, "pode-se dizer que o cesarismo expressa uma situação na qual as forças em luta se equilibram de modo catastrófico, ou seja, no decurso da luta terminam se anulando reciprocamente". No mundo moderno, portanto, "o equilíbrio com perspectivas catastróficas não se verifica entre forças que, em última instância, poderiam fundir-se e unificar-se, ainda que depois de um processo penoso e sangrento, mas entre forças cujo contraste é insolúvel historicamente e que, ao contrário, aprofunda-se com o advento de formas cesaristas".

Difícil não enxergar uma referência específica para URSS na "revolução pelo alto". Por um lado, a sugestão é reforçada pela distinção que Gramsci propõe entre "cesarismo progressivo" e "regressivo". "O significado exato de cada forma de cesarismo só pode ser reconstruído a partir da história concreta e não de um esquema sociológico. O cesarismo é progressista quando sua intervenção ajuda a força progressista a triunfar, ainda que com certos compromissos e acomodações que limitam a vitória". Parece difícil, portanto, não perceber nessas reflexões a intenção de caracterizar morfologicamente a URSS stalinista, após a coletivização forçada e o início da planificação "total", rompeu-se a aliança entre operários e camponeses e, depois, também a forma do Estado e do poder foi se modificando em sentido dramaticamente regressivo.

Por outro lado, o "cesarismo" é "progressivo" ou "regressivo", pertencendo para Gramsci à fenomenologia da "revolução passiva". "Trata-se de ver se, na dialética 'revolução-restauração', é o elemento revolução ou o elemento

---

[7] A esse respeito, a posição de Gramsci contrasta com aquelas que defendem Salvatori, 1978 e Bobbio, 1977, é decididamente crítica. Cf. Gramsci, 1975, p. 1638, p. 162 e p. 734.

restauração que predomina, já que é certo que, no movimento histórico, jamais se volta atrás e não existe restauração '*in toto*'"[8]. A conceituação designa, portanto, o modo no qual evoluiu na URSS stalinista a "função de equilíbrio e de arbitragem entre os interesses de seu próprio grupo e os outros grupos", caracterizando o papel dos partidos no poder em todos os "regimes que se põem como totalitários". A categoria de cesarismo indica que essa função não é mais exercida a fim de obter "com que o desenvolvimento do grupo representado ocorra com consenso e com a ajuda dos grupos aliados, se não mesmo dos grupos decididamente adversários" (Gramsci, 1975, p. 1601-1602). Isso enfatiza o declínio da URSS do terreno da hegemonia ao "econômico-corporativo" e especifica as consequências da sua reabsorção na configuração da "revolução passiva" dominante, em escala mundial, nos anos 1930.

III

Como é definido, neste caso, o econômico-corporativo? Significa que a URSS stalinista não se desenvolve mais sobre o terreno da hegemonia? Ou, qual é a maneira específica pela qual a URSS dos anos 1930 participa de uma revolução passiva? Para responder esses questionamentos é oportuno recuperar dos *Cadernos* alguns destaques da reelaboração gramsciana anterior a sua prisão e a concepção de Estado que definiu seu comportamento, mesmo ao comparar com a URSS. Para prosseguir sobre o primeiro ponto, parece-me útil tomar como base a *Carta* de 1926 destinada ao Comitê Central do Partido Comunista Soviético. Na verdade, a crítica à oposição está contida em termos correspondentes na elaboração dos *Cadernos* ao núcleo central da teoria gramsciana da hegemonia:

> Nos impressiona o fato de que a atitude da oposição investe toda a linha política do Comitê Central, tocando o coração da doutrina leninista e da atividade política do nosso partido da *Unione*. É o princípio e

---

[8] Ver o parágrafo referente ao cesarismo (Gramsci, 1975, p. 1619-1622).

a prática da hegemonia do proletariado que são colocados em discussão, são as relações fundamentais de aliança entre operários e camponeses que estão conturbadas e comprometidas, isto é, os pilares do Estado operário e da revolução. Camaradas, nunca foi visto na história que uma classe dominante, como um todo, mesmo em condições de vida inferior a determinados elementos e camadas de classe dominada e subordinada. Esta contradição inaudita, a história tem reservado ao proletariado [...]. No entanto, o proletariado não pode se tornar classe dominante se não ultrapassa, com o sacríficio dos interesses corporativos, esta contradição, não poderá manter sua hegemonia e sua ditadura, até mesmo se tornar dominante, se não sacrificar estes interesses imediatos pelos interesses gerais e permanentes da classe (Gramsci, 1971, p. 129-130).

Quando Gramsci, reformulando suas notas anteriores, volta a esse tema, não lhe escapa nenhum dos aspectos que podem compor o balanço de uma derrota, tentando, ao mesmo tempo, identificar as causas subjetivas e propor uma saída. Nesse caso, também se tratam de notas famosas relacionadas ao controverso debate com Trotsky; mas aqui, novamente, parece importante reter à atenção. Primeiramente, referente a "passagem da guerra manobrada (e do ataque frontal) à guerra de posição também no campo político". Por que isto é, para Gramsci, "a questão de teoria política mais importante posta pelo período do pós-guerra e a mais difícil de se resolver corretamente?" Porque,

[...] a guerra de posição exige enormes sacrifícios de massas imensas de população, por isto, é necessária uma concentração inaudita da hegemonia e, portanto, uma forma de governo mais 'intervencionista', que mais abertamente tome a ofensiva contra os opositores e organize permanentemente a 'impossibilidade' de desagregação interna: controle de todo tipo, políticos, administrativos, etc., reforço das 'posições' hegemônicas do grupo dominante, etc. [...] Tudo isto indica que se entrou numa fase culminante da situação político-histórica, porque na política a 'guerra de posição', uma vez vencida, é definitivamente decisiva. [...] [A 'guerra de posição' significa que se mobilizam] todos os recursos de hegemonia e do Estado; [é] uma guerra de assédio [...]. Na política o assédio é recíproco, apesar de todas as aparências (Gramsci, 1975, p. 801-802).

Havia "a necessidade de uma mudança da guerra manobrada, aplicada vitoriosamente no Oriente em 1917, para a guerra de posição, que era a única possível no Ocidente" (Gramsci, 1975, p. 866). O tema havia sido abordado lucidamente por Gramsci (1987, p. 572-574) já em 1920. A Revolução de Outubro foi o último episódio vitorioso de "ataque frontal", a última revolução "em dois tempos" típica do século XIX, antes de se tornar um tema central dos *Cadernos* (Cf. Gramsci, 1975, p. 1616) se constituía no *leit-motiv* da sua pesquisa sobre as diferenças entre Oriente e Ocidente durante os anos de vivência política pré-carcerária (Cf. Togliatti, p. 1962, p. 196-197; Gramsci, 1971, p. 121-122).

A diferenciação entre Oriente e Ocidente é morfológica, não geopolítica: indica as diferentes maneiras dos processos revolucionários relacionarem os mais diversos nexos entre política e economia nas duas áreas. Elevando o nível de generalização, a reflexão sobre a necessidade da alteração da guerra manobrada para a guerra de posição remete ao tema geral da relação entre política e economia após a Primeira Guerra Mundial e a Revolução de Outubro (Gramsci, 1975, p. 1587)[9]. O campo no qual a Revolução de Outubro verdadeiramente marcou época foi na "história da arte e da ciência da política", porque depois da vitória do proletariado na Rússia, em todos os lugares no mundo, a política transformou-se em "assédio recíproco", luta por hegemonia.

É verdade que, quando Gramsci cunha esses conceitos, se refere a ninguém menos que Lenin, falando ao passado. "Ilitch havia compreendido a necessidade de uma mudança da guerra manobrada, aplicada vitoriosamente no Oriente em 1917, para a guerra de posição que era a única possível no Ocidente [...]. Parece-me este é o significado da fórmula da 'frente única'" lançada por Lenin no III Congresso do Comintern e derrubada depois, entre 1923-1924, coincidindo com a derrota do proletariado ocidental. De resto, prossegue Gramsci, "Ilitch não teve tempo de aprofundar sua fórmula, mesmo considerando que ele só podia aprofundá-la teoricamente, quando, ao contrário, a tarefa fundamental era nacional, isto é, exigia um reconhecimento do terreno

---

[9] Da famosa nota "Análise das situações: relações de força", o trecho a ser destacado é o seguinte: "Outra questão ligada às anteriores é a de ver se as crises históricas fundamentais são determinadas imediatamente pelas crises econômicas [...]. Pode-se excluir que, por si mesmas, as crises econômicas imediatas produzam eventos fundamentais; podem apenas criar um terreno mais favorável à difusão de determinados modos de pensar, de pôr e de resolver as questões que envolvem todo o curso subsequente da vida estatal".

e uma fixação dos elementos de trincheira e de fortaleza representados pelos elementos de sociedade civil" (1975, p. 801-802 e p. 866).

Guerra de posição, reconhecimento do terreno nacional, hegemonia são os termos e as formas como o antagonismo, após a Revolução de Outubro, pode se constituir e se desenvolver em qualquer lugar do mundo. Gramsci os afirma opondo-se a Trotsky. Mas eu não penso que com isso ele esteve inclinado, nos *Cadernos*, "a reafirmar a continuidade Lenin-Stalin, em particular na conduta tomada com os camponeses" (Spriano, 1977, p. 56). De Lenin, conforme vimos, ele aborda unicamente referindo-se ao passado e da URSS stalinista e analisa em termos bastante críticos (a URSS como partícipe da "revolução passiva"), como examinamos no parágrafo anterior.

O movimento comunista não fora capaz de fazer a passagem da guerra manobrada à guerra de posição, nem na Rússia e nem em outro país. Entre os anos 1920 e 1930 entrou em rota de colisão com a socialdemocracia. O rompimento entre operários e camponeses na Rússia correspondia, em âmbito internacional, ao voluntarismo do "terceiro período". "O paradoxo seria [destaca agora Spriano] com a teoria do 'terceiro tempo', isto é, com a campanha de coletivização forçada iniciada exatamente em 1929-1930, as críticas a Trotsky podem valer para Stalin! Mas não é certo se Gramsci pretendia fazer essa correção nas notas do cárcere que tratariam desses temas" (Spriano, 1977, p. 57). Essa observação não convence. Na verdade, fora do debate com Trotsky durante 1924-1926 que é unicamente quando Stalin é mencionado, nos *Cadernos* Gramsci não o menciona a não ser indiretamente, levando a entender a URSS de maneira crítica — conforme assinalamos. Tampouco, pode-se subestimar que toda a crítica de Gramsci à URSS stalinista tenda por enfatizar as consequências da ruptura na aliança entre operários e camponeses.

Por outro lado, não por acaso, quando Gramsci elabora em termos bastante gerais a teoria da hegemonia (a "passagem nítida da estrutura para a esfera das superestruturas complexas" amadurecida pouco a pouco para chegar "a consciência de que os próprios interesses corporativos — em seu desenvolvimento atual e futuro, superam o círculo corporativo, de grupo meramente econômico, e podem e devem tornar-se os interesses de outros grupos subordinados") enuncia uma teoria do Estado oposta ao "cesarismo" stalinista:

> O Estado é certamente concebido como organismo próprio de um grupo, destinado a criar as condições favoráveis à expansão máxima desse grupo, mas este desenvolvimento e esta expansão são concebidos e apresentados como força motriz de uma expansão universal, de um desenvolvimento de todas as energias 'nacionais', isto é, o grupo dominante é coordenado concretamente com os interesses gerais dos grupos subordinados e a vida estatal é concebida como uma contínua formação e superação de equilíbrios instáveis (no âmbito da lei) entre os interesses do grupo fundamental e os interesses dos grupos subordinados, equilíbrios em que os interesses do grupo dominante prevalecem, mas até um determinado ponto, ou seja, não até o estreito interesse econômico-corporativo. (Gramsci, 1975, p. 1584)

Esse trecho também ecoa a carta de 1926 e sugere a ideia de que o perigo nela denunciado — ("hoje vocês estão destruindo sua própria obra, degradando e arriscando perder a função dirigente que o Partido Comunista da URSS conquistou através do ímpeto de Lenin") — fora consumado; e a responsabilidade recai sobre a liderança stalinista por não ter tido sabedoria para conduzir a classe trabalhadora de modo que pudesse superar, "com sacrifício dos interesses corporativos", "a inaudita contradição" reservada pela história.

Paradoxal ou não, através do debate com Trotsky é especificado o modo como a URSS stalinista participa da revolução passiva. Importante voltar ao nexo entre americanismo e revolução passiva do qual partimos. É o americanismo o aspecto dominante na revolução passiva do século XX. No âmbito histórico objetivo, isto depende da necessidade imanente para passar do individualismo econômico para a organização da produção e da sociedade (consumo, tempo de trabalho, tempo de vida, relação entre produção econômica e reprodução social geral).

Do ponto de vista subjetivo, o elemento dominante é o taylorismo: o processo de "racionalização da produção e do trabalho" pelo qual "o significado e o alcance objetivo do fenômeno americano" residem no fato de que "é também o maior esforço coletivo até agora realizado para criar, com rapidez inaudita e com uma consciência do objetivo jamais vista na história, um tipo novo de trabalhador e de homem" (Gramsci, 1975, p. 2164-2165).

Gramsci nunca deixou de pensar que a única experiência que ele tinha identificado no terreno no qual se poderia desenvolver uma alternativa "da parte dos trabalhadores" para a "racionalização" capitalista "da produção e do trabalho" (a única experiência onde se colocavam os problemas da revolução proletária) tinha sido o movimento turinense dos conselhos[10]. "Salvo algumas notáveis exceções, no entanto muito isoladas, [...] a identificação na experiência americana do interlocutor do movimento comunista — foi sutilmente notado — é uma grande intuição que coloca Gramsci muito à frente na análise dos processos reais, da elaboração contemporânea do comunismo internacional" (De Felice, 1977, p. 215). Mas, com a derrota do proletariado na Europa surgiu a possibilidade de que havia caído a antítese da guerra e da Revolução de Outubro originada dos temas e dos *insights* do "*ordinovismo*". Nos escritos do *L'Ordine Nuovo* a perspectiva de um taylorismo e de um fordismo (por assim dizer) alternativos (uma alternativa "proletária" à forma mais evoluída do industrialismo capitalista) se unia à convicção de que a burguesia não seria capaz de superar "o colapso do mercado mundial" provocado pela guerra. Esta era a base objetiva da "atualidade da revolução", e por isso configurava, em última análise, como uma hipótese de recomposição do mercado mundial sob a direção internacional da classe trabalhadora. Apenas nesse cenário foi pensada a possibilidade de um outro tipo de industrialismo.

Ao invés disso, no momento em que Gramsci escreveu os *Cadernos*, o cenário em parte havia mudado. Na verdade, estava de cabeça para baixo. No âmbito nacional, apenas se concebia ajustar a difusão do taylorismo e do fordismo às combinações mais ou menos vantajosas para a classe trabalhadora. Certamente, não se pensava em mudá-los completamente.

Em relação à URSS, era agora realidade o perigo que temia Gramsci no Relatório ao Comitê Central de fevereiro de 1925, a saber: que "se a classe operária russa não puder contar, durante muito tempo, com o apoio do proletariado de outros países, é evidente que a Revolução Russa deve se modificar". Com a queda do movimento revolucionário nos países de capitalismo avançado, o grupo dirigente stalinista alimentava o caminho defendido por Trotsky alguns anos antes quando havia fundamentado a luta de sucessão à Lenin e a divisão do grupo dirigente bolchevique.

Ainda, o mesmo Trotsky, portanto. Por isso, Gramsci insistiu no debate dedicado a ele? Apenas por isso Gramsci adere à linha do "socialismo somente

---

[10] Consultar nos *Cadernos* as repetidas notas sobre a experiência "ordinovista".

em um país"?[11] Evidentemente que não, "seja pela 'teoria do terceiro tempo' seja com a coletivização forçada dos camponeses [...] a crítica a Trotsky pode ser estendida à Stalin". Devido à condição de Gramsci, por que não debater diretamente com Stalin? Talvez[12]. Provavelmente podemos encontrar as razões essenciais ocupando-se do nó que aqui tentamos desatar (aquele que detalha as maneiras pelas quais a URSS stalinista participa da revolução passiva).

---

[11] A única vez que Gramsci se referiu explicitamente a Stalin, nos *Cadernos*, foi no §68 do *Caderno 14*. Normalmente essa passagem é citada como prova da adesão de Gramsci à estratégia stalinista (a "linha" do "socialismo em um único país"). Mas, a partir dos esclarecimentos que vimos fazendo — dos nexos que tentamos estabelecer entre a correspondência de 1926 e as análises sobre a URSS stalinista –, nos parece o bastante para reiterar as posições críticas de Gramsci à forma como a direção (proposta por Lenin) acabou sendo continuada por Stalin. Importante relê-la novamente: "O ponto que, em minha opinião, deve ser desenvolvido é o seguinte: como, segundo a filosofia da práxis (em sua manifestação política) [...] a situação internacional deve ser considerada em seu aspecto nacional. Realmente, a relação 'nacional' é o resultado de uma combinação 'original' única (em certo sentido), que deve ser compreendida e concebida nesta originalidade e unicidade se se quer dominá-la e dirigi-la. Por certo, o desenvolvimento é no sentido do internacionalismo, mas o ponto de partida é 'nacional', e é deste ponto de partida que se deve partir. Mas a perspectiva é internacional e não pode deixar de ser. É preciso, portanto, estudar exatamente a combinação de forças nacionais que a classe internacional deverá dirigir e desenvolver segundo a perspectiva e as diretrizes internacionais. A classe dirigente só será dirigente se interpretar exatamente esta combinação, da qual ela própria é componente, e só como tal pode dar ao movimento uma determinada orientação, de acordo com determinadas perspectivas". É evidente que a ênfase de Gramsci recai sobre a segunda parte do excerto.

[12] Athos Lisa, em suas *Memórias*, referindo-se as teses de Gramsci sobre "Constituinte", anota em certo ponto: "As análises do camarada [Gramsci] dispensava qualquer avaliação sobre as relações de interdependência entre a economia italiana e a dos outros países capitalistas, sobre as consequências inerentes ao agravamento da crise econômica mundial como os fenômenos de radicalização da classe trabalhadora, sobre a desintegração das categorias sociais que compunham a base de alguns partidos políticos pseudoproletários (socialdemocratas), sobre a influência do desenvolvimento da economia soviética etc., pois ele partia da premissa que as condições objetivas para a revolução proletária existiam na Europa há mais de cinquenta anos" (Lisa, 1973). Essa ressalva, geralmente negligenciada, parece retomar a elaboração da "atualidade da revolução", diferenciando Gramsci das fórmulas propostas após a morte de Lenin pelo movimento comunista internacional e, depois, perfeitamente nos *Cadernos* (permitam uma autorreferência: Vacca, 1975 e 1978). Por outro lado, isso parece confirmar a leitura proposta por Michele Ciliberto: do lema da "Constituinte" como estratégia de repolitização "a partir de baixo" das massas (e, portanto, "socando o olho" para o fascismo, "regime autoritário de massa", segundo a opinião de Alfredo Rocco) inicialmente e, posteriormente, como estratégia de aliança e de "transição" democrática (Ciliberto, 1981).

Desde o período do *L'Ordine Nuovo*, a relação entre Estados Unidos e Europa é o centro da análise gramsciana sobre o desenvolvimento histórico mundial. Da ideia de um antagonismo "catastrófico", característica nas análises de Gramsci logo no pós-guerra, nos *Cadernos*, passa-se à ideia da revolução passiva, a hipótese da pressão molecular do americanismo sobre a realidade europeia, a uma avaliação objetiva do fordismo. Depois de Lenin, Trotsky é o líder bolchevique, mais que qualquer outro, que segue o mesmo paradigma de Gramsci na interpretação da estrutura do mundo, o único que considera a fase histórica como um lugar dominado pelo antagonismo irredutível entre o bolchevismo e o capitalismo norte-americano. No entanto, suas posições estão longe de estar em sintonia com os temas gramscianos, parecem mais sua mimese. As conclusões que Trotsky derivava da caracterização entre o capitalismo norte-americano e o bolchevismo consistiam em que "o bolchevismo aprenderia com a América, aprendendo sua técnica superior". "O bolchevismo americanizado [dizia ele] derrotará e destruirá o americanismo imperialista" (Deutscher, 1961, p. 276-277). Uma solução "militar" (havia dito Gramsci) no lugar de identificar o terreno no qual a luta política poderia avançar, elevando-se como luta por hegemonia. Uma linha de análise e uma direção evidentemente subalternas, mas também bastante perigosas, porque foram os únicos que souberam identificar o núcleo do antagonismo fundamental, eles deslocaram o campo de análise do desenvolvimento.

Sob a luz do que vimos, não surpreende que, a contar pela orientação política de Stalin, Gramsci escolheu conferir as análises e linhas estratégicas de Trotsky. A política de Stalin terminava sempre seguindo uma ou outra. O debate com Trotsky, portanto, oferecia a oportunidade para refutar os fundamentos das escolhas de Stalin. Parece-me ser este o caso, sobretudo, da última controvérsia entre Gramsci e Trotsky que quero aqui me deter. Uma controvérsia que se desenvolve, não por acaso, através das notas sobre "Americanismo e fordismo".

> A tendência de Leon Davidovitch estava estreitamente ligada a esta série de problemas — observa Gramsci no início do parágrafo 11 de 'Americanismo e fordismo', intitulado Racionalização da produção e do trabalho –, o que não me parece ter sido devidamente esclarecido.

> Seu conteúdo essencial, deste ponto de vista, consistia na vontade "demasiadamente" resoluta (portanto não racionalizada) de dar supremacia, na vida nacional, à indústria e aos métodos industriais, de acelerar, com meios coercitivos externos, a disciplina e a ordem na produção, de adequar os costumes às necessidades do trabalho. Dada a formulação geral de todos os problemas ligados à tendência, [observa Gramsci] esta devia desembocar necessariamente numa forma de bonapartismo.

Logo depois, Gramsci acrescenta: "portanto, a necessidade inexorável de derrotá-la", não oculta o fato substancial de que o "bonapartismo" (ou "cesarismo") é precisamente a categoria pela qual caracterizou a realidade institucional e os fundamentos político e social do regime stalinista. A conexão estabelecida por Gramsci, ao falar de Trotsky, entre a "vontade 'demasiadamente' resoluta (portanto não racionalizada) de dar supremacia, na vida nacional, à indústria e aos métodos industriais" e a reviravolta bonapartista do regime político indica claramente, na minha opinião, como se deve especificar a absorção da URSS na imagem mundial da revolução passiva. Terminado o processo revolucionário nos países de capitalismo avançado e rompida na URSS a aliança entre operários e camponeses, a liderança stalinista direcionou o desenvolvimento soviético para o processo mundial de racionalização, dominado pelos Estados Unidos.

Trotsky é para Gramsci, não podemos nos esquecer, "o teórico político do ataque frontal em um período em que isso é causa de derrota" (1975, p. 801-802). Gramsci refere-se a teoria da revolução permanente, não apenas como uma estratégia política internacional, mas também como uma estratégia de aliança e uma direção na política econômica nacional (Cf. Procacci, 1970; Erlich, 1969; Spulber, 1970. Ver Gramsci, 1971, p. 130). O fato de que sua linha de modernização para a URSS ter sido apropriada por Stalin significa, acompanhando Gramsci (1975, p. 865), que "em última análise prevaleceu um reflexo das condições econômicas, culturais e sociais gerais de um país no qual os quadros da vida nacional eram embrionários e dispersos, não podendo se tornar 'trincheira ou fortaleza'". Isso clarifica bastante a forma como o nó de relações entre Oriente e Ocidente não só não fora resolvido, mas cristalizado.

REFERÊNCIAS BIBLIOGRÁFICAS

BADALONI, Nicola *et al*. *Politica e storia in Gramsci*. vol. I. Roma: Editori Riuniti, 1977.

BOBBIO, Norberto. Gramsci e il PCI. Reprinted in Egemonia e democrazia. *Quaderni di Mondoperaio*. Roma, 1977. p. 41-44.

BOFFA, Giuseppe. *Storia dell'Unione sovietica*. vol. I. Milado: Mondadori, 1976.

BUCI-GLUCKSMANN, Christinne. *Gramsci e lo Stato*. Roma: Editori Riuniti, 1976.

CARR, Edward H.; DAVIES, R. W. *Le origine della pianificazione sovietica*. vol. I. Torino: Einaudi, 1972.

CILIBERTO, Michele. *La fabbrica dei Quaderni, in Filosofia e politica nel Novecento italiano*. Bari: De Donato, 1981.

DE FELICE, Franco. Rivoluzione passiva, fascismo, americanismo in Gramsci. *Politica e storia in Gramsci*. vol. I. Roma: Editori Riuniti, 1977.

_____. Una chiave di lettura in "Americanismo e fordismo". *Rinascita Il Contemporaneo*. n. 42, 1972.

DEUTSCHER, Isaac. *Il profeta armato*. Milano: Longanesi, 1961.

_____. *I sindacati sovietici*. Roma-Bari: Laterza, 1968.

ERLICH, Alexander. *Il dibattito sovietico sulla industrializzazione 1924-1928*. Roma-Bari: Laterza, 1969.

FEMIA, Joseph V. *Gramsci´s political thought*. Oxford, 1981.

FRANCIONI, Gianni. *L'officina gramsciana*. Napoli: Bibliopolis, 1984.

GRAMSCI, Antonio. *L´Ordine Nuovo* (a cura di V. Gerratana e A. Santucci). Torino: Einaudi, 1987.

_____. *La costruzione del Partito Comunista 1923-1926*. Torino: Einaudi, 1971.

_____. *Quaderni del carcere* (a cura di V. Gerratana). Torino: Einaudi, 1975.

LISA, Athos. *Memorie*. Milano: Feltrinelli, 1973.

MARAFFI, Marco. *La società neocorporativa.* Bologna: Il Mulino, 1981.

NARDONE, Giorgio. *Il pensiero di Gramsci.* Bari: De Donato, 1970.

PAGGI, Leonardo. *Le strategie del potere in Gramsci.* Roma: Editori Riuniti, 1984.

POLANYI, Karl. *La grande trasformazione.* Torino: Einaudi, 1974.

PROCACCI, Giuliano. *La "rivoluzione permanente" e il socialismo in un paese solo.* Roma: Editori Riuniti, 1970.

SALVADORI, Massimo L. *Gramsci e il problema storico della democrazia.* Torino: Einaudi, 1971.

_____. Gramsci e il PCI: due concezioni dell'egemonia. *Eurocomunismo e socialismo sovietico.* Torino: Einaudi, 1978.

SHOWSTACH SASSOON, Anne. *Gramsci´s Politics.* London: Hutchinson, 1980.

SPRIANO, Paolo. *Gramsci in carcere e il partito.* Roma: Editori Riuniti, 1977.

SPULBER, Nicolás. *La strategia sovietica per lo sviluppo economico 1924-1930.* Torino: Einaudi, 1970.

TOGLIATTI, Palmiro. *La formazione del gruppo dirigente del PCI.* Roma: Editori Riuniti, 1962.

VACCA, Giuseppe. *La "quistione politica degli intellettuali" e la teoria marxista dello Stato in Gramsci, in Quale democrazia.* Bari: De Donato, 1978.

_____. *Saggio su Togliatti e la tradizione comunista italiana.* Bari: De Donato, 1975.

SOBRE OS AUTORES

ANA LOLE
Doutora em Serviço Social pela Pontifícia Universidade Católica do Rio de Janeiro (PUC-Rio). Mestre em Política Social pela Universidade Federal Fluminense (UFF). Pós-doutoranda em Serviço Social pela PUC-Rio. Professora do Departamento de Serviço Social de Niterói na Escola de Serviço Social da UFF. Pesquisadora do Núcleo de Estudos e Pesquisas em Filosofia, Política e Educação (NuFiPE/UFF) e do Laboratório de Estudos em Política Internacional (LEPIN/UFF).

ANITA HELENA SCHLESENER
Doutora em História pela Universidade Federal do Paraná (UFPR). Mestre em Educação: História, Política e Sociedade pela Pontifícia Universidade Católica de São Paulo (PUC-SP). Pós-doutorado em Educação pela Universidade Estadual de Campinas (Unicamp). Professora de Filosofia Política e de Estética da UFPR; atualmente docente do Programa de Mestrado e Doutorado em Educação da Universidade Tuiuti do Paraná (UTP). Coordena o grupo de pesquisa Estado e Políticas Educacionais.

DANIELA MUSSI
Doutora e mestre em Ciência Política pela Universidade Estadual de Campinas (Unicamp). Pós-doutoranda em Ciência Política pela Universidade de São Paulo. Membro do Grupo de Pesquisa Marxismo e Pensamento Político (Unicamp) e do Grupo Pensamento e Política no Brasil (USP).

DOMENICO LOSURDO
Doutor em Filosofia. Professor aposentado de História da Filosofia na Universidade de Urbino (Itália). Tem diversas obras publicadas no Brasil, entre elas: *Fuga da história? A revolução russa e a revolução chinesa vistas hoje* (Revan, 2004), *Antonio Gramsci: do liberalismo ao "comunismo crítico"* (Revan, 2006), *Contra-história do liberalismo* (Ideias & Letras, 2006), *A luta de classes: uma história política e filosófica* (Boitempo, 2015) e *Guerra e revolução: o mundo um século após outubro de 1917* (Boitempo, 2017).

EDMUNDO FERNANDES DIAS (1942-2013)
Doutor em História Social pela Universidade de São Paulo (USP). Atuou como Professor de Sociologia do Departamento de Sociologia no Instituto de Filosofia e Ciência Humana (IFCH) da Universidade Estadual de Campinas (Unicamp). Um dos fundadores e primeiro Coordenador-Geral da Associação Brasileira de Educadores Marxistas (ABEM).

EDUARDO GRANJA COUTINHO
Doutor em Comunicação pela Escola de Comunicação da Universidade Federal do Rio de Janeiro (ECO/UFRJ). Professor Associado da ECO/UFRJ. Coordena o Grupo de Estudos Marxistas de Comunicação e Cultura (Gemccult).

GIANNI FRESU
Doutor em Filosofia pela Universidade de Urbino/Itália. Professor de Filosofia Política da Universidade Federal de Uberlândia (UFU). Membro do Grupo de Estudos Marxistas: Marx e Gramsci (UFU) e do Núcleo de Estudos de Ontologia Marxiana - Trabalho, Sociabilidade e Emancipação Humana (UNESP).

GIOVANNI SEMERARO
Doutor em Educação pela Universidade Federal do Rio de Janeiro (UFRJ). Doutorado sanduíche em Filosofia Política na Universidade de Pádua/Itália e Pós-Doutorado pela Universidade de Urbino/Itália. Professor Titular na Universidade Federal Fluminense (UFF). Coordenador do Núcleo de Estudos e Pesquisas em Filosofia, Política e Educação (NuFiPE/UFF).

GIUSEPPE VACCA
Doutor em História das Doutrinas Políticas e professor aposentado da Universidade de Bari (Itália). Diretor da Fundação Instituto Gramsci de Roma, Itália. Tem diversas obras publicadas no Brasil, entre elas: *Por um novo reformismo* (Contraponto, 2009), *Vida e pensamento de Antonio Gramsci, 1926-1937* (Contraponto, 2012), *Modernidades alternativas: o século XX de Antonio Gramsci* (Contraponto, 2016)

LEANDRO GALASTRI
Doutor e mestre em Ciência Política pela Universidade Estadual de Campinas (Unicamp). Professor de Ciência Política da Universidade Estadual Paulista (UNESP/Marília). Vice-líder do grupo de pesquisa Marxismo, Estado, Política e Relações Internacionais; pesquisador do Grupo de Pesquisa Cultura e Política do Mundo do Trabalho.

LINCOLN SECCO
Doutor e mestre em História Econômica pela Universidade de São Paulo (USP). Professor Livre-Docente de História Contemporânea na USP. Coordena o Laboratório de Economia Política e História Econômica (LEPHE/USP).

MARCOS DEL ROIO
Doutor em Ciência Política pela Universidade de São Paulo (USP). Professor Titular do Departamento de Ciências Políticas e Econômicas na Faculdade de Filosofia e Ciências da Universidade Estadual Paulista (UNESP/Marília). Coordenador do Grupo de Pesquisa Cultura e Política do Mundo do Trabalho

MICHELLE FERNANDES LIMA
Doutora em Educação pela Universidade Federal do Paraná (UFPR). Mestre em Educação pela Universidade Estadual de Maringá (UEM). Professora do Departamento de Pedagogia e do Programa de Pós-Graduação em Educação da Universidade Estadual do Centro-Oeste (Irati-PR). Líder do grupo de pesquisa Estado, Políticas e Gestão da Educação (PPGE/Unicentro).

RODRIGO DUARTE FERNANDES DOS PASSOS
Doutor em Ciência Política pela Universidade de São Paulo (USP). Professor do Departamento de Ciências Políticas e Econômicas na Faculdade de Filosofia e Ciências da Universidade Estadual Paulista (UNESP/Marília). Líder do Grupo de Pesquisa Marxismo, Política, Estado e Relações Internacionais (UNESP); vice-líder do Grupo de Pesquisa Marxismo e Pensamento Político (Unicamp).

VICTOR LEANDRO CHAVES GOMES
Doutor e mestre em Ciência Política pelo antigo Instituto Universitário de Pesquisas do Rio de Janeiro (IUPERJ). Professor do Departamento de Estudos Estratégicos e Relações Internacionais (DEI), vinculado ao Instituto de Estudos Estratégicos (INEST) da Universidade Federal Fluminense (UFF). Coordenador do Laboratório de Estudos em Política Internacional (LEPIN/UFF) e Pesquisador do Núcleo de Estudos e Pesquisas em Filosofia, Política e Educação (NuFiPE/UFF).

Este livro foi impresso no 100º ano da Revolução Russa, 80 anos depois da morte do comunista italiano Antonio Gramsci. Ele foi composto em Dharma Gothic e Freight. A impressão ficou a cargo da gráfica carioca Rotaplan, que utilizou papel Triplex 300g/m² na capa e Pólen Soft 80g/m² no miolo.

Na foto acima, trabalhadores e soldados russos marcham durante um protesto em Petrogrado (São Petersburgo) em 1917. No cartaz que carregam, estão os dizeres: "Liberdade, Igualdade e Fraternidade".

CRÉDITO: Pictorial Press Ltd / Alamy Stock Photo